国家“双一流”拟建设学科“南京大学中国语言文学艺术”项目资助
江苏省高校优势学科建设工程“南京大学中国语言文学”项目资助
江苏省2011协同创新中心“中国文学与东亚文明”项目资助

CSSCI来源集刊

张玉来◎主编

漢語史與漢藏語研究

第十辑

南京大学汉语史研究所主办

中国社会科学出版社

图书在版编目（CIP）数据

汉语史与汉藏语研究．第10辑／张玉来主编．—北京：中国社会科学出版社，2021.11

ISBN 978－7－5203－9412－3

Ⅰ.①汉…　Ⅱ.①张…　Ⅲ.①汉语史—语言学史—研究②汉藏语系—研究　Ⅳ.①H1－09②H4

中国版本图书馆CIP数据核字（2021）第261983号

出 版 人　赵剑英
责任编辑　宫京蕾
责任校对　冯英爽
责任印制　郝美娜

出　　版　中国社会科学出版社
社　　址　北京鼓楼西大街甲158号
邮　　编　100720
网　　址　http：//www.csspw.cn
发 行 部　010－84083685
门 市 部　010－84029450
经　　销　新华书店及其他书店

印刷装订　北京君升印刷有限公司
版　　次　2021年11月第1版
印　　次　2021年11月第1次印刷

开　　本　710×1000　1/16
印　　张　19.5
插　　页　2
字　　数　320千字
定　　价　85.00元

凡购买中国社会科学出版社图书，如有质量问题请与本社营销中心联系调换
电话：010－84083683

《汉语史与汉藏语研究》学术组织

南京大学汉语史研究所学术组织

目　录

语言转型与动词特征演变
——以东旺藏语为例

戴庆厦[1]　次林央珍[2]

（1. 中央民族大学中国少数民族语言文学学院；2. 云南师范大学文学院）

摘　要： 本文基于语言类型转型的视角，以藏文反映的古藏语特征为参照点，分析东旺藏语动词特征演变的特点及成因。指出现代东旺藏语动词表示时、式、态的屈折形态出现了严重衰退甚至消失，其成因是受到语言类型从弱分析型向强分析型演变的制约。文中还从动词的语法化和义项扩展特点等方面分析了动词分析型演变与语言转型的关系。

关键词： 东旺藏语；动词；语言转型；分析型

一　题解

制约语言演变的因素有多种，其中的一个重要因素是语言转型。语言转型制约语言演变的规律、方向、方式等。语言转型主要有两种：一种是由一种语言类型转为另一种语言类型，如由屈折型转为黏着型，或由黏着型转向分析型；另一种是同一类型内部强弱特点的演变，如由强的黏着型转为弱的黏着型，或由弱的分析型变为强的分析型。语言转型的类型不同，其规律和特点也不同。

语言演变是语言研究的主要任务之一。语言转型与语言演变存在密切的关系。但是，语言转型与语言演变的关系究竟是什么，怎样从二者的关系中窥见、揭示语言演变的规律和特点，还有汉藏语系语言转型的特点是什么，怎样从语言转型的视角来认识汉藏语的演变及特点，语言学界对这些重要的理论性问题还研究得很不够，还有许多感兴趣的“谜底”引人去思索。这一现状，促使我们去研究这一课题。

藏缅语族语言语种多、语言类型发展不平衡，呈现出不同的语言类型的特点。学界多年来通过藏缅语不同语言、方言的比较以及古今藏语的比较已经大体获知，藏缅语是由屈折黏着型向分析型转型，进入分析型后又进而由弱分析型向强分析型转型。这已成为藏缅语言学家的共识。这一认识，是本文论述语言转型在演变方向上（由非分析型向分析型演变）的依据。

语言转型会引起语言结构各方面的变化，如词法、句法的变化，语音、语义、词汇的变化等，其中一个重要方面是词类的变化，如名词、动词、量词、虚词等的变化。词类的变化也会反过来促使语言类型的变化，二者相辅相成。语言转型是如何制约词类变化的，其规律又是什么，不同的语言有何共性和个性，这些都值得学界去探究。

现代藏语不同方言的分析型演变呈现出不平衡状态。有的方言与古藏语的特点相对接近，保留屈折黏着的特点多些，如安多方言；而有的方言与古藏语的特点相对远些，保留屈折黏着的特点较少，如卫藏方言。方言不平衡的特点对研究藏语乃至藏缅语的历史演变，有着“化石”般的价值。动词在藏缅语中制约语法演变的力量最强，成为藏缅语最重要的词类之一，也是学界一直关注的研究热点。7 世纪出现的藏文及其拼写的古藏文及书面语文献（以下简称“古藏语”），反映当时的藏语有表示“三时一式”和自动使动态的屈折形态变化，而且较为发达，但后来动词形态不断衰弱甚至消失。这一演变线索，能够从现代藏语方言与古藏语特点的比较中得到证明，并能从中取得语言演变规律的新认识。我们之所以选择东旺藏语动词特征的演变来论证语言转型与词类变化，是因为东旺藏语在语言转型上变化较多、有特点，具有代表性，而且作者之一以东旺藏语为母语，分析起来把握大些。

本文基于语言类型转型的视角，以藏文反映的古藏语特征为参照点，分析东旺藏语动词特征演变的各种表现及成因。指出东旺藏语动词表示时、式、态的屈折形态严重衰退甚至消亡，是受到语言类型从弱分析型向强分析型方向发展的制约。另外，文中还从动词的义项扩展和语法化现象看与语言转型的关系。

东旺藏语属于藏语康方言，使用人口约有 6400 人，主要分布在云南省迪庆藏族自治州香格里拉市东旺乡。东旺乡是东旺藏人的聚居地，通行东旺藏语。东旺藏语的语音特点主要有：一是声母分清浊、送不送气，鼻音、边音分清化非清化。二是有单辅音声母和鼻冠复辅音声母。三是有单元音韵母和复合元音韵母，有鼻化元音和非鼻化元音的对立，没有鼻音韵尾，塞音韵尾只有一个-ʔ后喉塞音，但只出现在54调上（因无对立，本文不标注）。四是声调有五个，连读变调较多。①

本文的语料来源是：东旺藏语的语料来自作者次林央珍的口语。与本文有关的其他藏语研究材料和观点，取自已发表的研究成果。

二　东旺藏语动词分析型演变的三个表现

反映古代藏语语音面貌的藏文，能够显示古藏语动词形态比较丰富，主要靠屈折变化表示各种语法范畴。"三时一式"是藏文传统文法使用的术语，其语法意义在当时的藏语里大多使用形态手段表示，但到了现代东旺藏语，由于向着分析型方向演变，形态变化已经严重衰弱甚至消失，只在部分语法范畴中保留着，从现代口语与藏文的比较中能够明显看出这个变化。下面通过与古藏语比较，看看东旺藏语动词的时、式、态是如何演变的。

（一）动词"三时一式"的分析型演变

"三时一式"是指动词陈述式的过去、现在、未来三个时态和命令式。在古藏语中，"三时"主要靠添加不同的前置辅音表示，过去时除了可以添加前置辅音b外，还可以用后置辅音。表示命令式的形态通常不添加前置辅音，词根辅音声母大多送气，元音通常与动词现在时一样，有时候也变成o，另外还可以添加后置辅音s表示。例如：

过去时	现在时	未来时	命令式	词义
bzas	za	bzaɦ	zo	吃
bgos	bgod	bgo	bgos	分
bstand	ston	bstan	ston	显示
bcings	ɦching	bcing	chings	系
bskjar	skjor	bskjar	skjor	重复

但是到了现代东旺藏语，动词几乎没有表示时式的形态变化。表示这些语法意义的手段主要是通过在动词后加属于分析型的助词来表示。以下

① 由于东旺藏语的连读变调较多，本文语料的声调标音都标变调。

分别举例说明：

1. 东旺藏语表示动词过去式的手段有两种：一是在动词后加由判断动词虚化而来的助动词 ji（否定形式为 mɛ̃^{35}）或 rɛ（否定形式为 mə^{24} rɛ）。通常 ji 出现在第一人称作主语的句子里，而 rɛ 的主语是第二、第三人称。二是在句中加表示过去的时间副词和表示动作已经进行了的句尾助词。例如：

（1）ŋe^{35}　k^{h}a^{24}tsõ^{55}　zɿ^{24}gi^{55}　ȵɯ^{41}　ta^{41}　ji.
我$_{（施格）}$　昨天　书　两　看　是$_{—过去、自我中心}$
我昨天看了两本书。

（2）ŋa^{35} ndʐʅ^{55}　mɛ̃^{35}.
我　去　没有$_{—否定、过去}$
我没去。

（3）dʐʅ^{24}ma^{55} k^{h}a^{24} tsõ^{55}　dzõ^{41}　nõ^{24} ndʐʅ^{55}　rɛ.
卓玛　昨天　城市　里　去　是$_{—过去、非自我中心}$
卓玛昨天去城里了。

（4）k^{h}u^{55} sɛ̃^{35} tɕ^{h}a^{41}　mə^{24}　rɛ.
他　饭　吃　不　是$_{—过去、非自我中心}$
他不吃饭。

（5）a^{24}sɿ^{55}　a^{24}ʑi^{55}　gẽ^{41}　t^{h}i.
奶奶　刚才　去世　句尾$_{—过去、亲见}$
奶奶刚才去世了。

2. 东旺藏语表示动作行为正在进行或在某个时间段里正在进行的语法手段有两种：一是在动词后加表示正在进行的助词 dɛ^{24}gõ^{41}，再加由判断动词虚化而来的助动词 zẽ^{41}（否定形式为 mɛ̃^{35}）或 rɛ（否定形式为 mə^{24}rɛ），同样 zẽ^{41} 表示第一人称，rɛ 表示第二、第三人称。二是在动词后加 dɛ，再加由存在动词虚化而来的表过去时且亲知的助动词 nõ，此形式只能表示第二、第三人称。例如：

（6）ŋa^{35} zɿ^{24}gi^{55} ta^{41} dɛ gõ^{41}　zẽ^{41}.
我　书本　看　助动$_{—进行}$　是$_{—自我中心}$
我正在看书。

（7）k^{h}u^{55} sɛ̃^{35} tɕ^{h}a^{41} dɛ gõ^{41} rɛ.
他 饭 吃 助动_进行 是_非自我中心
他正在吃饭。

（8）ts^{h}ɿ^{55}rẽ^{41} ty^{35} ndɔ^{24} dɛ nõ.
次仁 那里 坐 助动_进行 有_亲见
次仁正坐在那里。

3. 东旺藏语表示动作行为将要进行的语法手段有两种：一是直接在动词后加由判断动词虚化而来的 zẽ，只用于第一人称；二是在动词后加表示将要进行的附加成分 tɕi，再加由判断动词虚化而来的 zẽ 或 rɛ。例如：

（9）tə^{55} sɛ̃^{35} ŋe^{35} tɕ^{h}a^{55} zẽ^{41}.
那 饭 我（施格） 吃 是_将来
那饭我要吃。

（10）ŋa^{35} zɿ^{24}gi^{55} ta^{41} ndʐʅ^{55} tɕi zẽ^{41}.
我 书本 看 去 助_将来 是_自我中心
我要去看书。

（11）k^{h}u^{55} sɛ̃^{35} tɕ^{h}a^{41} ndʐʅ^{55} tɕi rɛ.
他 饭 吃 去 助_将来 是_非自我中心
他要去吃饭。

（12）ʈʂə^{55} ʂʅ^{41} s^{h}õ^{35}ȵi^{55} hõ^{55} tɕi rɛ.
扎史 明天 来 助_将来 是_非自我中心
扎史明天要来。

4. 表示命令语气的语法手段有两种：一是加表命令的句尾助词 ri；二是直接用命令的语气。例如：

（13）ɕ^{h}ɤ^{24} a^{24}rẽ^{55} zɿ^{24}gi^{55} ta^{41} ri.
你 今天 书 看 句尾_命令
你今天看书！

（14） $s^{h}\tilde{o}^{35}ȵi^{55}$　kui^{35}　$tʂ^{h}ə^{55}$　ri.
明天　衣服　洗　句尾_命令
明天洗衣服吧！

（15） $wu^{24}tsɔ^{54}$　$mə^{24}$　$jɛ^{24}$.
那样　否定　做
不要那样做！

可见，古藏语中表“三时一式”的形态变化到了东旺藏语已经基本消失。原有的时式形态消失，造成语法表达方式的转变，变成在动词后添加成音节的语法成分，也就是使用分析形式来表达动词时体和式的语法意义。从语言类型上说，这是语法形式从形态型向分析型的演变。

（二）动词使动范畴的分析型演变

动词具有使动范畴，是藏语乃至藏缅语族语言的一个重要特征，而且使动范畴在藏缅语族语言里还可以追溯到原始藏缅语阶段。藏语无论是反映古代语言面貌的书面语还是现代各方言的口语，都存在使动范畴。古藏语主要是按前置辅音的有无和不同，以及词根辅音送气和非送气、清和浊、复辅音和单辅音的声母变换来区分动词的自动态和使动态。这几个不同的形式有的还叠用在一起。根据格桑居冕（1982）、张济川（1989）等学者的研究，古藏语中用语音屈折变化来表示使动范畴的动词的数量超过200个，可见当时使用屈折变化来使动范畴还是比较发达的。例如：

形态形式	自动	使动	词义
前置辅音有无	ȵog	bsȵogs	浑浊/搅浑
	lugs	brlugs	垮/使垮
前置辅音不同	ɦgjel	bsgjel	倒下/推到
	ɦdres	bsres	混合/掺和
非送气/送气	tɕhag	btɕag	破碎/打破
	ɦtshaŋs	btsaŋs	堵塞/塞住
浊音/清音	ɦdzags	btsags	滴漏/使滤
	ɦbars	par	燃烧/点燃
单辅音/复辅音	sos	gsos	成活/养育
	saŋs	bsaŋs	清净/清洗

除了使用以上的屈折形式外，古藏语还有添加辅助动词和附加成分的分析手段来表达使动的。附加成分包括两种形式：一是加“做”义动词 bjed；二是加“让”义动词 ɦdʑug，都是实义动词虚化而来作为表示使动的附加成分。例如：

自动	使动	词义
sleb	sleb par bjed	到达/使到达
ɦgrug	ɦgrug par bjed	成功/使成功
gȵid	gȵid du ɦdʑug	睡着/使睡着
ɦphag	ɦphag tu ɦdʑug	跳/使跳

古藏语使动范畴的屈折形态经过长期的消磨，在现代各方言里还有部分残存。到了东旺藏语，大约有不到 60 个的动词至今还通过词根变音的形态变化来区分自动和使动。古藏语里表示使动范畴的前置辅音在东旺藏语里已全部脱落，都变为词根屈折。另外还使用后起的声调来区分自动态和使动态。例如：

东旺藏语	自动	使动	藏文	词义
清/浊	ʂɯ^{35}	ʐɯ^{41}	ʑus/bʑus	融化/煮融
	pɛ̃^{35}	bɛ̃^{41}	baŋs/sbaŋs	湿透/浸泡
送气/非送气	k^{h}y^{41}	ky^{41}	khol/bskol	沸/煮沸
	ts^{h}õ^{41}	tsõ^{41}	ɦtshaŋs/btsaŋs	堵塞/堵住
	pɔ^{24}	p^{h}ɔ^{54}	bab/phab	下降/使降
	jõ^{35}	j^{h}õ^{41}	laŋ/sloŋ	起来/扶起来
鼻冠/非鼻冠	ndʐɯ^{41}	ʈʂɯ^{41}	ɦgjel/bsgjel	跌倒/推倒
	ŋgɯ^{41}	kɯ^{41}	ɦgul/bsgul	动/摇动
非清化/清化	ȵi^{35}	ȵ̊i^{24}	ȵal/bsȵal	睡/使睡
	nõ^{54}	n̥õ^{54}	nub/bsnubs	乱/添乱、使毁
声调：升/降	ʂi^{24}	ʂi^{54}	ʑig/bɕigs	毁坏/拆毁
	si^{35}	si^{41}	pje/phje	分开/拆散
	kɔ^{24}	kɔ^{54}	khebs/bkab	躲藏/遮盖

需要说明几点：一是声母清浊变化，多是清音表示自动，浊音表示使动，但也有相反的情况，浊音表示自动，清音表示使动。如 di^{24} “塌”：ti^{53} “弄塌”。二是声母送气和不送气的对应，有些是送气表示使动，而有

些是送气表自动。三是有些动词在通过声母的变化表示自动与使动的对立时，还伴随声调的变化。四是动词的形态变化没有能产性，只出现在有限的词上。

随着屈折手段的衰退，分析手段在现代藏语各方言中能产性越来越强，几乎所有动词都可以通过添加分析型成分来表示使动。东旺藏语是在主要动词之后加 $tɕɔ^{54}$ “让”表示使动。例如：

（16）$ŋe^{35}$ k^hu^{55} jɛ ta^{41} tɕɔ.
我（施格） 他 与格 看 让
我让他看。

（17）$a^{55}ȵi^{41}$ ji ts^hu^{35} jɛ $ȵdʑu^{55}wa^{41}$ $mə^{55}$ $hõ^{55}$ tɕɔ t^hi.
爷爷 施格 孙子 与格 赶快 趋向_向下 来 让 示证_过去、亲知
爷爷连忙让孙子下来。

这种分析手段的 tɕɔ “允让”，不仅能用在无形态变化的动词上，而且还可以用在能用形态变化表示使动的动词上。例如：

（18）$k^hu^{24}ȵɯ^{55}$ $p^hə^{55}$ si^{35} tɕɔ.
他俩 趋向_离心 分开 让/使
让他俩分开。

（19）$k^hu^{24}ȵɯ^{55}$ $p^hə^{55}$ si^{41} tɕɔ.
他俩 趋向_离心 分开 让/使
让（他）把他俩分开

古藏语通过形态表使动范畴的词虽然在东旺藏语中还有少量保留，但数量大量减少。有些动词，母语人已经感受不到是同一动词的不同形态，而是当作不同的动词。例如：su^{55} “养（病）” 和 s^hui^{41} “康复、痊愈”，$rɔ^{54}$ “收拾、收拢” 和 ru^{24} “合拢、愈合”。

（三）动词义项扩展及语法化的分析型演变

词的义项的扩展和词的语法化是语言的共性。但分析型语言因为具有

单音节性，为了扩大语义的表达，在语用时要用最少的音节表示更多的意义，于是就容易出现“同形多义”，即通过义项的扩展及语法化的手段，用同一音节表示多种不同的意义。东旺藏语的义项扩展及动词语法化现象很普遍。以下以“做”义动词 jɛ^{24} 和趋向义动词 t^{h}i^{41}、言说动词 sə^{55} 为例来说明义项扩展和语法化。

1. “做”义动词 jɛ^{24} 的义项扩展和语法化

jɛ^{24} “做”的古藏语语音形式为 bjed，具有“做、作、从事”等语法意义，而东旺藏语中除了保留原有的几个意义外，还扩展出“骂”的意义，另外还虚化为泛动词出现在各种句法结构中，起补充句法谓语功能的作用。例如：

（20）ma^{35} ji sə^{55} dɛ^{24}lɔ^{54} jɛ^{24} ri.

妈妈 施格 说 按照 做 句尾$_{命令}$

按照妈妈说的做吧！

（21）wu^{24}tsɔ^{54} mə^{24} jɛ^{24}.

那样 不 做

不要那样做！

（22）ŋa^{35} a^{24}ʐa^{54} s^{h}õ^{35}pɤ^{54} luo^{55}sɿ^{41} jɛ^{24} zẽ^{55}.

我 明年 后年 老师 当 是$_{将来}$

我将来要当（从事）老师。

（23）p^{h}ɛ̃^{55}ts^{h}u^{54} ji ŋe^{35} gu jɛ^{24} wu dɛ^{24} rɛ.

培措 施格 我 受格 骂 助动 是$_{叙实}$

培措骂我。

（24）k^{h}u^{55} ji s^{h}ə^{55} jɛ^{24}wu nə^{55} ɕ^{h}iː^{55} la^{41} p^{h}ə^{55} jɛ^{24} ɕə ri.

他 施格 趋向$_{向心}$骂 助动 如果 你$_{(施格)}$ 也 趋向$_{离心}$骂 助动 句尾$_{命令}$

他骂过来的话你也骂过去呗！

（25）ts^{h}ɿ^{55}rẽ^{41} nə^{41} jõ^{55}dʐɯ^{41} ȵɯ^{41} p^{h}ə^{55}p^{h}ɯ^{41} jɛ^{24} dɛ nõ.

次仁 和 永珍 俩 互推 泛动 句尾$_{进行、亲知}$

次仁和永珍在互相推搡。

（26）k^{h}u^{24}ȵɯ^{55} s^{h}ə^{55} dʑɔ^{24} p^{h}ə^{55} dʑɔ^{24} jɛ^{24} dɛ nõ.

他俩 趋向$_{向心}$打 趋向$_{离心}$打 泛动 句尾$_{进行、亲知}$

他俩在打过来打过去。

（27）ç^{h}ə^{24}ɳ̥ɯ^{55}　p^{h}ə^{55}　a^{24}ɳ̥õ^{55}　jɛ^{24}　çə　ri.
你俩　趋向_离心　好的　泛动　助动　句尾_命令
你俩要好好的。

例（20）—（22）中的 jɛ^{24} 保留了古藏语的“做、从事”义。例（23）和（24）的语义扩展为“骂”，在东旺藏语的口语中用得十分普遍。例（25）—（27）中 jɛ^{24} 语法化为泛动词，作为补充句法谓语的成分出现。因为例（25）、例（26）中的动词重叠构名词性成分表示相互的动作行为，必须再加一个动词来补充谓语才能使句法结构完整。例（26）也一样，jɛ^{24} 在句中没有实义，因为谓语的需要而出现。

2. 趋向义动词 t^{h}i^{41} 的语法化现象

据邵明园（2014）的研究，作亲知示证和完成体标记的 t^{h}i^{41} 以不同的语音形式存在于部分藏语方言中，是从古藏语的趋向动词 thal“去、往、经过”语法化而来，其演变路径为“趋向动词>状态补语>准体标记>完整体>示证标记”。在东旺藏语中，t^{h}i^{41} 至今保留着古藏语趋向动词的用法和语义，同时也有时体及亲见示证标记的语法功能，当虚化为句尾语法成分时声调变轻音。例如：

（28）a^{24}rẽ^{55} s^{h}ə^{55} t^{h}i^{41}?　ʈʂə^{55} ʂʅ^{41}　t^{h}i^{41}.
今天　谁　去_过去　扎史　去_过去、亲见
今天谁去了？扎史去了。

（29）k^{h}u^{55}　p^{h}ə^{55}　tə^{24}du^{54}　t^{h}i^{41}.
他　趋向_离心　那边　去_过去、亲见
他去那边了。

（30）ts^{h}ʅ^{55}rẽ^{41} sɛ̃^{35} tɕ^{h}a^{41} t^{h}ã^{35}　t^{h}i.
次仁　饭　吃　完成　示证_亲见
次仁已经吃好饭了。

（31）k^{h}u^{55}　k^{h}a^{24}tsõ^{55}　nə^{41}　ndʐʅ^{55}　t^{h}ã^{35}　t^{h}i.
他　昨天　就　走　完成　示证_亲见
他昨天就已经走了。

例（28）和例（29）中的 t^{h}i^{41} 为实义动词，同时也兼有表时体和示

证的功能，而当 t^{h}i^{41} 作为“去”的实义动词时，只能表示“去”这个行为已经发生并为表述者亲自见到。而例（30）和例（31）中的 t^{h}i^{41} 只作为示证标记出现，没有“去”之义，表示对信息的亲见。

3. 言说动词 sə^{55} 的语法化现象

sə^{55} 源于古藏语（藏文）动词 zer 的清化和韵尾脱落，为“说、讲、告诉、称”之义。zer 在古藏语中只作为实义言说动词出现，而到了东旺藏语 sə^{55} 不仅可作实义言说动词，还虚化为示证标记，表示信息来源为引述或传闻。当 sə^{55} 作为实义动词时，可以添加表时体、语气、否定、疑问或示证等语法意义的标记。例如：

（32）s^{h}ə^{55} ji sə^{55} rɛ^{41}? k^{h}u^{55} ji sə^{55} rɛ.
谁 施格 说 是 他 施格 说 是$_{\text{叙实}}$
是谁说的？是他说的。

（33）k^{h}u^{55} jɛ ts^{h}ɿ^{55}rẽ^{41} sə^{55} gu rɛ.
他 与格 次仁 叫 助 是
要叫他次仁（他叫次仁）。

（34）p^{h}ɛ̃^{55}ts^{h}u^{54} jɛ wu^{24}tsɔ^{54} mə^{24} zɿ^{55} sə^{55} ri.
培措 与格 那样 否定 说 告诉 句尾$_{\text{命令}}$
告诉培措不要那样说。

（35）ts^{h}ɿ^{55}rẽ^{41} ji wu^{24}tsɔ^{54} sə^{55} t^{h}i.
次仁 施格 那样 说 示证$_{\text{亲见}}$
次仁那样说。

当 sə^{55} 作为示证标记时，并不完全失去本来的言说义，只是在此基础上产生了明显的示证功能，表达实义的功能变得较弱。sə^{55} 的示证功能分两种，一是明确交代信息的来源，说话者作为引述者来报道或告知相关信息。二是信息源不明确，只是交代了获得信息的方式为听说即传闻。例如：

（36）k^{h}u^{55} ŋe^{35} a^{35}kə^{55} rɛ^{24} sə^{55} rɛ.
他 我$_{\text{(属格)}}$ 叔叔 是 说$_{\text{传闻}}$ 是$_{\text{叙实}}$
据说他是我叔叔。

（37） tsʰɿ^{55}rẽ^{41} sʰõ^{35}ȵi^{55} ɕuo^{24}tʰã^{55} nõ^{24} hõ^{55} tɕi rɛ sə^{55} rɛ.
次仁 明天 学校 里 来 助_将来 是 说_传闻 是_叙实
据说次仁明天要来学校。

（38） kʰu^{55} ŋe^{35} a^{35}kə^{55} zẽ^{41} sə^{55} rɛ.
他 我(属格) 叔叔 是 说_引述 是_叙实
他说他是我叔叔。

（39） kʰu^{55} ji ȵ̥ə^{55} tɕi gu^{55}tsa^{41} ndɔ^{24} dɛ nõ sə^{55} rɛ
他 施格 人 一_不定指 门口 坐 助_进行 说_引述 是_叙实
他说有个人坐在门口。

以上所有例句中的 sə^{55} 除了有较弱的实义言说功能之外，更重要的是表明说话者的信息来源或采取到信息的方式，不能再另外添加否定、疑问、示证等语法标记。其中例（36）和例（37）中说话者并没有清楚交代信息源，只是分别表明了“他是我叔叔”和“次仁明天要来学校”这两条信息渠道是听别人说的，因此标记为传闻示证。例（38）和例（39）指明了说话者所传达的信息分别来自“他”，说话者只是作为引述者去传达信息，因此标记为引述示证。例（36）和例（38）中示证功能的区别在来自判断动词 rɛ 和 zẽ，通常 zẽ 只表示第一人称，而 rɛ 表示第二、第三人称。例（36）是传达别人所说的关于“他”的信息，信息源并非以自我为中心，而例（38）只是传达“他”自己所说的关于自己的信息，信息源以自我为中心，因此导致两句中 sə^{55} 的示证功能不同。

东旺藏语由于 sə^{55} 和 rɛ 音节合并，句末也可以变成 sɛ^{24}，这时引述和传闻的示证功能更加明显。例如：

（40） kʰu^{55} ŋe^{35} a^{35}kə^{55} rɛ^{24} sɛ^{24}.
他 我(属格) 叔叔 是 据说_传闻
据说他是我叔叔。

（41） kʰu^{55} ji ȵ̥ə^{55} tɕi gu^{55}tsa^{41} ndɔ^{24} dɛ nõ sɛ^{24}.
他 施格 人 一_不定 门口 坐 助动_进行 说_引述
他说有个人坐在门口。

三 东旺藏语动词分析型演变的类型学特征

根据上述的分析和比较，可以认为东旺藏语动词分析型的演变不是孤立的，而是具有藏缅语族类型学的共性和个性。

（一）东旺藏语的形态演变符合藏缅语语言转型的大趋势

藏缅语的历史比较成果已大致证明，藏缅语的历史演变是从形态多向形态少的方向演变，但不同的语言，演变的速度、方式、侧重点不完全相同。从演变速度上看，有的语言演变得慢些，在动词上还保留古代表示人称、数的形态变化，使动范畴也保存较多的形态变化，如嘉戎语、普米语等。而有的语言演变得快些，如彝语、哈尼语、傈僳语、载瓦语、阿昌语、缅甸语等，表示人称、数的形态变化都已消失，表示使动范畴的形态变化也只保存少量残余，形态手段的衰变代之以分析型手段。景颇语处于形态型向分析型的过渡阶段，动词人称、数的形态变化形式，已从动词上分立出来演变为独立的句尾词，而且其表示人称、数的功能已处在衰退之中。瞿霭堂（1985）曾对藏语不同方言动词屈折形态的结构和演变的不平衡性做了分析，认为“藏文中能进行时、式屈折变化的动词约占整个单音动词的70%；现代藏语中，卫藏方言约占30%，安多方言占45%左右，康方言有些地方与卫藏方言相同，有的地方只有少数动词发生式的变化，有些地方已经完全没有屈折变化”。①

东旺藏语的演变大致符合整个藏缅语族语言由黏着屈折型向分析型发展的路径。但在同语族语言（方言）中，东旺藏语的演变速度接近彝语、哈尼语、缅甸语等，属于演变较快的。表示时、式、态的形态变化严重衰弱甚至消失，主要代之以表示语法意义的虚词，但在使动态的语法形式上，东旺藏语保留形态变化的使动词比分析型强的彝、哈尼等语言多。

（二）东旺藏语的语言转型与语音变化存在密切关系

语言的形态构造，是以语音为物质基础的，就是说语音变化是形态变化的基础。一种语言的语音变化主要有两种：一是音位数量的增减，包括

① 参看瞿霭堂《藏语动词屈折形态的结构及其演变》，载《民族语文》1985年第1期。

辅音、元音数量的增减，声调数量的增减等；二是语音结构的变化，如有无复辅音声母，有无韵尾等。不同的语言，语言转型的语音变化也存在不同的特点。

东旺藏语动词语法的分析型演变与语音系统大幅度简化直接相关。从上文分析中可见，古藏语动词屈折形态是由语音音素的增减或变换构成的，但到了现代东旺藏语，动词屈折形态的许多重要音素已经消失或变为其他的音素，屈折形态的体系已经瓦解，失去了表示语法的功能，虚词和辅助动词已成为表达动词语法范畴的主要手段。这一转变属于语音结构类型的变化，即语音结构类型的变化促使语法手段类型的变化。也就是说，古藏语动词的时、式、态等语法范畴主要与动词的语音结构，即是否添加前置辅音或后置辅音有关，但随着语音系统简化，藏语动词的前置辅音和后置辅音不断脱落，从而改变了原有的语法形式。

总之，东旺藏语语法类型向分析型演变主要与语音结构的简化有关。语法形式是通过语音来体现的，语音的状态、变化对语法的状态、变化有着强烈的制约作用。不考虑这个关系就不可能深入认识语法的内在特点。

（三）发展虚词与语法化是东旺藏语动词形态消失的补偿机制

在语言的演变中，随着语言系统的演化，某些表达手段会逐渐消失，同时会产生新的表达手段作为补偿，以维持语言交际功能的平衡。古藏语用动词语音的屈折变化来表示三时一式和使动态，但是到了现代东旺藏语，判断动词和存在动词虚化作为时体变化的标记，还用语气的变化或者加句尾助词来表示式，以及加作为使动标记的助词来表示使动态。可见，形态手段消失的补偿机制是分析手段，具体体现在添加虚词和动词语法化上。

语言在发展中，一方面力求精练、简化，使表达手段更为简便，另一方面又在不断增添新的语言手段，补偿并丰富其表达方式。现代藏语中，因为语音系统简化，原有的语法形式消失，这时必须创造新的手段来表达同样的意义，而用一些出现频率较高的语法化动词和虚词成为最佳的选择方法。

（四）动词语法特征的转型呈现出语法手段从显性到隐性的演变

语言的语法手段有显性和隐性之分。“显性”，是指能够直接被感知和发现的语法规则，如英语中用形态变化表示的各种语法意义；“隐性”，是指不能直接感知的语法规则，如汉藏语系语言使用虚词表示动词的体貌，用语序表示短语的结构性质等。不同的语言，同一语言的不同时代，显性和隐性的功能是不同的，如现代汉语缺少明显的形态变化，很多语法成分必须靠具体语境和语义来区分。古代英语的显性特点比现代英语多，有许多容易被感知的语法形式。

藏语动词的语法特征从古到现今经历了从显性到隐性的演变。古藏语的动词用丰富的语音屈折变化来表示时、式、态等语法的变化，而且屈折变化成系统性，可以从动词音节的音素直接判断和识别不同的语法意义；但到了现代各藏语方言，动词形态变化已经严重衰弱甚至消失，改用动词语法化或虚词来表示时、体、态及语气的变化，研究者只能从具体的语境和语义来识别各种语法成分。

藏语的分析型特点，不同时期、不同地区存在差异。从本文分析中可见，比起古藏语，东旺藏语动词的形态变化已经趋近消亡，向着强分析型发展和演变，其显性和隐性的比例也随着变化。

参考文献

1. 戴庆厦：《载瓦语使动范畴的形态变化》，《民族语文》1981 年第 4 期。

2. 戴庆厦、闻静：《论“分析性语言”研究眼光》，《云南师范大学学报》2017 年第 5 期。

3. 戴庆厦：《语言转型与词类变化：以景颇语句尾词衰变趋势为例》，《民族语文》2019 年第 1 期。

4. 格桑居冕：《藏语动词的使动范畴》，《民族语文》1982 年第 5 期。

5. 黄布凡：《古藏语动词的形态》，《民族语文》1981 年第 3 期。

6. 杨将领：《藏缅语使动范畴的分析形式》，《民族语文》2003 年第 3 期。

7. 瞿霭堂：《藏语动词屈折形态的结构及其演变》，《民族语文》1985 年第 1 期。

8. 杨将领：《藏缅语使动范畴的分析形式》，《民族语文》2003 年第 3 期。

9. 邵明园：《安多藏语阿柔话的示证范畴》，博士学位论文，南开大学，2014 年。

10. 张济川：《藏语的使动、时式、自主范畴》，《民族语文》1989 年第 2 期。

11. Ellen Lynn Bartee：A Grammar of Dongwang Tibetan，Doctoral dissertation in University of California Santa Barbara，2007.

（戴庆厦，男，中央民族大学教授、博士生导师，主要从事汉语及汉藏语言研究。通讯作者：次林央珍，女，语言学博士，从事汉藏语系语言比较研究。通讯地址：云南省昆明市呈贡区大学城云南师范大学文学院。邮编：650500。电子邮箱：774509354@qq.com。）

布兴语亲属称谓词的构词分析*

高永奇

（苏州大学文学院）

摘　要：布兴语的亲属称谓分五级系统：祖、父、己、子、孙，存在着宗亲与外亲同称的现象。辈分方面的差别用不同的中心词根语素加以区别；长幼方面、性别方面，用区别语素加以区别。构词方面，有少量的附加式合成词，主要是复合式合成词，修饰语素位于中心语素之后。布兴语的亲属称谓词与周边的傣语、克木语相比，既有相同点，也有不同点。布兴语中存在一些亲随子称现象。

关键词：布兴语；亲属称谓；二元对立；中心词根；区别词根

一　布兴语亲属称谓词的主要特点

从亲属称谓词的核心词根语素看，布兴语亲属称谓可分为五级系统（ʔaːi 祖、ʔoːin 父、己、kaːn 子、tʃo 孙）。称谓词数量不多，但却蕴含着其民族特色。下面从亲疏、辈分、长幼、性别四个方面来概述布兴语亲属称谓的特点。

（一）亲疏方面

布兴语亲属称谓重视直系血亲，父辈及父辈以下的旁系宗亲与外亲亲属称谓存在同称的现象。戴庆厦先生认为，"宗亲和外亲同称，是母权制

---

* 本文为国家社科基金一般项目"中国南亚语系语言类型特征及语言普遍现象研究"（项目编号 14BYY143）的阶段性成果。本文记录的布兴语语音与《布兴语研究》中略有不同，将原来的短元音加标记改成了长元音加标记。

和父权制两种亲属观念混合的产物，反映母权制在父权制上留有痕迹。”①

词条	词义	
	(旁系宗亲)	(外亲)
ʔoːin deːŋ	伯父	大姨夫
meʔ deːŋ	伯母	大姨
ʔoːin pa	叔父	小姨夫
meʔ saːi	叔母	小姨
tʃo məra	侄子	外甥
tʃo məkaːn	侄女	外甥女

究其原因，一方面是傣语作为强势语言对布兴语亲属称谓有一定的影响，因为傣语亲属称谓中存在着同样的现象；另一方面是对于重视核心家庭的布兴人而言，父母辈及父辈以下的旁系宗亲及外亲亲属在与说话人的距离是相同的，根据语言的经济原则，不需再另造新词。

（二）辈分方面

布兴语亲属称谓辈分方面体现出两个特点：一是直系血亲方面，辈分之间有严格的区分，以中心词根“ʔaːi（祖）、ʔoːin/meʔ（父/母）、ʔait/ʔuːi（兄弟/姐妹）、kaːn（子）、tʃo（孙）”表示；二是所有亲属称谓中，上两辈（祖辈与父辈）同辈之间的称谓词中心词根相同，但在己辈及其以下三辈（己辈、子辈、孙辈）的同辈称谓词中心词根存在着差异，同辈的旁系血亲称谓词中心词根所指比直系血亲称谓词中心词根所指低一辈分等级。如：

直系血亲				旁系血亲			
ʔait məra	哥哥	ʔait məkaːn	姐姐	kaːn ʔait məra 子女/孩子 哥哥	堂哥	kaːn ʔait məkaːn	堂姐
ʔuːi məra	弟弟	ʔuːi məkaːn	妹妹	kaːn ʔuːi məra	堂弟	kaːn ʔuːi məkaːn	堂妹

① 戴庆厦：《景颇语亲属称谓的语义分析》，载戴庆厦《藏缅语族语言研究》，云南民族出版社 1990 年版，第 233 页。

续表

直系血亲				旁系血亲			
kaːn məra	儿子	kaːn məkaːn	女儿	tʃo məra	侄子/外甥	tʃo məkaːn	侄女/外甥女
tʃo məra 子孙　男性	孙子	tʃo məkaːn	孙女	tʃo saːu məra 子孙 源自 男方	外孙子	tʃo saːu məkaːn	外孙女

这表明，布兴语亲属称谓优先顾及的是直系血亲，以直系血亲为核心。或者说，直系血亲比旁系血亲更为重要。

（三）长幼方面

父辈、己辈、子辈的亲属称谓严格区分长幼，孙辈中无长幼之别。

1. 父辈称谓，如：ʔoːin deːŋ$_{\text{伯父/大姨夫}}$、meʔ deːŋ$_{\text{伯母/大姨}}$；ʔoːin pa$_{\text{叔父/小姨夫}}$、meʔ saːi$_{\text{叔母/小姨}}$；ʔoːin tʃu$_{\text{小姑夫}}$、meʔ ma$_{\text{小姑}}$。

2. 在己辈称谓中，“ʔait”表示“年长”，“ʔuːi”表示“年幼”。性别的区别则要使用表示不同性别的区别语素，类型上跟克木语一样。如：ʔait məra$_{\text{哥哥}}$、ʔuːi məra$_{\text{弟弟}}$、ʔait məkaːn$_{\text{姐姐}}$、ʔuːi məkaːn$_{\text{妹妹}}$；kaːn ʔait məra$_{\text{堂哥}}$、kaːn ʔait məkaːn$_{\text{堂姐}}$、kaːn ʔuːi məra$_{\text{堂弟}}$、kaːn ʔuːi məkaːn$_{\text{堂妹}}$。

3. 子辈中以区别语素“kɔk”（年长）、“la”（年幼）来区分。如：

kaːn məra$_{\text{儿子}}$：　kaːn kɔk məra$_{\text{大儿子}}$　kaːn la məra$_{\text{小儿子}}$

kaːn məkaːn$_{\text{女儿}}$：　kaːn kɔk məkaːn$_{\text{大女儿}}$　kaːn la məkaːn$_{\text{小女儿}}$

4. 孙辈之间不需要区分长幼。如：tʃo məra$_{\text{孙子/外甥}}$、tʃo məkaːn$_{\text{孙女/外甥女}}$、tʃo saːu məkaːn$_{\text{外孙女}}$。

父辈以下的同辈亲属称谓之间区分长幼，在一定程度上反映了布兴人的家庭继承制文化。在多子女的家庭中，父母一般跟着自己的小儿子生活，父母去世后，财产也由小儿子继承，其他儿子没有明确赡养老人的义务。故长幼需要区别清楚。

（四）性别方面

注重性别的区分是布兴语亲属称谓的一个显著特点。父辈称谓的中心词根便蕴含着“性别”的差别，如，“ʔoːin”（父辈男性）、“meʔ”（父辈女性）。祖辈和部分己辈姻亲称谓词用前缀表示性别的区别：“ŋ”（男性）、“kɯ”（女性）。大多数己辈、子辈和孙辈称谓词用表“性别”的区别语素“məra”（男性）及“məkaːn”（女性）来表明称谓性别的不同。如：ʔait məra$_{\text{哥哥}}$，ʔait məkaːn$_{\text{姐姐}}$。

从中心词根角度看，布兴语跟克木语都是己辈直系血亲只有长幼的区别，没有性别的区别。这跟英语型、汉语型的情况不同。

英语型

	男性 brother	女性 sister
年长		
年幼		

布兴语型

	男性	女性
年长ʔait		
年幼ʔuːi		

汉语型

	男性	女性
年长	哥	姐
年幼	弟	妹

二　布兴语亲属称谓词的构词方式

（一）布兴语亲属称谓词的核心语素

表 1

		意义	直系	血亲	父系	辈分	长幼	男性	中心词根
1	ʔoːin	父	+	+	+	>		+	+
2	meʔ	母	+	+	−	>		−	+
3	kaːn	子	+	+	−	<		±	+
4	tʃo	孙、侄	+	+	−	<2		±	+
5	tʃi leʔ	重孙	+	+	−	<3		±	+
6	sɿ doːŋ	内兄、妹夫	−	−	−	=	±	+	+
7	ʔeːm	内弟	−	−	−	=	−	+	+
8	ʔait	年长	+	+	+	=	+	±	±
9	ʔuːi	年幼	+	+	+	=	−	±	±
10	le	夫	+	+	+	=		+	+
11	kaːn	妻	+	+	−	=		−	+
12	maːn	嫂	+	−	+	=		−	+
13	mɔʔ	媳	+	−	+	<		−	+

续表

		意义	直系	血亲	父系	辈分	长幼	男性	中心词根
14	mə kɯɤːi	婿	+	−	−	<		+	+
15	ˀaːin	公爹	+	−	+	>		+	+
16	-maːŋ hɯ	曾、以前			±	≥3		±	−
17	-ˀaːi	祖			±	>2		±	−
18	-deːŋ	大	±	±	±	>	+	±	−
19	-pa	男性小		±	+	>	−	+	−
20	-sɑːi	女性小		±	±	>	−	−	−
21	-mɤih	舅～	+	+	−	>		+	−
22	-ma	姑	+	+	+	>		−	−
23	su-	远				≥4		±	−
24	-ˀɑh	先			+	≥4		±	−
25	-mə ra	男						+	−
26	-mə kaːn	女						−	−
27	sɑːu	源自～			±			±	−
				表敬		辈分		男性	中心词根
28	ŋ-	男		+		>		+	−
29	kə-	女		+		>		−	−

关于核心称谓语素的几点说明：

1. 表中的义素选项是按照二元对立形式列出的。如：直系～旁系、血亲～姻亲、年长～年幼、男性～女性。有时为了明确对立项，在表中直接注明（如“表敬”）。

2. 辈分一栏中“>”表示长辈，“<”表示晚辈，其后边的数字大于或小于 1 的时候表示是上几辈或下几辈。

3. “中心词根”在构成合成词是充当中心语素的部分。有的中心词根可以单独成词，也有的不能单独成词。与中心词根相对的词根，我们称为“区别词根”（或“区别语素”）。

（二）布兴语亲属称谓词的构词类型

据我们的调查，在 70 个常用布兴语亲属称谓词中，有 8 个单纯词，62 个合成词。合成词中，绝大多数为复合式。

1. 单纯词

在布兴语亲属称谓中，单纯词的数量很少，且大多数为单音节词。如：ʔoːin$_{\text{父亲}}$、meʔ$_{\text{母亲}}$、le$_{\text{丈夫}}$、kaːn$_{\text{妻子}}$、mɔʔ$_{\text{儿媳妇}}$。一个半音节的单纯词有：mə kɯɤːi$_{\text{女婿}}$、sɿ doːŋ$_{\text{妹夫}}$。

2. 合成词

（1）附加式　布兴语亲属称谓词中的附加式合成词较少。主要是表示性别、婚姻关系的 ŋ、kɯ 等前缀，构成词语或复合词中的词根语素。如：前缀 ŋ-表示敬称，用于男性尊者。ŋ ʔaːi məra$_{\text{曾祖父}}$、ŋ ʔaːi saːu məra$_{\text{祖父}}$、ŋ ʔait$_{\text{姐夫}}$。前缀 kɯ-（kə-）表示敬称，用于女性尊者。如：kɯ ʔaːi məra$_{\text{曾祖母}}$、kɯ ʔaːi saːu məra$_{\text{祖母}}$、kə maːn$_{\text{嫂子}}$、kɯ ʔaːi meʔ saːi$_{\text{弟媳}}$。

（2）复合式　复合词，至少要由两个不相同的词根结合在一起构成。布兴语的复合式亲属称谓又可分为联合和偏正两种类型。

①联合型

联合型的亲属称谓词指的是意义相关、相近或相对的词根并列组合而成，其意义是两个词根意义的总和。如：

le+　　kaːn　夫妻　　　　ʔoːin+meʔ 父母
丈夫　　妻子　　　　　　父亲　母亲

ʔuːi+　　　ʔait　兄弟姐妹　　　　kaːn ʔuːi+kaːn ʔait　堂兄弟/表兄弟
年幼（弟/妹）年长（哥/姐）　　　堂/表弟　　堂/表哥

meʔ deːŋ+meʔ saːi　妯娌　　　　ʔoːin deːŋ+ʔoːin pa 连襟
伯母　　　　叔母　　　　　　　大姨父　　小姨父

联合型结构中词根的语序，既有［+性别］因素，又有［+长幼］因素。长辈称谓中，遵循“先男后女”+“先长后幼”的顺序；己辈及晚辈称谓中，遵循“先女后男”+“先幼后长”的顺序。

②偏正型

偏正型复合词主要在“祖、父、子、孙”四级核心亲属称谓词根的基础上加区别语素来进行构词。四级核心称谓词是：一是祖辈：ʔaːi，二是父辈：ʔoːin（父）、meʔ（母），三是子辈：kaːn（子/女），四是孙辈：tʃo（孙子、孙女）。

偏正型复合词若由两个词根构成，一般是中心词根在前，区别词根在后。若称谓词中有三个或三个以上的词根，中心词根在前，区别词根的顺序按照内部语义结构来安排。如：［［ŋ ʔaːi$_{\text{祖}}$］　məra$_{\text{男}}$］曾祖父→

[[[ŋ ʔaːi$_{祖}$] saːu$_{源自}$] məra$_{男}$] 祖父； [[ʔait$_{长}$] [məra$_{男}$]]哥哥→ [[kaːn$_{子}$] [[ʔait$_{长}$] məra$_{男}$]]堂哥，中心词根“kaːn”（子）放在前面。

A. 在布兴语中，“məra”基本义为“男性的”，又引申出“男方的”意思；“məkaːn”基本义为“女性的”，又引申为“女方的”。具体分别如下：

a. 在己辈及晚辈称谓中，“məra”与“məkaːn”意为“男性的”、“女性的”，以区别同辈之间男性女性亲属。如（表2）：

表 2

ʔait məra 哥哥 年长 男性	ʔait məkaːn 姐姐 年长 女性	ʔuːi məra 弟弟 年幼 男性	ʔuːi məkaːn 妹妹 年幼 女性
kaːn məra 儿子 子女 男性	kaːn məkaːn 女儿 子女 女性	tʃo məra 孙子 孙辈 男性	tʃo məkaːn 孙女 孙辈 女性

b. 在祖辈亲属称谓中，“məra”与“məkaːn”意为“男方的”、“女方的”，表示宗亲和外亲的区别。如（表3）：

表 3

ŋ ʔaːi saːu məra 祖父 男性祖辈 源自 男方的	ŋ ʔaːi saːu məkaːn 外祖父 男性祖辈 源自 女方的
kɯ ʔaːi saːu məra 祖母 女性祖辈 源自 男方的	kɯ ʔaːi saːu məkaːn 外祖母 女性祖辈 源自 女方的

B. 区别词根“saːu”的基本义为“……后面的”，在亲属称谓中又引申为“源自于”。放在词根语素前表示出自何方。如（表4）：

表 4

kɯ ʔaːi saːu məra 祖母 女性祖辈 源自 男方的	kɯ ʔaːi saːu məkaːn 外祖母 女性祖辈 源自 女方的
ŋ ʔaːi saːu məra 祖父 男性祖辈 源自 男方的	ŋ ʔaːi saːu məkaːn 外祖父 男性祖辈 源自 女方的
kaːn ʔait saːu ʔoːinmɤih 表兄 子 年长 源自 舅舅	kaːn ʔuːi saːu ʔoːin mɤih 表弟 子 年幼 源自 舅舅

C. 区别词根“sɯp”“kɛp”放在中心词根“ʔoːin$_{父亲}$”“meʔ$_{母亲}$”后，构成的复合词可以表示姻亲关系的先后。如：ʔoːin sɯp$_{继父}$、meʔ

sɯp$_{\text{继母}}$、ʔoːin kɛp$_{\text{干爹}}$、meʔ kɛp$_{\text{干妈}}$。

（表敬词头）+中心词根+（长幼）+（性别）+（saːu）+（何方）

（长幼）+（性别）+（saːu）+（何方）：区别词根

布兴语亲属称谓词合成词的构词方式可以描写如下：

其结构层次是：

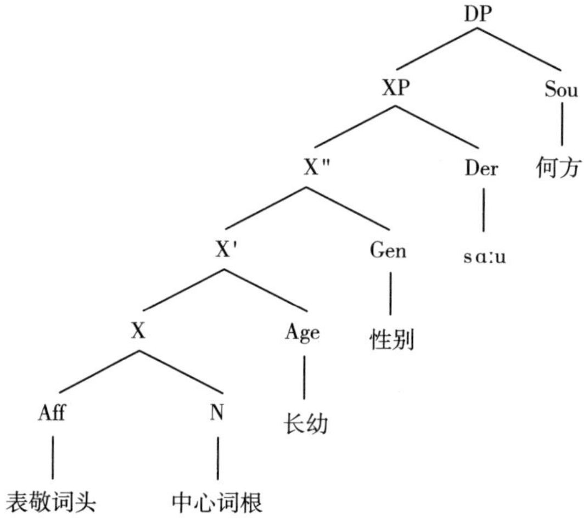

例如：ŋ ʔaːi sɑːu məkaːn“外祖父”中，ŋ 是表敬词头，ʔaːi 是中心词根，sɑːu 是表示“源自”的区别语素，məkaːn 是表示“女方”的区别语素。

三　与傣语、克木语亲属称谓词的比较

学术界一般都把布兴人归克木人的一支，民族之间的共同性在语言词汇上也有一定的反映。此外，布兴人周围以傣族为主要人群，傣语作为一种强势语言会对布兴语产生一定的影响。

在亲属称谓上，三种语言在称谓系统、亲疏、辈分、长幼、姻亲五个方面既有相同点又存在着差异性。

（一）称谓系统上

布兴语、克木语、傣语的亲属称谓词都为“祖、父、己、子、孙”五级构造系统（表5）。

表5

	布兴语		克木语		傣语（西）	
	男	女	男	女	男	女
祖辈	ŋ ʔaːi（saːu məra）	kɯ ʔaːi（saːu məra）	taʔ	jaʔ	pu^{5}，$iʔ^{7}pu^{5}$	ja^{6}，$iʔ^{7}ja^{6}$
父辈	ʔoːin	meʔ	joŋ	maʔ	$pɔ^{6}$	$mɛ^{6}$
子辈	kaːn məra	kaːn məkaːn	kɔːn brɔʔ	kɔːn kɯn	$luk^{8}tsaːi^{2}$	$luk^{8}jiŋ^{2}$
孙辈	tʃo məra	tʃo məkaːn	dʑeʔ brɔʔ	dʑeʔ kɯn	$laːn^{1}$ $tsaːi^{2}$	$laːn^{1}$ $jiŋ^{2}$

（二）亲疏关系上

1. 相同点：三种语言都存在宗亲与外亲同称的现象：伯父与大姨父同称，伯母与大姨同称（表6）。

表6

	布兴语	克木语	傣语（西）
伯父/大姨父	ʔoːin deːŋ	joŋ deŋ	$luŋ^{2}$，$pɔ^{6}loŋ^{1}$
伯母/大姨①	meʔ deːŋ	maʔ deŋ	pa^{3}，$mɛ^{6}loŋ^{1}$

2. 不同点：克木语与傣语在宗亲与外亲同称的数量上多于布兴语，且克木语既有与布兴语一致的地方又有与傣语一致的地方，而布兴语与傣语在这些地方并不一致。

（1）在布兴语与克木语中，“叔父”与“小姨父”同称，“叔母”与“小姨”同称。傣语不同称（表7）。

① 傣语中年长的父辈称谓全部同称，“大伯父”“大姑父”“大舅”与“大姨父”同称，但年幼的父辈称谓全部不同称。

表 7

	布兴语	克木语	傣语（西）
叔父	ʔoːin pa	joŋ ʔaːu	ɑːu^{1}
小姨父	ʔoːin pa	joŋ ʔaːu	na^{4}xəi^{1}
叔母	meʔ sɑːi	maʔ ʔaːu	a^{1}pai^{4}
小姨	meʔ sɑːi	maʔ ʔaːu	iʔ^{7}na^{4}

（2）在克木语与傣语中，己辈不区分直系和旁系称谓。在布兴语己辈称谓中，直系血亲的称谓辈分要高于旁系血亲及外亲的辈分（表 8）。

表 8

	布兴语	克木语	傣语（西）
哥哥	ʔait məra	taːi tɕəm brɔʔ	pi^{6}tsaːi^{2}
姐姐	ʔait məkaːn	taːi kɯn	pi^{6}jiŋ^{2}
弟弟	ʔuːi məra	hɛːm brɔʔ	nɔŋ^{4}tsaːi^{2}
妹妹	ʔuːi məkaːn	hɛːm kɯn	nɔŋ^{4}jiŋ^{2}
堂/表哥	kɑːn ʔait məra	taːi tɕəm brɔʔ	pi^{6}tsaːi^{2}
堂/表姐	kɑːn ʔait məkaːn	taːi kɯn	pi^{6}jiŋ^{2}
堂/表弟	kɑːn ʔuːi məra	hɛːm brɔʔ	nɔŋ^{4}tsaːi^{2}
堂/表妹	kɑːn ʔuːi məkaːn	hɛːm kɯn	nɔŋ^{4}jiŋ^{2}

（三）辈分等级上

1. 相同点：几种语言中，旁系子辈称谓与直系孙辈的称谓都采用同称方法。如（表 9）：

表 9

	布兴语	克木语	傣语（西）
侄子/孙子	tʃo məra	dʑeʔ brɔʔ	laːn^{1} tsaːi^{2}
侄女/孙女	tʃo məkaːn	dʑeʔ kɯn	laːn^{1} jiŋ^{2}

2. 不同点：相比克木语、傣语，布兴语更加重视直系血亲的地位。

布兴语已辈以下的直系血亲的称谓地位要高于同辈的旁系血亲称谓一个等级。如布兴语中“哥哥”ʔait məra（长+男），“堂兄”kaːn ʔait məra（子+长+男）。其关系如下（表 10）：（“>”大一辈、“=”同辈或同称。）

表 10

布兴语	克木语	傣语（西）
哥哥等>堂/表哥等	哥哥等=堂/表哥等	哥哥等=堂哥/表哥等
儿子等>侄子等	孙子等=侄子等	孙子等=侄子等
侄子等=孙子等>外孙等		孙子等=外孙等

（四）长幼序列上

1. 相同点：仅在父辈及子辈称谓上区分长幼。三种语言都有表示“长、幼”的根词：父辈亲属称谓构词为“父”+“年长/年幼”（傣语年轻的父辈称谓除外），子辈亲属称谓构词为“年长/年幼”+“男性/女性”。如（表 11）：

表 11

	布兴语	克木语	傣语（西）
父亲	ʔoːin	joŋ	pɔ^{6}
母亲	meʔ	maʔ	mɛ^{6}
伯父	ʔoːin deːŋ	joŋ deŋ	pɔ^{6}loŋ^{1}
叔父	ʔoːin pa	joŋ ʔaːu	ɑːu^{1}
哥哥	ʔait məra	taːi brɔʔ	pi^{6}tsaːi^{2}
弟弟	ʔuːi məra	hɛːm brɔʔ	nɔŋ^{4}tsaːi

2. 不同点：

布兴语、克木语父辈亲属称谓无论长幼其中心词根都一致，傣语只有年长的父辈才遵行这一规律，年轻或年幼的父辈亲属称谓另造新词。

（五）姻亲关系上

傣语亲属称谓词中有表示姻亲关系的后缀成分，男性姻亲“xəi^{1}”，女性姻亲“pai⁴”。如（表 12）：

表 12

傣语（西）			
叔母	a^1pai^4	小姑父	$a^1xəi^1$
小舅妈	na^4pai^4	小姨父	$na^4xəi^1$
儿媳	luk^8pai^4	女婿	$luk^8xəi^1$
嫂子	pi^6pai^4	姐夫	$pi^6xəi^1$

“叔母”与“小姑父”对应，“小舅妈”和“小姨父”对应，“儿媳妇”与“女婿”对应：每组词根一致，以后缀来表示姻亲关系的不同，且每组在与“我”的关系距离上是相同的。布兴语则没有这种形式。克木语只有一个 ʔeːm 表示姻亲。如：joŋ ʔeːm$_{舅}$，maʔ ʔeːm$_{舅妈、岳母}$。

四　余论

本文我们讨论了布兴语的亲属称谓词语的构成情况，还有一些在称谓上需要指出的地方，在本文中未展开讨论。

（1）在佤语、布朗语、德昂语等南亚语系语言中，存在部分母系亲属及其配偶的称谓跟父系亲属及其配偶的称谓相同的情况。即某一个词既可以指父系，也可以指母系；既可以指血亲，又可以指姻亲。杨堃（1983）认为：“在实行交错姑舅表婚的民族那里，一般在他们的亲属称谓中，姑父、舅父和岳父、公公同称，姑姑、舅母和岳母、婆婆同称，而无各自的专称。”① 杨云燕（2016）在分析拉祜语亲属称谓的语义特点时，认为“母亲、姨母、姑母等同称”，“父亲与姑父、姨父等同称”，“这是血缘婚的遗迹”。②

布兴语只有部分保留（“姨～婶”同、“姨父～叔叔”同），克木语中则用专门的中心语素加以区别。下面列举的是德昂语的情况（表 13）。（布兴语只存在其中的一半对应。）

① 杨堃：《民族与民族学》，四川民族出版社 1983 年版，第 357—358 页。

② 杨云燕：《拉祜语亲属称谓的语义成分》，《普洱学院学报》2016 年第 1 期，第 16 页。

表 13

	男性+配偶		相互关系	女性+配偶	
母系	ʔ′pə 舅舅	kan 舅妈		m′mɛ diɛt 姨妈	ʔ′kun diɛt 姨父
父系	ʔ′kun diɛt 叔叔	m′mɛ diɛt 婶婶		kan 姑姑	ʔ′pə 姑父

（2）布兴语中存在一定的“亲随子称”现象。我们以汉语的称谓词来表示的话，就是：“大伯子＝伯父”、“小叔子＝叔叔”（母随子称）；“岳父＝外祖父”、“岳母＝外祖母”，（父随子称）。

参考文献

1. 戴庆厦：《景颇语亲属称谓的语义分析》，载戴庆厦《藏缅语族语言研究》，云南民族出版社 1990 年版。

2. 戴庆厦：《戴庆厦文集》第 1 卷《景颇族语言研究》，中央民族大学出版社 2012 年版。

3. 戴庆厦：《勐腊县克木语及其使用现状》，商务印书馆 2012 年版。

4. 高永奇：《布兴语研究》，民族出版社 2004 年版。

5. 龚佩华：《景颇族山官制社会研究》，中山大学出版社 1988 年版。

6. 杨堃：《民族与民族学》，四川民族出版社 1983 年版。

7. 杨云燕：《拉祜语亲属称谓的语义成分》，《普洱学院学报》2016 年第 1 期。

8. 张宁：《克木语亲属称谓词研究》，《民族语文》2007 年第 5 期。

9. 周庆生：《西双版纳傣语亲属称谓语义成分分析》，《民族语文》1990 年第 2 期。

附　　录

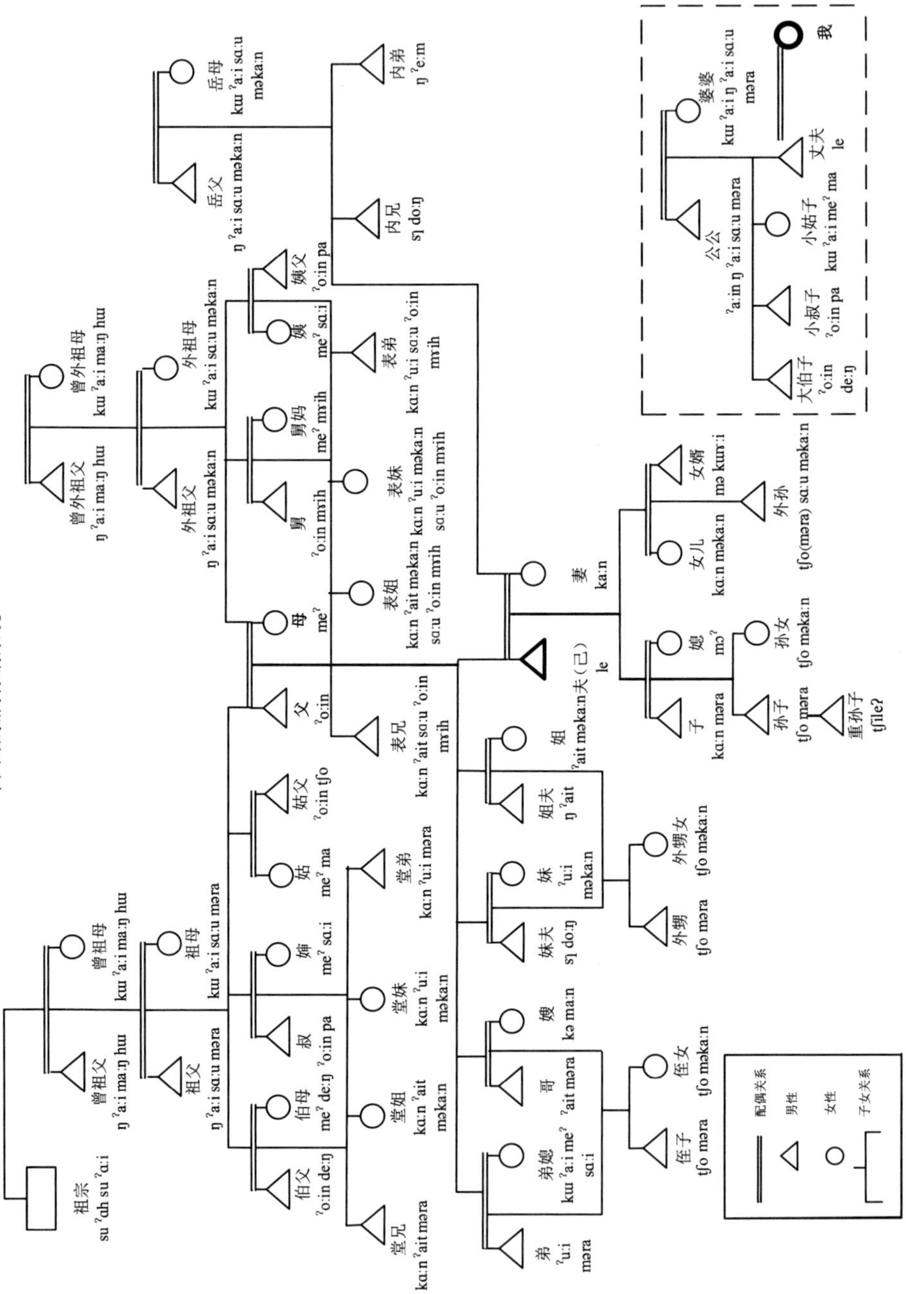

布兴语亲属称谓系统

从藏语看鼻音韵尾对元音变化的影响*

徐世梁

（南京大学 文学院）

摘　要：已有的研究显示人类语言中元音在鼻音环境中的变化具有某些共性：元音在鼻音特征的影响下，舌位会变低或趋高，进而合并。这种音变在藏语方言中也存在，在卫藏方言拉萨话中只是个别现象，但在安多藏语中非常普遍。安多藏语夏河话中 a、e、i 在-ŋ 韵尾前合并为 a，o、u 在-ŋ 韵尾前合并为 o，安多藏语卓仓话中-ŋ 韵尾前的 a、e、i、o、u 全部合并为 ɔ，-m、-n 韵尾前的 a、e、o 合并为 æ。拉萨话、卓仓话、夏河话的异同可以结合相同的音变机理和不同的社会环境来解释。

关键词：藏语；鼻音；元音；卓仓话；夏河话

藏文中有五个元音 a、i、u、e、o，现代藏语中五个元音在鼻音韵尾前有低化或高化进而合并的演变，软腭鼻音韵尾前尤其如此，这种现象在安多藏语尤其是农区话中有着突出的表现。江荻（2007：243）介绍了安多藏语中 iŋ、eŋ 变为 aŋ，部分 eg 变为 ek 的现象。王双成（2012：257）介绍了壤塘和贵德藏语中 o 在-g、-ŋ 前低化为 a 的现象。有关鼻化元音的已有研究中（江荻 2007：191；冉启斌、段文君 2013）发现了一些在人类语言中可能具有共性的现象，比如：一个语言系统中鼻化元音在数量上一般不会多于口元音，而且更多的情况下少于口元音；元音在鼻化特征的影响下倾向于对立的弱化、高低维度上元音感知空间的收缩；元音合并的进程倾向于首先在鼻元音中出现；鼻化的影响会使中、高元音舌位变

* 本文是教育部人文社会科学研究青年基金项目“甘青地区汉语和藏语接触演变的类型和机制”（15YJC740109）成果。

低，而使低元音舌位变高。笔者认为藏语中的上述音变现象也可以从这个角度进行解释，下文将做具体介绍和分析。本文以藏文为参照，以拉萨话为藏语卫藏方言的代表，以夏河话为安多藏语的代表，这些料主要参考了华侃（2002）、江荻（2007）、王双成（2012）等人的论著，以卓仓话为安多藏语农区话的代表，材料来自笔者的调查①。

一　软腭鼻音韵尾前的元音变化

安多藏语有一条重要的音变规则：软腭鼻音韵尾前的元音合并规则（a、e、i>a，u、o>o/_-ŋ #），即在鼻音韵尾 ŋ 前 a、e、i 合并为 a，u、o 合并为 o。这种音变是安多藏语语音系统的重要特征之一，不过不同方言处于演变进程的不同阶段。下面先看看具体材料。

藏文 iŋ 在拉萨话仍为 iŋ，夏河话韵尾不变、元音变为 a，卓仓话变为 ɔ̃，个别读为 iɔ̃。如表 1 所示：

表 1　　藏文 iŋ 在拉萨、夏河、卓仓的读音

汉义	藏文	拉萨	夏河	卓仓
木头	ɕiŋ	ɕiŋ55	xhaŋ	ɦdɔ̃ ma
名字	miŋ	miŋ14	ȵaŋ	ɦȵɔ̃
心脏	snʲiŋ	ȵiŋ55	hȵaŋ	ɦȵɔ̃
木匠	ɕiŋ bzo ba	ɕiŋ55 soˀ53	xhaŋ zo	ɕɔ̃ za
杨树	sra ɕiŋ	ja55 pa53	htɕer wa	ɦʑer zɔ̃
牛轭	gȵaɦ ɕiŋ	ȵa55 ɕiŋ55	hȵa xhaŋ	ȵa ɕhɔ̃
西宁	zi liŋ	si11 liŋ14	sə laŋ	sɿ lɔ̃
箫	gliŋ bu	liŋ55 ku55	hlaŋ ŋə	liɔ̃ ʋ

藏文的 eŋ 在拉萨有的仍为 eŋ，有的读作 aŋ，元音由 e 低化变为 a，有的为 ĩ，元音高化，韵尾鼻化。在夏河多数读为 aŋ，少数变为 oŋ。卓仓读作 ɔ̃ 或 uɔ̃。ɦbreŋ pa“牛皮绳”夏河元音为 o、卓仓读作 uɔ̃，可能是声

① 主要发音合作人为青海省乐都县瞿坛乡药草台村的田旦智太、星多杰、李拉杰，在此表示感谢。

母中双唇音影响的结果。如表 2 所示：

表 2　　藏文 eŋ 在拉萨、夏河、卓仓的读音

汉义	藏文	拉萨	夏河	卓仓
房顶	khaŋ steŋ/ khaŋ thog①	khaŋ55 teŋ55	khaŋ thok	khuɔ̃ htox
狮子	seŋ ge	sĩ55 ke53	shaŋ ge	shɔ̃ ki
念珠	phreŋ ba	ʈʂhaŋ55 ŋa53	ʈʂhaŋ ŋa	ʈʂhɔ̃ ʁa
牛皮绳	ɦbreŋ pa	tɕha11 lũ14	ndʐ̥oŋ ŋwa	ndʐ̥uɔ̃ ʁa

藏文的 aŋ（aŋs）拉萨多为 aŋ，部分为 ã。夏河基本为 aŋ，个别为 oŋ。卓仓主要读为 ɔ̃，少数读为 uɔ̃，“狼”读为 ã，元音保持原来的读音，这可能与后续音节中舌根声母的影响有关。卓仓的鼻尾大多鼻化，一般后续音节辅音与前音节鼻尾为同部位的塞音时，还保留鼻尾，元音的变化也往往形成例外。如表 3 所示：

表 3　　藏文 aŋ（aŋs）在拉萨、夏河、卓仓的读音

汉义	藏文	拉萨	夏河	卓仓
刺猬	rgaŋ	kaŋ14	ngaŋ	ɦgɔ̃
松香	thaŋ tɕhu	thaŋ55 tɕu55	thaŋ tɕə	thɔ̃ tshɥ
权	dbaŋ	wã55	ɣaŋ tɕha	ɦʁɔ̃
墙	gjaŋ	cã13	tɕaŋ	tɕɔ̃
斋僧茶	maŋ dʑa	maŋ11 tɕaʔ53	naŋ dʑa	mɔ̃ dʑa
野马	rkjaŋ	cã55	htɕaŋ	htɕɔ̃
酒	tɕhaŋ	tɕhaŋ55	tɕhaŋ	tɕhɔ̃
胸	braŋ khog	phã11 koʔ53	ʈʂaŋ kha	tɔ̃ kha
柳树	ltɕaŋ ma	tɕaŋ55 ma53	htɕaŋ ma	htɕɔ̃ ma
骨髓	rkaŋ	kã55 ŋa55	hkaŋ	hkɔ̃
铁锅	slaŋ ba	lã55 ŋa53	saŋ ŋa	sɔ̃ ʁa
平坝、平原	thaŋ	thaŋ55	thaŋ	thɔ̃
铜	zaŋs	sã12	saŋ	sɔ̃
雪	gaŋs	khã12	khaŋ	khɔ̃

① “/”前后的不同藏文词形，代表了现代藏语方言中不同读音的来源。

续表

汉义	藏文	拉萨	夏河	卓仓
蒸汽	rlaŋs pa	laŋ55 pa53	ɬaŋ pa	ɬɔ̃ kha
鸟窝	bja tshaŋ	tɕha13 tshaŋ	ɕa tshaŋ	sɥ tshɔ̃
铝	ha jaŋ	ha55 jaŋ55	ha jaŋ	ha ʑɔ̃
拉卜愣	bla braŋ	lap55 raŋ55	hlap raŋ	la ʐ̥ɔ̃
房子	khaŋ pa	khaŋ55 pa53	khoŋ ŋwa	khuɔ̃ ʁa
狼	spjaŋ khu	tɕã55 ku53	htɕaŋ kə	htɕã kʊ

藏文的 oŋ 拉萨多数读为 oŋ，部分为 õ，元音不变，个别读为 ũ，元音高化。夏河读为 oŋ。卓仓主要读 ɔ̃，部分读 uɔ̃。如表 4 所示：

表 4　　藏文 oŋ 在拉萨、夏河、卓仓的读音

汉义	藏文	拉萨	夏河	卓仓
野牛	ɦbroŋ	ʈʂ oŋ14	ndʐ̥oŋ	ndʐ̥uɔ̃
钟	tɕoŋ	tɕoŋ55	tɕoŋ	tɕuɔ̃
铧	thoŋ ltɕags	thoŋ55 tɕa53	thoŋ htɕak	thɔ̃ htɕəx
农区	roŋ sa	roŋ11 sa53	roŋ ŋwa	ʐ̥ɔ̃ wa
商人	tshoŋ pa	tshõ55 pa53	tshoŋ ŋwa	tshɔ̃ wa
树	sdoŋ po	ɕĩ55 tõ55	hdoŋ ŋwo	zɔ̃ ʁɔ̃
兔子	ri boŋ	ri11 kõ53	rə ɣoŋ	ʐ̥ox ʁɔ̃
驴	boŋ bu	phũ11 ku53	oŋ lə	ʁɔ̃ nɿ

藏文的 uŋ 在拉萨仍是 uŋ，夏河为 oŋ，卓仓读为 ɔ̃。如表 5 所示：

表 5　　藏文 uŋ 在拉萨、夏河、卓仓的读音

汉义	藏文	拉萨	夏河	卓仓
矛	mduŋ	tuŋ14	ndoŋ	ndɔ̃
风	rluŋ	luŋ55	hloŋ	hlɔ̃
小指	mdzub tɕhuŋ	tsup11 tɕhuŋ14	ndzək tɕhoŋ	ndzə tɕhɔ̃

对上文的材料加以总结即可得到表 6 所示：

表 6　　藏文 iŋ、eŋ、aŋ、oŋ、uŋ 在拉萨、夏河、卓仓的读音

藏文	拉萨	夏河	卓仓
iŋ	iŋ	aŋ	ɔ̃ iɔ̃
eŋ	eŋ aŋ （ĩ）①	aŋ （oŋ）	ɔ̃ uɔ̃
aŋ	aŋ ã	aŋ	ɔ̃ uɔ̃ （ã）
oŋ	oŋ õ （ũ）	oŋ	ɔ̃ uɔ̃
uŋ	uŋ	oŋ	ɔ̃

藏文中带软腭鼻音韵尾的韵母，在拉萨话音值基本不变，有鼻尾的韵母和没有鼻尾的韵母中一样，五个元音 a、i、u、e、o 保持对立。只有部分词中鼻尾失落，变为鼻化韵，少数词中出现元音舌位变高的现象，如 eŋ>ĩ、oŋ>ũ，个别词中有元音低化现象，如 eŋ>aŋ。夏河话中软腭鼻音韵尾前的五个元音合并为两个：a、i、o 都读为 a，华侃（2002：30）在音系说明中提到 a 在 ŋ 尾前的实际音值是［ɐ］，相对于 a 来说舌位变高了，相对于 i、o 而言舌位变低了，同时都有朝着央元音区域的变化；u、o 合并为 o，对 u 而言舌位也变低了。卓仓话的变化方向与夏河相同，只不过比夏河更进一步，藏文的五个元音，在卓仓全部合流，多数读为 ɔ̃，部分读为 uɔ̃，就主要元音的舌位来说，a 的变化是高化，其他四个元音是低化，对 i、e 而言还伴随着舌位靠后的变化。部分读为 uɔ̃，是单元音变为复元音的音变，与本文讨论的现象无关，暂不赘述。

二　其他鼻音韵尾前的元音变化

卓仓话中-m 韵尾和-n 韵尾前也有元音舌位变化并合并的现象，但不如-ŋ 韵尾前突出。卓仓话中韵尾-m 和-n 可能较早合并，它们对元音的影响一致，这里放在一起讨论。

① 排第一行发音例词最多，第二行例词较少，带括弧的发音只有个别词。

先来看看藏文 im、in、um、un 的变化。藏文中的高元音 i、u 在安多藏语中一般变为 ə，这是安多藏语的典型特征，不过这一音变在鼻音韵尾前受到一定限制，在-ŋ 前主要低化，上文已经介绍，在-m、-n 前，夏河和卓仓表现不同。夏河话的变化规则比较简单，韵尾不变，i、u 都变为 ə，符合安多藏语的音变特点。卓仓话中藏文的 im 主要读作 in；藏文的 in 部分读作 in，部分读作 ən，还有个别读作 yn，与声母中双唇音 m 的影响有关；藏文的 um 多数读作 ən，个别读作 ʊn，保留了唇部的发音特征，也与声母中双唇音 b 的影响有关；un 多数读作 un，少数读作 ən。卓仓话的高元音也开始了变为 ə 的音变过程，但没有完成，只有部分变为 ə。在拉萨话中，藏文的-m 韵尾保持不变，前面的元音一般也保持不变；藏文的-n 韵尾多变为鼻化特征，in 多数鼻化为 ĩ，个别读 im，与后一音节双唇声母的影响有关，un 有 ũ、ỹ、ĩ 几种读音。如表 7 所示：

表 7　　藏文 im、in、um、un 在拉萨、夏河、卓仓的读音

汉义	藏文	拉萨	夏河	卓仓
人家	dud tshaŋ/ khjim tshaŋ	thy11 tshaŋ14	tɕhəm tshaŋ	tɕhin
香（气味）	ʑim po	ɕim11 pu53	ɕəm po	ɕin ki
尿	gtɕin	tɕĩ55 pa53	htɕən	htɕin
云	sprin	tʂĩ55 pa53	ʂən	ʂən
肝	mtɕhin pa	tɕhim55 pa53	tɕhən ba	tɕhyn pa
三	gsum	sum55	hsəm	hsən
塔尔寺	sku ɦbum	kum55 pum55	hkəm bəm	hkə nbən
藏红花	gur kum	khur11 kum14	kər kəm	kər kən
宝瓶	bum pa	phum11 pa53	wəm ba	ʊn pa
葡萄	dgun ɦbrum	kũ11 tʂ ũ14	hgən ndʐəm	ɦgun dʐʅ
十七	btɕu bdun	tɕup55 tỹ55	tɕu dən	tsɥ dun
兄弟	spun	pĩ55 caʔ53	hpən	hpən

藏文的 am、ams 在拉萨话中为 am；藏文的 an 在拉萨话中为 ɛ̃，元音 a 受韵尾的影响，舌位高化变为 ɛ，个别读为 a。夏河话中韵尾和前面的元音都保持不变，个别为 a。卓仓话韵尾均鼻化，元音 a 在多数情况下舌位高化，读为 æ̃；少数读为 ã，保持原来的读音，或鼻化特征失落，读为 a，这类变化条件比较明确：后一音节的声母多数是双唇音，这种环境可

能有利于保持元音原有的读法。如表 8 所示：

表 8　　藏文 am、ams、an 在拉萨、夏河、卓仓的读音

汉义	藏文	拉萨	夏河	卓仓
梦	rmi lam	ȵi55 lam55	hȵə lam	ɦnʅ læ̃
康	khams	kham53	kham	khã pa
腋	mtɕhan ɦog	tɕhɛ̃55 kũ55	tɕhan jok	tɕhæ̃ ʑox
医生	sman pa	mɛ̃55 pa55	hman ba	ɦmæ̃ pa
袈裟	gzan	sɛ̃14	zan	ɦzæ̃
装饰品	rgjan tɕha	cɛ̃11 tɕa53	hdʑan tɕha	ɦdʑæ̃ tɕha
药	sman	mɛ̃55	hman	ɦmæ̃
檀香	tsan dan	tsɛ̃55 tɛ̃55	tsan dan	tsæ̃ dæ̃
老师	dge rgan	ke11 kɛ̃14	hger gan	ɦgi gæ̃
幢	rgjal mtshan	cɛ̃11 tsɛ̃14	hdʑam tshan	ɦdʑæ̃ tshæ̃
屠夫	bɕan pa	ɕɛ55 pa53	xhan ba	ɕhã ba
豆	sran ma	tʂɛ̃55 ma53	ʂan ma	ʂa ma
老头儿	rgan po	ka11 pu53	hga po	ɦga po

藏文的 em 拉萨话保持不变，en 主要读为 ẽ，个别读为 ɛ̃ 或 ĩ，分别低化或高化。夏河多数没变，部分 en 韵尾脱落，变为 e。卓仓多数读作 æ̃，舌位略下降，少数读作 i、ən 或 e，卓仓话的高元音 e 在其他环境中有高化为 i 或进一步变为 ə 的音变，在-n 尾前也有体现。如表 9 所示：

表 9　　藏文 em、en 在拉萨、夏河、卓仓的读音

汉义	藏文	拉萨	夏河	卓仓
铁铣	ltɕags khem	tɕaʔ55 kem55	htɕak khem	tɕhəx khæ̃
塔	mtɕhod rten	tɕhø55 tɛ̃55	tɕho rten	tɕho htæ̃
象	glaŋ tɕhen	laŋ55 tɕĩ55	hloŋ wo tɕhe	ɦlɔ̃ tɕhæ̃
指甲	sen mo	sẽ55 mo53	she mo	si mo
大	tɕhen	tɕhẽ55 po53	tɕhe	tɕhi
靶子	ɦben	pẽ14	nben	nbən
赤脚	rkaŋ rdʑen	kaŋ55 tɕẽ55	hkaŋ dʑen	hkɔ̃ ndʑe ma

藏文的 om 在拉萨话保持不变，on 多数为 ø̃，元音变为前元音，部分

为 õ，个别为 o。夏河 om 保持不变，on 多数不变，少数为 o，个别为 oŋ。卓仓 om 与 on 主要读为 uæ̃，o 裂化为带介音的复合元音，主要元音前化；om 个别读为 æ̃，可能与双唇声母的影响有关；on 有个别读作 un，元音高化，鼻尾保持；on 个别读 uɔ̃，可能是鼻尾先变为 ŋ，然后在 ŋ 的影响下元音发生这种变化，如“葱”卓仓读为 ɔ̃，夏河也是-ŋ 尾；on 还有个别读作 o，鼻尾脱落，元音保持。如表 10 所示：

表 10　　藏文 om、on 在拉萨、夏河、卓仓的读音

汉义	藏文	拉萨	夏河	卓仓
熊	dom	thom14	tom	tuæ̃
闲	khom pa		khom	khuæ̃
粗	sbom po	pom11 po53	rom bo	ɦbæ̃
监狱	btson khaŋ	tsø̃ˀ55 kaŋ55	ʦon khaŋ	tsuæ̃ khɔ̃
秋	ston kha	tø̃55 ka53	hton ka	htuæ̃ ka
活的	gson po	sø̃55 pa53	sho ma	hsuæ̃ po
疯子	smjon pa	ȵõ55 pa53	hȵon ba	ȵun pa
葱	tson	tsõ55	tsoŋ	tsuɔ̃
暖和	dron po	ʈʂho11 po53	ʈʂo	ʈʂo

对上述材料加以总结得到表 11 所示：

表 11　　藏文带-m、-n 的韵母在拉萨、夏河、卓仓的读音

藏文	am/ams	an	em	en	om	on	im	in	um	un
拉萨	am	ɛ̃ （a）	em	ẽ （ɛ̃） （ĩ）	om	ø̃ õ （o）	im	ĩ （im）	um	ũ ỹ （ĩ）
夏河	am	an （a）	em	en e	om	on o （oŋ）	əm	ən	əm	ən
卓仓	æ̃ （ã）	æ̃ （ã） （a）	æ̃	æ̃ i （ən） （e）	uæ̃ （æ̃）	uæ̃ （un） （uɔ̃） （o）	in	in ən （yn）	ən （ʊn）	un ən

夏河的-m、-n 韵尾多数保持不变，少数韵尾失落，元音只有“i，u>ə”的音变，其他保持不变。拉萨-m 尾保持不变，前面的元音也没有变

化。拉萨的-n 尾一般鼻化；元音 a 高化为 ɛ；元音 e 多数保持，个别高化为 i，个别低化、与来自 an 的 ɛ̃ 合并；元音 o 主要受韵尾-n 的影响前化为 ø，部分保持不变；高元音 i 基本不变，u 有一部分受韵尾-n 的影响前化为 y。卓仓-m、-n 韵尾的变化大致接近，除了在高元音后面保留外，其他都鼻化；这两个韵尾前也有元音合并的现象，但没有-ŋ 尾前突出；高元音 i、u 也开始了安多藏语中变为 ə 的音变过程，但只有部分词完成；a、e、o 在多数词中主元音都变为 æ，对 a 而言舌位升高，对 e、o 而言舌位降低了，对 o 而言，还有舌位的前化。

三 结语

鼻音韵尾前元音舌位变化并合并的现象在拉萨、夏河、卓仓都存在。不过，在拉萨话中只是个别现象；在夏河主要发生在-ŋ 韵尾前，a 高化央化，e 和 i 低化的同时央化，进而合并为一个元音 a（实际音值为 ɐ），u 低化、与 o 合并；卓仓表现最突出，五个元音在-ŋ 韵尾前或低化或高化，主要元音都变成后圆唇元音 ɔ，在-m、-n 尾前 a、i、e 高化或低化主要元音都变为前不圆唇元音 æ。这些音变所体现的规律与本文开头提到的学者们在其他语言材料中观察到的现象一致：在鼻化特征的影响下元音舌位会趋高或者趋低，进而发生元音合并现象，导致同一个语言系统中鼻化元音的数量一般都少于口元音。

不过，还有很多问题值得进一步思考，比如：拉萨话的音变方向为何跟安多藏语不同？卓仓话的音变进程为何比夏河话更进一步？从上述材料看，卓仓话中鼻音韵尾大多发生鼻化，而夏河话中鼻音韵尾基本保持。不过，拉萨话的-n 尾也基本鼻化，-ŋ 大多半鼻化（江荻 2007：243），无论是鼻尾还是鼻化特征，基本没有对元音舌位发生影响。从藏文的韵母结构来说，拉萨话、夏河话、卓仓话演变的起点基本一致，为何选择了不同的音变方向？鼻音韵尾对元音的影响在拉萨话中基本没有起作用，在夏河话和卓仓话中导致了元音舌位的变化和元音合并，不过卓仓话和夏河话的音变进程又有差异。江荻（2007：243）用社会系统的差异来解释安多藏语和卫藏方言的差异，对笔者很有启发，这里想结合音变机理和社会环境，从说者和听者两方面切入，对拉萨话、夏河话、卓仓话的差异略作解释。

从说话者发音的角度来说，元音受到后面鼻音韵尾的影响，会导致元音舌位高低前后甚至唇形的变异，而且口腔中靠后的发音空间比前面狭小，不利于维持更多元音的对立，发音部位靠后的软腭鼻音韵尾-ŋ 前出现变异的可能性要大于发音部位靠前的-m、-n 韵尾。卓仓话中靠后的-ŋ 韵尾使五个元音合并为一个后元音，靠前的-m、-n 使部分元音合并为前元音，靠后的-ŋ 韵尾前变化更彻底。夏河话中只有靠后的-ŋ 韵尾的环境中发生了元音变化，而靠前的-m 或-n 韵尾的环境中并没有发生。

从听者的角度来说，鼻音环境中元音舌位的变异容易在交际过程中造成误听，启动新的音变，而这种变异很容易在不同语言接触频繁的交际环境中得到放大。

西藏自治区藏族人口（刘瑞 1988）的比例在 94%以上，汉族和其他民族的人口比例比较低，历史上更是如此。藏语在西藏是绝对优势语言，不少村寨藏族居民只会说藏语，不会说甚至也听不懂汉语，西藏本地的回族以藏语为第一语言，还有不少其他民族的居民如门巴族、珞巴族除了使用本民族语言外，一般都兼用藏语，有的甚至已经转用藏语，只有大城市、县城或部分交通便利的乡镇，有部分居民使用汉语或兼用汉语和藏语。拉萨市藏族人口为 319257 人，占拉萨市总人口的 84.2%，藏族人口占绝对优势。总体来说，拉萨地处藏族文化中心区域，人口和语言环境都比较单纯，藏语较少受到其他语言尤其是汉语的影响和冲击。

安多藏族地处青藏高原边缘、藏族文化和汉族文化的交界地带，藏族人口所占比例低于西藏，藏族文化和语言受汉族文化和汉语影响较大。不过，安多地区内部人口分布有比较大的差异，一般来说牧业区藏族人口所占比例较高，农业区藏族人口比例较低。甘肃省夏河县牧业是主导产业，藏族人口为 86671 人，占夏河县总人口的 62.05%，是甘肃省藏族人口分布较多的地区（甘肃省人口普查办公室 1994）。青海省东部的西宁市和海东市是典型的农业区，汉族人口占多数。海东市的乐都县尤其如此，总人口为 290341 人，以汉族为主，还有藏、土、蒙古、回族等，其中藏族人口为 17517，占总人口的 6%，汉族文化及汉语的影响比其他地区要大得多（青海省人口普查办公室 1994）。卓仓藏族主要居住在青海省乐都县南山地区，相邻的平安县有少数村子也属于卓仓藏族，其中在乐都县境内的人口共有 10680 人，占乐都县南山地区总人口的 11.5%[①]。由于长期与汉族杂处，卓仓藏族全部兼通汉语，而且很多年轻人或少年儿童已经放弃母语，转用汉语，而有些藏族居民较多的村子，也有少数老年或中年汉族兼通藏语，当地藏语与当地汉语相互接触、相互影响，都发生了很大变化。

朱晓农（2005）提到人口混杂、异族学习会在音变过程中起到催化作用。异质程度高的交际环境，更有利于促使从听者角度产生变异并启动音变。卫藏地区的拉萨话，所在环境中藏语是绝对优势语言，受其他语言的影响较小，安多地区处于汉藏文化交界地带，安多藏语也会在一定程度上受到汉语影响，而处于农业区的卓仓藏族，受到汉族文化影响最大。因此安多藏语中鼻音环境下元音变化合并的现象比卫藏方言突出，而安多藏语内部卓仓话中元音变化和合并的进程远远超过了夏河话。

藏语中鼻音韵尾影响元音演变的材料，可以印证学者们对于人类语言中鼻音特征影响元音演变共性的探索。不同语言的音变材料结合起来，相互参证，可以对鼻音特征影响元音变化的机制和具体过程，有更丰富的认识。

参考文献

1. 甘肃省人口普查办公室：《甘肃藏族人口》，中国统计出版社 1994 年版。

2. 华侃：《藏语安多方言词汇》，甘肃民族出版社 2002 年版。

3. 江荻：《汉藏语言演化的历史音变模型》，社会科学文献出版社 2007 年版。

4. 刘瑞：《中国人口（西藏分册）》，中国财政经济出版社 1988 年版。

5. 青海省人口普查办公室：《青海藏族人口》，中国统计出版社 1994 年版。

6. 冉启斌、段文君：《〈鼻化元音在元音感知空间中的表现〉述介》，《南开语言学刊》2013 年第 1 期。

① 根据 2004 年乐都县人口普查办公室编《青海省乐都县第三次人口普查手工汇总资料汇编》。

7. 王双成：《藏语安多方言语音研究》，中西书局 2012 年版。

8.《西藏藏族人口》编辑部：《西藏藏族人口》，中国统计出版社 1997 年版。

9. 朱晓农：《元音大转移和元音高化链移》，《民族语文》2005 年第 1 期。

论羌语的核心重音*

李　果[1]　苏　婧[2]

（1. 四川大学中国俗文化研究所；2. 北京语言大学
语言科学院章黄学术理论研究所）

摘　要：本文立足韵律句法学，详细探究了羌语的核心重音及其核心重音指派规则。羌语核心重音的指派规则遵循德语型择重律并促发了一系列的句法效应，包括附加语和补足语的句法位置、数词"一"和名量词的隐现等。本文不仅深化了对羌语语言机制的认识，还进一步探讨了汉藏语系其他语言的韵律-句法规则。

关键词：羌语；择重律；句法效应

核心重音（Nuclear Stress，也称为普通/正常重音、无值重音）是解释韵律和句法互动效应的核心机制，它的指派规则及其句法效应一直是语言学界研究的热点［见冯胜利、王丽娟（2018）的介绍］。不同语言核心重音及其指派规则有相当大的差异。如果想了解人类语言中核心重音的普遍性与差异性，就需要深入描写和分析不同语言的核心重音及其指派规则。近年来英语、德语、西班牙语、法语、意大利语等印欧语系语言和汉语的核心重音已受到学界普遍关注（Cinque 1993；Zubizarreta 1998；冯胜利 2013；Richards 2010 等），相比而言，对羌语等藏缅语族语言的核心重音及其指派规则的研究尚不充分。虽然学界已经对羌语及其方言做了许多

* 本文写作期间曾受教育部人文社科青年基金项目"韵律—语法接口视角下的《马氏文通》辞气研究"（项目编号：19YJC740026）和四川省社会科学研究"十三五"规划青年项目"羌语韵律—语法接口研究"（项目编号：SCI17C021）资助。黄阳、郑武曦为本文的撰写提供了很多宝贵建议，郑武曦和杨慧兰作为羌语母语者帮助为关键性语料提供了语感判断。学生黄佳薇和肖威搏为本文提供了许多帮助。也要感谢《汉语史与汉藏语研究》的编辑和匿名审稿人对本文提出的宝贵意见。文中错误概由作者负责。

深入细致的田野调查与研究（孙宏开 1981，2016；刘光坤 1998；黄成龙 2007；黄布凡、周发成 2016；王保锋 2017 等），但羌语的核心重音及其指派规则是什么？它们与汉语、英语、德语等语言的核心重音有何异同？这些问题都有待回答。解决以上问题，有助于了解羌语的语音全貌，还能为进一步展开对中国境内各少数民族语言中核心重音及其指派规则的研究打下基础，更可探究核心重音指派原则的普遍性。

本文以韵律句法学（Prosodic Syntax，冯胜利 2013）原理为依据，立足前人对羌语各方言所作的全面、细致的田野调查，以前贤对羌语各方言（北部方言的荣红羌语和麻窝羌语，南部方言的桃坪羌语、龙溪羌语、萝卜寨羌语、蒲溪羌语和绵虒羌语，以及介于南北方言过渡带的方言木卡羌语）的研究为基础，进一步深入探究羌语的核心重音及其指派规则。

一 什么是核心重音

（一）核心重音的定义

焦点至少可以分为四种类型：词汇焦点（lexical focus）、结构焦点（structural focus）、狭域焦点（narrow scope focus）和广域焦点（wide scope focus）。词汇焦点如“只有我知道这件事”中的“我”，结构焦点如“是张三打了人”中的“张三”，狭域焦点即特指疑问成分，如“你喜欢谁”中的“谁”，而广域焦点承载核心重音。[①] 核心重音是一个句子在没有特殊语境造成的局部重音的干扰下所表现出来的句子的重音结构（冯胜利 2013：63）。着重排除“特殊语境”，是因为特殊语境会造成上述其他类型的焦点并承担局部重音，如：

（1）a. 他打了我一下。（重音落在“一”上）
　　b. 你打了他几下？（重音落在“几”上）

（1）a 强调动作重复的数量只有 1 次而非多次。（1）b 是特殊疑问句，疑问词“几”是全句的焦点（Focus）。例（1）形成了局部焦点的特

① 参见冯胜利（2009：133）。

殊语境，由焦点成分“一、几”承担焦点重音，成为全句重音结构中最凸显的部分。这类句子中语义和语境决定了全句中重音出现的位置。

核心重音跟这类局部重音有本质的不同。核心重音是以整个句子作为一个完整的信息体。典型的携带核心重音的句子是用来回答问题“怎么回事？”（What happened？）类问句。例如：

（2）问：怎么回事？

答：妹妹吃了三个<u>杧果</u>①

全句作为新信息回答问句“怎么回事”，句中成分单独来看都不是焦点。从语感判断，句末的“杧果”承担了核心重音。这是核心重音根据句法结构进行指派的结果。那么核心重音是如何根据句法结构指派呢？这个问题一直是语言学界努力解决的重要问题。

Chomsky 和 Halle 从当代音系学的角度首次提出核心重音指派规则（Chomsky & Halle 1968：17），其后 Liberman 和 Prince 进一步提出了具有人类语言普遍性的相对凸显原则（relative prominence）：

（3）任一对姊妹节点［N_1 N_2］，若［N_1 N_2］$_P$中 P 为短语，那么 N_2 较重。（For any pair of sister nodes［N_1 N_2］，then If［N_1 N_2］$_P$ where P is a phrasal category，then N_2 is strong.）（Liberman & Prince，1977）

相较于 N_1，结构［N_1 N_2］中的 N_2 承担核心重音，在韵律上更加凸显。这种韵律上的相对凸显是以结构［N_1 N_2］为基础和前提，是两相比较的结果，不是脱离结构［N_1 N_2］的韵律上的绝对轻重。而且，这种相对凸显本质上是人类的生理机制的作用，属于人类的认知属性，不一定与具体的物理刺激有明显的对应关系。这会导致出现至少两种可能的情况：一是物理属性上完全相同的两个声音可能被人感知为一轻一重两个不同的成分；二是虽然人并未明显感到存在重音，但人仍然将会某个声音分析为该声音比另一声音重。如端木三（2016：61）指出“学者们虽然一致同

① 本文使用加下划线的方式表示承载核心重音的句法单位。

意汉语的重音很难感觉到，但是有的仍然提出了十分精确的重音分析，如赵元任、华为民。而且，如果说汉语的诗律跟重音无关，不但无法解释节拍结构，还会遇到其他很多问题。"[①] 核心重音的相对凸显原则普遍存在于人类语言中，但在不同语言中的实现有赖于具体的句法结构，不同语言实现核心重音的句法结构各有不同。Cinque（1993）和 Zubizarreta（1998）发现深重律（Depth Stress Principle）适用于英语、法语和西班牙语的核心重音指派：

（4）在句法递归结构中，内嵌最深的成分承载核心重音。（NS falls on the most embedded element on the recursive side of the tree.）

（5）a. [$_{TP}$ [$_{DP}$ I] [$_{VP}$ love [$_{DP}$ her] [$_{ADVP}$ <u>deeply</u>]]].（英语）
我 爱 她 深深地
我深深地爱着她。

b. [$_{TP}$ [$_{Num.P}$ Un [$_{NP}$ garçón]] a [$_{VP}$ <u>dansé</u>]].（法语）
一 男孩 了$_1$ 跳舞
一个男孩跳舞了。

b′. * [$_{TP}$ [$_{Num.P}$ Un [$_{NP}$ <u>garçón</u>]] a [$_{VP}$ dansé]].

c. [$_{TP}$[$_{Num.P}$ Un[$_{NP}$ niño]] ha [$_{VP}$ <u>bailado</u>]].（西班牙语）
一 男孩 了$_1$ 跳舞
一个男孩跳舞了。

c′. * [$_{TP}$ [$_{Num.P}$ Un [$_{NP}$ <u>niño</u>]] ha [$_{VP}$bailado]].

核心重音分别落在句法结构中内嵌最深的成分"deeply、dansé、bailado"上。如果核心重音落在其他句子成分上，那么整个结构在韵律上不合法，不会被母语者接受（5 b′，c′）。

虽然德语和上述几种语言同属印欧语系，和英语甚至同属日耳曼语族西日耳曼语支，但 Zubizarreta（1998）发现德语核心重音的指派适用于择重律（Selectionally - based NSR，S - NSR）：

---

① 有关重音结构的感知和具体物理刺激之间关系的详细讨论，参见端木三（2016）和冯胜利、施春宏（2021）。感谢匿名审稿专家指出此点。

（6）给定两个姊妹节点 Ci 和 Cj，若 Ci 和 Cj 为选择次序，那么选择次序中较低的一个则较凸显。（Given two sister categories Ci and Cj，if Ci and Cj are selectionally ordered，the one lower in the selectional ordering is more prominent.）

“择”是“选择”。“选择次序”和动词的论元结构（argument structure）密切相关。因此，核心重音总是由选择者 Ci（一般是动词或介词）指派给选择次序中较低的被选择者 Cj（一般是动词或介词的论元）（Zubizarreta 1998：52－57）。择重律可以很好地解释德语核心重音（Zubizarreta 1998：18－19）：

（7）a. [$_{TP}$[$_{DP}$ Karl] hat [$_{VP}$[$_{PP}$ an [$_{Num.P}$ einem [$_{NP}$ Papier]]]] gearbeitet].

卡尔 了 在……上 一 论文 工作

卡尔曾做过一篇论文。

b. [$_{TP}$[$_{DP}$ Karl] hat [$_{VP}$[$_{PP}$ an [$_{Num.P}$ einem [$_{AP}$ kleinen] [$_{NP}$ Tisch]]]] gearbeitet].

卡尔 了 在……上 一 小 桌子 工作

卡尔曾在一张小桌子上工作。

Zubizarreta（1998）指出选择序列可以循环运作。以（7）a 为例。动词 gearbeitet（选择者 Ci）和介词短语 an einem Papier（被选择者 Cj）组成了选择序列，gearbeitet 把核心重音指派给 an einem Papier。an einem Papier 仍可进一步分为介词 an 和短语 einem Papier，所以 an（选择者 Ci）和 einem Papier（被选择者 Cj）组成选择序列，an 把核心重音指派给 einem Papier。接着在 einem Papier 中，数词 einem（选择者 Ci）选择名词 Papier（被选择者 Cj）并最终由名词 Papier 承担核心重音。

与（7）a 不同，在（7）b 中介词短语 an einem kleinen Tisch 作附加语（adjunct），因此没有句法成分和动词 gearbeitet 构成选择序列。gearbeitet 只能把核心重音指派给自己并成为全句韵律最凸显的成分。

在择重律的基础上，Feng（2003）提出辖重律（Government－based Nuclear Stress Rule，G－NSR）并指出它适用于现代汉语。

（8）给定两个姊妹节点 Ci 和 Cj，若 Ci 和 Cj 为选择次序，且存在管辖关系，那么 Ci 较凸显。（Given two sister nodes Ci and Cj，if Ci and Cj are selectionally ordered，the one lower in selectional ordering and containing an element governed by the selector is more prominent.）

根据辖重律，核心重音由句子的主要动词 Ci 指派给它在句法上直接管辖的句子成分 Cj，例如：

（9）［$_{TP}$［$_{DP}$他］［$_{VP}$［$_{PP}$在［$_{NP}$学校］］念［$_{NP}$<u>书</u>］］］。

如（9）所示，动词“念”把核心重音指派给句法上直接管辖的宾语“书”。目前已知的核心重音指派规则只有上述 3 种，它们在各种语言中的分布如表 1 所示：

表 1　　核心重音指派规则的类型分布

语言	核心重音指派规则		
	深重律	择重律	辖重律
英语	√		
法语	√		
西班牙语	√		
德语		√	
现代汉语			√

（二）核心重音的句法效应

韵律句法学指出，韵律和句法是双向互动的（bi-directional hypothesis，见 Feng 2009）。一方面核心重音要依赖具体的句法结构而实现；另一方面核心重音也会制约句法，语段（phase）内的成分在送到拼出域（spell-out）赋予语义特征（semantic feature）和其他音系特征（phonological feature）前必须先构建它的韵律结构。这样会产生一系列句法效应，包括韵律激活句法操作和韵律删除句法操作。这两类现象在人类语言中普遍存在，在汉语中表现突出，研究成果众多（Inkelas & Zec 1990; Zubizarreta 1998; 冯胜利 2013; 戴庆厦 2015; 李果 2018; 王迟 2021等）。其中，韵律激活句法操作表现在激活潜在的句法操作，如动词重复（V-reduplication，见Feng 2009）、介词并入动词（冯胜利 2013）、互补删略（李果 2018）等。

韵律删除句法操作具体表现在核心重音指派规则对句法操作的删除效应，为了保证核心重音的实现，某些句法成分的分布和句法操作会受到限制。在汉语中，这一效应明显地表现在语序上。在先秦汉语中，“止词概为代字，而转词又皆长于止词”（马建忠 1898：255），也就是说介词短语PP出现在句末必须满足介词宾语的音节数量要多于动词宾语。现代汉语则如例（9）所示，辖重律要求动词“念”指派核心重音给其直接管辖的宾语“书”，这意味着不承担核心重音且不能轻读的句子成分是不能出现在句末的。也就是说，辖重律禁止作附加语的介词短语出现在句末。

（10）* [$_{TP}$ [$_{DP}$ 他] [$_{VP}$ 念 [$_{NP}$ 书] [$_{PP}$ 在 [$_{NP}$ 学校]]]]。

如例（10）所示，附加语“在学校”属于非轻读成分，出现在句末只能让全句在韵律上不合法，辖重律删除了句末作附加语的介词短语，同例（9）。

又如，现代汉语中核心重音的句法删除还表现在数词“一”的省略上（李艳惠、冯胜利 2015）。

（11）a. 他想买一本书和一张纸。
b. 他想买本书和一张纸。
c. *他想买（一）本书和张纸。
d. 他想买张纸。

（11）a中“一本书和一张纸”是“想”的宾语，连词“和”介于“一本书”和“一张纸”之间。在（11）b中，位于连词“和”前的短语“一本书”允许数词“一”省略，但（11）c显示，位于连词“和”后的短语“一张纸”不允许数词“一”省略。那是语义的原因吗？也不是。

（11）d 显示“一张纸”如果单独作“想”的宾语，就可以顺利被省略，所以这种对立也不是由“纸”和“书”的语义所决定的。在句法上“一本书和一张纸”同属于一个并列短语，应该具有相同的句法属性，为什么（11）b 和（11）c 在“一”的省略上有此对立呢？李艳惠、冯胜利（2015）对此的解释是，如果数词“一”省略后，主要动词“买”能与量词“本/张”重组为复杂动词“买本、买张”且顺利指派核心重音，那么数词“一”的省略就合法。如果动词和量词不能重组为复杂动词，那么数词“一”的省略就不合法。在（11）b 和（11）d 中，“本、张”可以和主要动词“买”重组为复杂动词“买本、买张”并指派核心重音给“书、纸”，所以“一”可以省略。但（11）c 中“一张纸”中的“一”省略后，量词“张”无法和主要动词“买”重组为复杂动词“买张”，所以数词“一”不能省略。

又如，Deng，Shi 和 Feng（2008），冯胜利（2013）也集中探讨过辖重律对现代汉语动词音节数量的限制。根据相对凸显原则例（3），如果负责指派核心重音的主要动词比承担核心重音的成分在韵律上更重，那么整个结构就是非法结构。例如：

（12）a. ＊他在阅读<u>报</u>。
　　b. 他在读<u>报纸</u>。

（12）a 中“报”承担核心重音，本应比动词“阅读”在韵律上凸显，但实际上“报”比“阅读”音节数量少，也就是说韵律分量轻，这导致全句在韵律上不合法。如果对动词和名词的音节数量进行调整，变为“读报纸”，即（12）b，那么“报纸”比“读”音节多即韵律分量重，“报纸”在韵律上更凸显，满足辖重律的要求，那么全句合法。

现代汉语的核心重音指派原则为辖重律，那么，汉藏语系其他语言的情况又如何？根据前人的田野调查，本文将对羌语的核心重音指派原则进行考察。首先，根据羌语实验语音学、音系学和句法学上的证据，本文认为，羌语核心重音指派原则为择重律。其次，本文在羌语中发现了一系列核心重音制约句法操作的事实，符合择重律的预测，这也进一步证实了羌语核心重音的类型。下面先来看羌语核心重音的类型。

二　羌语核心重音的类型

羌语母语者（native speaker）主要分布在四川省阿坝藏族羌族自治州的茂县、理县、汶川县、黑水县、松潘县等。羌语属于汉藏语系藏缅语族羌语支，是 SOV 型语言。[①] 羌语内部可分为南北两大方言，两大方言各自还可再细分出 5 类次方言，其中北部方言内部各次方言间基本可以通

① 匿名评审专家建议就 SOV 型语言中 O 是否为出于交际需要而前置的焦点加以补充。我们的看法如下。首先，SOV 语言中的 O 不能被统一视为前置焦点。Kayne（1994）对 SVO 和 SOV 两种语序的基本看法：SVO 是基本结构，SOV 是由 SVO 派生而来。但在语序为 SOV 的语言中 O 的具体情况，Kayne（1994：48）只是概括地交代为“In an OV language，the O must necessarily have moved leftward past V into a higher specifier position”。形式句法学家并未将 SOV 语言中的 O 视为前置焦点。

而且，主语、动词与宾语的语序关系只是表面现象，本质上由更为抽象的“指定语（specifier）- 核心词（head）- 补述语（complement）”关系决定。SVO 语序的特征为“核心词在前”（head initial），SOV 语序的特征为“核心词在后”（head final）。如果把 SOV 结构中的 O 统一视为前置焦点，那么下面两例中的补述语也需要视作前置焦点：

a. $[_{CP}\ [_{IP}$ 小丽吃苹果］吗］？

b. $[_{LP}\ [_{NP}$ 餐桌］上］

（a）中 CP 的核心词“吗”出现在补述语“小丽吃苹果”之后，（b）中 LP（方位词短语）的核心词“上”出现在补述语“餐桌”之后。但是对汉语的研究，一般并不将“小丽吃苹果”和“餐桌”视为前置焦点。按照 Kayne（1994）的理论分析，SOV 语言中的 O 也经历了同样的句法移位操作，因此不宜将 SOV 语言中的 O 简单直接地视作前置焦点。Kayne（1994：48）原文为“In an OV language，the O must necessarily have moved leftward past V into a higher specifier position”。另外，关于 SOV 语言中 O 承担的焦点类型，本文所论及的“核心重音”和审稿专家所谈的“前置焦点”是不同类型的焦点。“焦点”至少可以分为四种类型：词汇焦点（lexical focus）、结构焦点（structural focus）、狭域焦点（narrow scope focus）和广域焦点（wide scope focus）。词汇焦点如“只有我知道这件事”中的“我”，结构焦点如“是张三打了人”中的“张三”，狭域焦点即特指疑问成分，如“你喜欢谁”中的“谁”。前三类焦点的共同特征是和交际意图密切相关，由信息焦点承担焦点重音。和审稿专家所论“出于交际需要”和“由信息焦点造成……重音成分”较为接近。

但本文论述的核心重音属于广域焦点，是“把一个句子作为一个完整的信息体时所说的重音结构”（冯胜利 2009：79）。所以本文中提到的 SOV 语序中 O 作为广域焦点承担核心重音，整个句子是新信息，且承担核心重音的句子成分需要根据句子的句法结构而非“交际需要”来指派。所以本文讨论的 SOV 中 O 的焦点类型和所承担的重音类型不属于出于交际需要、由信息焦点导致的重音成分。

话，但南部方言各次方言间基本不能通话（孙宏开 2016：1）。

本文考察的羌语包括荣红羌语和麻窝羌语等北部方言，桃坪羌语、龙溪羌语、萝卜寨羌语、蒲溪羌语和绵虒羌语等南部方言，还有介于南北方言过渡带的木卡羌语。虽然羌语内部各方言差异不小，但立足前人已有的田野调查，本文提出羌语的核心重音指派适用于择重律例（6），也就是和德语遵守同样的核心重音指派规则，如例（13）所示：

（13）羌语核心重音的指派规则

给定两个姊妹节点 Ci 和 Cj，若 Ci 和 Cj 为选择次序，较低的一个则较凸显。

这一发现得到了羌语实验语音学、音系学和句法学证据的支持。

（一）羌语核心重音的实验语音学证据

羌语核心重音指派原则受到实验语音学的证据的支持。张夏夏（2013）对龙溪羌语句重音的实验分析，测试句如下：

（14）$a^{55}pa^{31}\text{-}le^{31}$　$ma^{31}i^{55}$　$tə^{31}\text{-}ɕya^{31}$　pu^{31} we^{31}.
爸爸-施事　黄牛　方向-卖　第三人称单数
“爸爸把黄牛卖了。”

例（14）及汉语意译均出自张夏夏（2013：29）。尽管张夏夏将其翻译为处置式，但从羌语原文来看，羌语原句实际并不具有处置式的含义。Kayne（1994）提出人类语言的底层句法结构都是 S-V-O，S-O-V 型结构由宾语 O 句法移位而生成，这一观点在学界也被广泛接受。基于此，动词 $tə^{31}\text{-}ɕya^{31}$ “卖”的宾语“黄牛” $ma^{31}i^{55}$ 前移到焦点短语的指定语位置（Specifier，FocP），形成如例（14）所示的 SOV 语序。Kayne（1994：48）指出，SOV 语序的基础结构是 S-V-O，O 移位至 V 左侧更高的指定语位置。所以该句句法操作如下：

（15）[$_{TP}$ [$_{DP}$ a^{55}pa^{31} -le^{31}] [$_{FocP}$ [$_{NP}$ ma^{31}i^{55}]$_i$ FOC [$_{AspP}$ Asp[$_{vP}$ v [$_{VP}$ tə^{31} -ɕya^{31} e_i] pu^{31} we^{31}]]]].

爸爸-施事　黄牛　方向-卖

第三人称单数

爸爸把黄牛卖了。

龙溪羌语的核心重音即在羌语完成宾语移位后的结构上进行核心重音指派。根据张夏夏（2013：47）的语音实验结果，例（15）中 ma^{31}i^{55}“黄牛”（词$_2$）的时长比句中主语 a^{55}pa^{31}“爸爸”（词$_1$）和谓语 tə^{31}-ɕya^{31}“卖”（词$_3$）都长。只有词$_2$ 的平均时长超过了 350 毫秒，结果如图 1 所示：

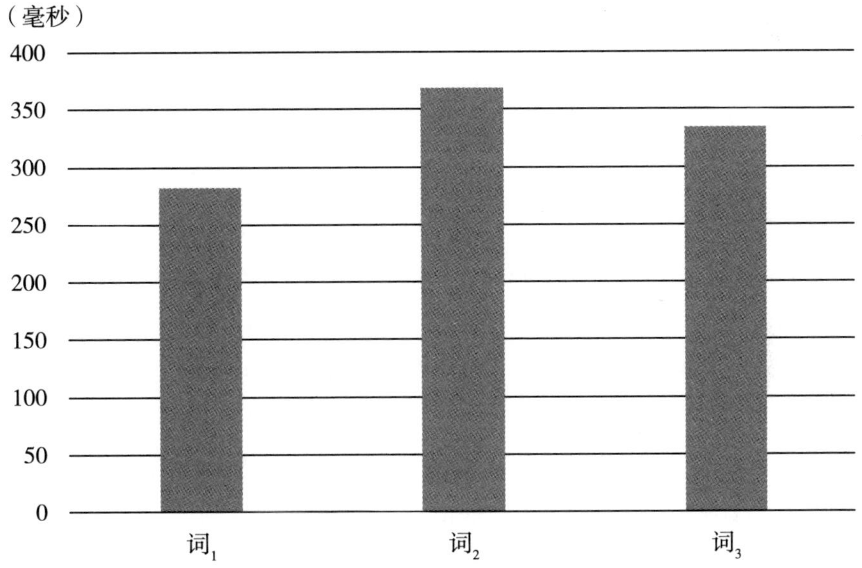

图 1　羌语母语发音人的时长统计（张夏夏 2013：32）①

只有根据择重律指派核心重音才能准确预测这一实验结果。依照择重

① 张夏夏（2013）没有单独展示例（15）中时长的统计结果。图 1 数据是例（15）与另一目标句“妈妈给弟弟买了衣服”时长加和后取的平均值。不过张夏夏（2013）指出两句话中均表现为“词$_2$”时长显著长于“词$_1$”和“词$_3$”。此外，本文讨论的核心重音在张夏夏（2013）中表述为中性焦点。

律（6），动词 tə^{31}-ɕya^{31}“卖”（选择者 Ci）和宾语 ma^{31}i^{55}“黄牛”（被选择者 Cj）组成选择序列，tə^{31}-ɕya^{31}“卖”把核心重音指派给 ma^{31}i^{55}“黄牛”，ma^{31}i^{55}“黄牛”应在韵律上最为凸显。实验事实则是，ma^{31}i^{55}“黄牛”的时长显著长于句中其他词。

而按照深重律和辖重律指派的核心重音都和实验结果不符。如果依照深重律或辖重律指派核心重音，那么结果都应该是动词 tə^{31}-ɕya^{31}“卖”成为全句韵律上最凸显的成分，即词$_3$ 的时长最长。为什么呢？如例（15）所示，在句法上 ma^{31}i^{55}“黄牛”已移出 tə^{31}-ɕya^{31}“卖”直接管辖的位置，按照“韵律–句法层级对应模式”（Feng 2017；冯胜利、王丽娟 2018；施春宏 2021），核心重音对应的句法层级为轻动词短语 vp。又根据韵律和句法的双向互动机制，ma^{31}i^{55}“黄牛”移位后在例（15）中只有 tə^{31}-ɕya^{31}“卖”位于 vp 内且无直接管辖的其他句法成分，tə^{31}-ɕya^{31}“卖”只能把核心重音指派给它自己并承担重音，这就意味着在语音上词$_3$ 的时长最长。这和图 1 所示词$_2$ 时长最长的实验结果冲突。

（二）羌语核心重音的音系学证据

择重律适用于羌语，不仅体现在能准确预测实验语音的结果，而且体现在能准确解释羌语音系的一系列变化，如刘光坤（1998）观察到的属于羌语北部方言的麻窝羌语谓词辅音弱化现象。羌语北部方言的构词和构形存在音变，在短语层面也存在音变现象。刘光坤（1998）指出麻窝羌语的短语层面是否发生音变与句法结构的类型直接相关，谓词在谓宾结构中会发生辅音弱化，如例（16）所示：

（16）麻窝羌语的谓宾结构（核心重音）

a. p^{h}ɤ 吹 q^{h}sə -ɸ 吹哨子
哨子 吹

b. dzə 吃 stə -z 吃饭
饭 吃

这里的谓宾结构都是独立出现的短语，谓词就位于整个短语的最后。谓词 p^{h}ɤ“吹”、dzə“吃”的声母 p^h、dz 都发生辅音弱化：p^h 弱化为 ɸ， dz 弱化为 z。但是，同一个谓词在主谓结构中就不会发生辅音弱化，如例（17）所示：

（17）麻窝羌语主谓结构中的谓词

	主语	谓语	
a.	$t\int^{h}ə$	$\underline{bɑ^{ɹ}}$	月大
	月	大	
b.	qɑ	$\underline{dza}$	我吃
	我	吃	
c.	$p^{h}uq$	$\underline{bu^{ɹ}}$	树高
	树	高	

和例（16）类似，例（17）的主谓结构都是独立出现的短语，且谓词位于整个短语的最后。[①] 但谓词 $bɑ^{ɹ}$ “大”、dza “吃”、$bu^{ɹ}$ “高” 的声母 b 和 dz 均未发生弱化。例（16）和例（17）中的对立清晰地显示出声母发生弱化与否跟句法结构的类型密切相关。语音层面的变化为什么会受到句法结构的影响？导致上述对立背后必然有更深层次的语言机制，本文认为这一深层机制是核心重音指派规则，上述对立的根本原因是谓词是否承担核心重音。依据择重律，本文可以准确解释这一对立现象。

刘光坤（1998：67）认为“主谓结构由于结合较松，一般不发生辅音弱化现象”。“松”不是现象的本质，本身无法从具体结构的属性上揭示其背后的机制。冯胜利、施春宏（2021）指出“松紧是印象性的比喻说法，不是结构性的本质属性”。那么“结合较松”反映的结构属性是什么？从“韵律-句法层级对应模式”（Feng 2017；冯胜利、施春宏 2021）来看，主谓结构中的主语和谓语、宾语不在一个句法结构层面，所以主语在核心重音的范域之外，只有谓词参与核心重音的运作。因此，

① 刘光坤（1998：179）把形容词命名为“性状谓词”。性状谓词作定语和谓语时都在整个短语的后面，语序相同。作定语的例子如：

lanpaɕizi （红花）

花 红

此处补充源自匿名评审专家的建议，深表感谢。

刘光坤（1998）所言“主谓结构……结合较松”就是主语不在核心重音的范域内与谓语共同参与核心重音的运作。对于主谓结构来说，因为只有谓词参与核心重音的运作，且只有谓词承担核心重音［例（17）］，所以谓词的声母不会发生弱化。对于谓宾结构而言，谓词和宾语都在核心重音的范域之内，都参与核心重音的运作，谓词不承担核心重音，由谓词把核心重音指派给宾语，所以谓词的声母可以发生弱化［例（16）］。受核心重音影响，在韵律上非重读位置允许发生语音弱化是人类语言中普遍存在的现象，如上古汉语中的“吾”是“我”的弱化式（赵璞嵩 2018）、“胡”是“何”的弱化式（李果 2018）。

例（16）和例（13）均为 OV 语序。根据上文的分析，在句法结构上羌语的谓词比宾语嵌入更深。依照择重律例（6），例（16）a 中谓词 p^{h}ɤ“吹”（选择者 Ci）和宾语 q^{h}sə“哨子”（被选择者 Cj）组成选择序列，p^{h}ɤ“吹”把核心重音指派给 q^{h}sə“哨子”，q^{h}sə“哨子”在韵律上更重，p^{h}ɤ“吹”不承担核心重音，在韵律上相对较轻。因未承担核心重音，p^{h}ɤ“吹”比姊妹节点 q^{h}sə“哨子”在韵律上更轻；又因为在韵律允许轻读的条件下，声母可以发生音变，因此，p^{h}ɤ“吹”的声母发生辅音弱化。与之相对，例（17）a 中谓词 bɑ˞“大”把核心重音指派给自己，bɑ˞“大”成为全句韵律最凸显的成分。作为整个短语中韵律上最凸显的成分，谓词声母不会发生弱化。

但是，如果羌语是按照深重律或辖重律指派核心重音，例（16）和例（17）中所示声母弱化和不弱化的对立就不会存在。首先，根据深重律，例（16）中嵌入最深的句法成分是 p^{h}ɤ“吹”，所以 p^{h}ɤ“吹”即将核心重音指派给自身，那么 p^{h}ɤ“吹”声母不会发生弱化。其次，根据辖重律，因为例（16）中 q^{h}sə“哨子”和 p^{h}ɤ“吹”没有构成句法上的管辖关系，所以 p^{h}ɤ“吹”只能把核心重音指派给自己，那么 p^{h}ɤ“吹”的声母也不会发生弱化。这显然和例（17）中谓词声母发生弱化的语言事实冲突。

而且，如果不满足上述韵律上的非重读条件，谓词声母弱化现象也不会发生。当整个谓宾结构不再作为完整的新信息，且谓词本身作为局部焦点并在焦点结构中承担焦点重音成为韵律上的凸显成分，那么谓词的辅音也不会弱化。例如，刘光坤（1998：67）就发现羌语谓宾结构中“谓词为重音则不弱化”。

（18）麻窝羌语中的谓宾结构

a. məs　　p^{h}ɤ　　吹气
　空气　　吹

b. nəsi　　qə^{ɹ}　　看守犯人
　囚犯　　守卫

c. qəpɑtʂ　　k^{h}uɑ^{ɹ}　　剃头
　头　　刮

以（18）a 为例。例（18）a 和例（16）a 一样，均为谓宾结构，且动词均为 p^{h}ɤ“吹”。但（18）a 中 p^{h}ɤ“吹”承担了焦点重音，在全句韵律上最凸显，所以（18）a 中谓词 p^{h}ɤ“吹”没有发生声母弱化现象。例（16）和例（18）的对立，进一步说明麻窝羌语中谓词声母弱化现象，本质上是韵律层面谓词是否承担核心重音导致的结果，而非句法结构对立的结果。

（三）羌语核心重音的句法证据

除了实验语言学和音系学的证据外，羌语中补足语子句和附加语等句法结构也可以印证羌语依照择重律指派核心重音。

1. 羌语核心重音与补足语子句

在萝卜寨羌语带补语子句的句中，主句的动词总是出现在补足语子句后（王保锋 2017：175－178）：

（19）a. nə^{31} ［qɑ^{31}-to^{55} ɦɑ^{31}-ke^{31}-ʂə^{31}］$_{（补足语）}$ χuɑ^{55}suɑ^{31}.
　　你　我–受事　向下–走–使事　　想
　　你想让我走。

b. qɑ^{31} ［nə^{31}-sə^{31} ʐi^{31}mi^{31} tə^{31}-ʐdɑ^{55}-je^{55}］$_{（补足语）}$ ʂo^{31}tɕi^{55}.
　我　你–施事　话　向上–说–名物化　　听
　我听你说话。

虽然线性序列上主句动词 χuɑ^{55}suɑ^{31}“想”和 ʂo^{31}tɕi^{55}“听”均出现在全句句末。但例（19）也是 OV 语序。根据上文对例（13）—（15）的讨论，例（19）主句动词 χuɑ^{55}suɑ^{31}“想”和 ʂo^{31}tɕi^{55}“听”比

整个补足语子句在句法结构上嵌入更深。根据本文对羌语母语者的调查，例（19）a 中的 ɦɑ^{31}-ke^{31}-ʂə^{31}“向下－走－使事”和例（19）b 中的 ʐi^{31}mi^{31}“话”分别是例（19）a 和例（19）b 中韵律最凸显的成分，这意味着萝卜寨羌语的补足语子句中子句的成分在韵律上承担核心重音。匿名审稿人指出 ɦɑ^{31}-ke^{31}-ʂə^{31}“向下–走–使事”和 ʐi^{31}mi^{31}“话”都是短降调。上文对规则例（3）的讨论指出，韵律上的相对凸显反映的是人的生理机制和认知属性，未必和语音的物理属性一一对应。另外，如果韵律上的相对凸显需要通过具体的语音物理属性来呈现，那么也有许多种物理属性可供选择，如音高、音强、重音、停延等［参见冯胜利、施春宏（2021）］。因此，虽然例（19）和下文例（20）中承担核心重音的成分是短降调，但是羌语母语者仍然可能把它们视为全句韵律上相对凸显的成分。

这也证明羌语遵循择重律指派核心重音。因为按照择重律，例（19）中主句动词（选择者 Ci）和补足语子句（被选择者 Cj）组成选择序列，主句动词把核心重音指派给补足语子句；然后补足语子句内部按照择重律继续组成选择序列进行核心重音指派，经过一系列严格的核心重音指派程序，例（19）中最终承担核心重音的句法成分是补语子句动词 ɦɑ^{31}-ke^{31}-ʂə^{31}“向下–走–使事”和补语子句宾语 ʐi^{31}mi^{31}“话”。这与羌语母语者语感相符。

如果羌语按照深重律指派核心重音，那么句中承担核心重音的成分是句法结构上内嵌最深的主句动词 χuɑ^{55}suɑ^{31}“想”和 ʂo^{31}tɕi^{55}“听”。如果按照辖重律指派核心重音，因为主句动词 χuɑ^{55}suɑ^{31}“想”、ʂo^{31}tɕi^{55}“听”与各自句中的补足语子句已不存在句法上的管辖关系，主句动词 χuɑ^{55}suɑ^{31}“想”和 ʂo^{31}tɕi^{55}“听”只能把核心重音指派给自己。总之，如果羌语按照这两种指派规则指派核心重音，都应是句中主要动词在韵律上最凸显，这与羌语母语者语感相冲突。也就是说，如果不按照择重律指派核心重音就无法解释例（19）中这类带有补足语子句的句子中何以位于句末的主句动词不是全句韵律上最凸显的成分。

2. 羌语核心重音与附加语

另一可以证明羌语遵循择重律的证据源自羌语中附加语结构的位置。羌语附加语主要出现在句中（高韬 2018：209－210）：

（20） a. qa^{31} sən^{31}tse^{55} tɕ^{h}e^{55}-o^{33} zə^{31}-pu^{31}-sa^{55}.（龙溪羌语）

我 钱 三-量词 方向-买-第一人称单数

我花三块钱买的。

b. tsə^{31} mo^{31}lia^{31}-sə^{55}-ie^{31} ts^{h}ua^{55}/ts^{h}uai^{55}（萝卜寨羌语）

这 刀-工具格-助动词 砍

这个是用刀砍的。

c. pie^{31}-sə^{55} dʑi^{31} ŋe^{213}（萝卜寨羌语）

笔-工具格 字 写

用笔写字。

d. qa^{21} da^{21}i^{21} le^{21} ɕi^{21} ts^{h}ua^{55}.（龙溪羌语，郑武曦 2010）

我 斧头 工具助词 柴 砍

我用斧头砍柴。

从形态上看，附加语可以没有助词标记，如例（20）a 中附加语 sən^{31}tse^{55} tɕ^{h}e^{55}-o^{33}“三块钱”在形态上没有出现工具格标志；附加语也可以有助词标记，如例（20）b－d 中附加语 mo^{31}lia^{31}-sə^{55}-ie^{31}“刀-工具格-助动词”、pie^{31}-sə^{55}“笔-工具格”和 da^{21}i^{21} le^{21}“斧头-工具助词”。在句法上如例（20）中所示，附加语出现在动词和主语之间。从羌语母语者的判断结果来看，羌语含有附加语的句子中承担核心重音的句法成分与上文论述的德语中的情况［上文的例（7）］相同。按照择重律，动词把核心重音指派给动词自己或动词的宾语，如例（7）a，附加语则不能承担核心重音，如例（7）b。而按照羌语母语者的判断，如果句中只出现了附加语而未出现宾语例（20）a－b，那么韵律上最凸显的成分就是例（20）a 中的动词 zə^{31}-pu^{31}-sa^{55}“买”和例（20）b 中的 ts^{h}ua^{55}/ts^{h}uai^{55}“砍”。如果句中同时出现了附加语和宾语例（20）c－d，那么韵律上最凸显的成分就是宾语 dʑi^{31}“字”和 ɕi^{21}“柴”。① 如果按照深重律或辖重律，那么例（20）a－d 均应由动词承担核心重音，这和母语者的判断存在冲突和矛盾。也就是说，如果不按照择重律指派核心重音，那么就无法解释何以不承担核心重音的附加语不能出现在句末只能出现在全句句中。

① 对此处韵律相对凸显的语言学含义，详见本文对例（19）的注释说明。

三　羌语核心重音的句法效应

和第一节所述其他语言类似，羌语的核心重音也对羌语的句法操作产生一系列的影响。根据前人对羌语句法的田野调查语料，本文发现，数词“一”的省略和名量词的省略这两类句法现象都和核心重音对句法操作的制约密切相关。

（一）核心重音制约的羌语数词“一”的省略

在第一节“核心重音的句法效应”中，本文已经介绍普通话中辖重律对数词“一”省略的制约效应。在羌语中，类似的核心重音的句法效应同样存在。

羌语中的数词“一”和其他数词的韵律表现不同。调查发现，如果数量短语中的数词为“一”，那么量词在韵律上较数词“一”更为凸显；如果是“一”以外的其他数词，那么数词在韵律上较量词更为凸显。仍以麻窝羌语为例（刘光坤 1998：56）①：

（21）麻窝羌语数量短语的重音分布

a. ɑʁua^{ɹ}	一步	b.	ɑqu	一家
c. axa	一方	d.	ɑri	一个
e. rguə ʂ	九个	f.	ʁuɑtʃ^{h}ɔs	五尺

例（21）a－d 中数词为 ɑ“一”，重音落在量词“步”ʁua^{ɹ}、“家”qu、“方”xa 和“个”ri 上。例（21）e－f 中数词分别为 rguə“九”和 ʁuɑ“五”，重音落在数词 rguə“九”和 ʁuɑ“五”上，而没有落在量词上。也就是说，数词“一”不必承担重音，而除“一”以外的其他数词必须承担重音。

数词“一”不须承担重音的特征导致它在句法上的隐现和核心重音

① 刘光坤（1998：56）对例（21）的语言现象的描述原文为“数词‘一’和量词结合时，重音多半落在量词上，但数词如为‘一’以上的数词，和量词同时使用时，则重音多半在数词上。”此条补充源自匿名审稿专家的建议，深表感谢。

密切相关。Zheng（2016）发现龙溪羌语中如果数词 a^{55}“一”出现在宾语位置，那么 a^{55}“一”可以省略。例如（Zheng 2016：107）：

（22）a^{31}ɕi^{31}mi^{55} ke^{31} ji^{31}mo^{55}so^{31} ȵa^{31}pha^{31}-tsu^{31}tsu^{55} wo^{31} ŋu^{55} lan^{55}.
始终 副词 自己 男孩–小称–量词 系词 态度标记(汉语借词)
（我的爷爷）始终是我的小男孩。

在句法上，ȵa^{31}pha^{31}-tsu^{31}tsu^{55}-wo^{31}“一个小男孩”和系词 ŋu^{55} 分别作宾语和谓语，主语“我的爷爷”未出现。为什么这里数词 a^{55}“一”可以省略？按照择重律，ŋu^{55}（选择者 Ci）和 ȵa^{31}pha^{31}-tsu^{31}tsu^{55}-wo^{31}“一个小男孩”（被选择者 Cj）组成选择序列，ŋu^{55} 首先把核心重音指派给 ȵa^{31}pha^{31}-tsu^{31}tsu^{55}-wo^{31}“一个小男孩”。其次，择重律在 ȵa^{31}pha^{31}-tsu^{31}tsu^{55}-wo^{31}“一个小男孩”中进一步指派，而 ȵa^{31}pha^{31}-tsu^{31}tsu^{55}-wo^{31}“一个小男孩”的句法结构如下所示：

（23）“一个小男孩”的句法结构

[$_{\text{Num. P}}$ [$_{\text{NP}}$ ȵa^{31}pha^{31}]$_i$ [$_{\text{AP}}$ tsu^{31}tsu^{55}] e [$_{\text{CLP}}$ wo^{31} t_i]]

因此，被选择者 ȵa^{31}pha^{31}“男孩”最终承担了全句的核心重音。和其他成分（数词 a^{55}“一”、昵称标记 tsu^{31}tsu^{55} 和量词 wo^{31}）相比，ȵa^{31}pha^{31}“男孩”是整个短语和全句韵律上最凸显的成分。在这种韵律条件下，数词 a^{55}“一”不承担核心重音，相对较轻。和例（16）讨论的声母弱化类似，因为不承担核心重音，所以数词 a^{55}“一”的省略才被允准。而且，龙溪羌语母语者的判断也显示，如果数词“一”出现在附加语等不承担核心重音的句法成分中，数词“一”也可以省略。

但是当数词“一”承担重音时，“一”就不能省略。例如（黄成龙 2005）：

（24）qɑ zə-p-ji fɑ-（ŋuəȵi） e qai ŋuə
第一人称单数 方向–买–完成体 衣服（话题） 一 件 是

我买了的衣服是一件。

例（24）是假分裂结构（pseudo - cleft - construction），数量短语 e qai “一件”作为窄焦点承担局部焦点重音，数词 e “一”丧失了允准省略的韵律条件，所以这里的数词 e “一”不能省略。

龙溪羌语的情况并非偶然，数词“一”在其他羌语方言中也会发生省略。例如在桃坪羌语中，量词“lə^{33}（个）表示‘一’的数量时，有时可以把数词省去”（孙宏开 1981：94）：

（25）a. tʂan^{35} ʂʅ^{35} tʰa^{31} i^{33} tie^{33}ʐən^{31} ti^{33} zie^{33} sʅ^{55}tʂuŋ^{55} zʅ^{31}mə^{55}
战士 那（助词）敌人（助词）（助词）始终 话
qu^{33} nə^{33} mi^{55} dʑi^{213}.
句 都 没有 说
那个战士在敌人面前始终没有说一句话。
b. mə^{33} （a^{31}） lə^{33} kuə^{31}-ti^{51}-i^{31}.
人 （一） 个 （前加）来（后加）。
来了一个人。
c. tʰa^{55}lə^{55} tʂɑŋ^{31}ɕiŋ^{31} ʐe^{213} lie^{33} lə^{33} ŋuə^{33} ma^{31}.
他 常常 病 有 个 是 语气词
他是一个常常生病的人。

在例（25）a 中，桃坪羌语的数词 a^{31} “一”本应出现在短语 zʅ^{31}mə^{55} qu^{33} “话句”中，组成 zʅ^{31}mə^{55} a^{31} qu^{33} “话一句”。是什么条件允准了 a^{31} “一”的省略？按照择重律，动词 dʑi^{213} “说”把核心重音指派给宾语 zʅ^{31}mə^{55} a^{31} qu^{33} “一句话”且由宾语中的名词 zʅ^{31}mə^{55} “话”承担核心重音，zʅ^{31}mə^{55} “话”在韵律上比 a^{31} “一”和 qu^{33} “句”更凸显。因为 a^{31} “一”不承担核心重音，满足了省略的韵律条件，所以数词 a^{31} “一”的省略才被允准。

根据黄正德（2007）划分的词类，例（25）b 中的动词 kuə^{31}-ti^{51}-i^{31} “来”属于非宾格动词（unaccusative verb），所以短语 mə^{33} a^{31} lə^{33} “一个人”其实是 kuə^{31}-ti^{51}-i^{31} “来”的宾语。按照择重律，动词 kuə^{31}-ti^{51}-i^{31} “来”（选择者 Ci）和短语 mə^{33} a^{31} lə^{33} “一个人”（被选择者

Cj）组成选择序列，kuə^{31}-ti^{51}-i^{31}“来”把核心重音指派给 mə^{33} a^{31} lə^{33}“一个人”，且由 mə^{33}“人”承担核心重音，mə^{33}“人”在韵律上比 a^{31}“一”和 lə^{33}“个”更凸显。在这种韵律条件下，数词 a^{31}“一”的省略才被允准。

在例（25）c 中，按照择重律，动词 ŋuə^{33}“是”把核心重音指派给宾语 tʂ ɑŋ^{31}çiŋ^{31} ʐe^{213} lie^{33} a^{31} lə^{33}“一个常常生病的人”，并由“人”承担核心重音。因为“人”没有出现，所以在短语 tʂ ɑŋ^{31}çiŋ^{31} ʐe^{213} lie^{33}“常常生病”中，由动词 lie^{33}“生/有”把核心重音指派给宾语 ʐe^{213}“病”，ʐe^{213}“病”承担核心重音，在韵律上比 a^{31}“一”和 lə^{33}“个”更凸显。在这种韵律条件下，数词 a^{31}“一”不承担核心重音，所以它的省略才被允准。

例（25）中数词 a^{31}“一”的省略甚至影响了羌语量词的语法属性。羌语的量词如 qu^{33}“句”（25）a 和 lə^{33}“个”（25）c 可以“单独加在名词或其他词组的后面表示单数的量”（孙宏开 1981：97）。

综上，羌语数词“一”省略的韵律条件如下：

（26）羌语数词“一”省略的韵律条件

羌语的数词“一”不承担重音时才允准省略。

（二）核心重音制约的羌语的名量词省略

和数词“一”的省略类似，核心重音还会制约羌语名量词的省略。羌语的名量词一般不能省略。但黄成龙（2005）发现了一类名量词的省略，并指出这类名量词的省略会影响到名词指称性的对立。例如（黄成龙 2005）：

（27）a. zə-ʁɑ　x ʂe　ʐ̩i.（无指——没指具体的牛）

地-位格　牛　有/在

地里有牛。

b. zə-ʁɑ　x ʂe　e　ze　ʐ̩i.（有指——指具体的牛）

地-位格　牛　一　个　有/在

地里有一头牛。

在（27）a 中名量词 ze“个”不出现时，光杆名词 x ʂe“牛”是无指的，不指任何具体的“牛”。在（27）b 中使用名量词 ze“个”时，名词 x ʂe“牛”是有指的，指具体的一头“牛”（黄成龙 2005）。值得注意的是，黄成龙（2005）讨论的这类名量词的省略是数词和名量词同时省略，而不仅仅是名量词省略了。只有当数词和名量词一起省略时，才会发生名词在有指和无指方面的对立。

而刘光坤（1998）的调查显示麻窝羌语中还有另一种名量词的省略：当名量词和数词“一”组成数量短语时，数词“一”可以与名词直接结合，名量词省略。这种名量词省略不会造成指称性的语义差别。例如（刘光坤 1998：145）：

（28）a. na　　dzu-tɕy-ji.　　　（na<nə“人”+a“一”）
　　人一　方向–来–状态变化
　　一个人来了。
　b. k^{h}ua　　de-ɕi-ji.　　（k^{h}ua < k^{h}uə“狗”+a“一”）
　　狗一　　方向–死–状态变化
　　一只狗死了。
　c. qɑ：p^{h}uq ti：q wa ʐi-ji.（wa <wə“鸟”+a“一”）
　　山顶 树 上面 鸟一 有–状态变化
　　山顶的树上有一只鸟。
（29）lutɕi　zə ʂkua　kuə-tsi-ji.（zə ʂkua < zə ʂkuə“鼠”+a“一”）
　猫　　鼠一　　方向–抓住–状态变化
　猫抓住了一只老鼠。

例（28）和例（29）中数量名短语只省略了名量词，数词“一”直接和名词结合为一个新词，没有省略。例如例（28）a 中 nə“人”和 a“一”组合为 na“人一”。而且刘光坤（1998：145）对例（28）和例（29）中语料的调查显示，名量词省略前后词义没有发生变化。

在句法上，上述例子中的数量名短语都是动词的真正宾语。和动词 dzu-tɕy-ji“来”类似，de-ɕi-ji“死”例（28）b 和 ʐi-ji“有”例（28）c 在黄正德（2007）的词类分类体系中都归入非宾格动词。所以体词性短语 na“一个人”、k^{h}ua“一只狗”和 wa“一只鸟”在句法上作动词的受事宾语。例（28）中 zə ʂkua“一只老鼠（鼠一）”也作动词 tsi“抓住”的受事宾语。立足 Kayne（1994）的句法框架，上述受事宾语的句法结构如下所示：

（30）羌语数量名短语的句法结构

$[_{\text{NumP}}\ \text{NP}_i\quad \text{NUM}\ [_{\text{ClP}}\ \text{CL}\ \text{e}_i]]$

以“一个人”例（28）a 为例。例（30）表示在数量名短语内部，nə“人”进行句法移位，移至数量短语的指定语位置［Spec，NumP］，形成结构［名+数+量］［nə+a+CL］，数词和名词合并为一个音节 na“人一”，然后名量词省略。

在这个句法结构基础上，其韵律结构如下：上述数量名短语都是动词真正的宾语，所以按照择重律，它们都是选择序列中的被选择者 Cj，需要承担核心重音的句法成分。例（28）和例（29）中动词 dzu-tɕy-ji“来”、de-ɕi-ji“死”、ʐi-ji“有”、tsi“抓住”作为选择者 Ci，均按照择重律将核心重音指派给了 na“人一”、kʰua“狗一”、wa“鸟一”、“鼠一”zə ʂkua。之后在这些数量名短语内部，继续按照择重律继续指派核心重音，最终由 nə“人”、kʰuə“狗”、wə“鸟”、zə ʂkuə“鼠”承担各自句子的核心重音，成为韵律上最凸显的成分。在这种韵律条件下，数词 a“一”和名词合并为一个音节（na、kʰua、wa 和 zə ʂkua），而不承担核心重音的名量词才被允准省略。

如果这类名量词省略是由韵律条件允准的，那么当条件改变时，名量词的省略也就不被允准。而事实正是如此。例如，羌语的假分裂结构（黄成龙 2005）：

（31）qɑ　zə-p-ji　fɑ-（ŋuəɹ̥i）<u>xsə　qai</u>　ŋuə
　　第一人称单数　方向-买-完成体　衣服（话题）三　件　是
　　我买了的衣服是三件。

按照焦点的分类标准，本文认为例（31）属于“结构焦点”，其中数量短语 xsə qai“三件”作为焦点成分承担焦点重音，整个短语属于不能轻读的成分。这意味着理论上名量词 qai“件”丧失了允准它省略的韵律条件，所以名量词 qai“件”不能删除。有关这种韵律条件下名量词 qai“件”省略的现象也未见提及。韵律语法理论不限于分析和描写韵律层面的现象，而且能够解释和预测句法层面的事实。根据上文关于羌语核心重音指派规则为择重律的分析，名量词不承担重音时才允准删略是符合理论演绎的必然结果，而且确实不存在与之相悖的事实。更进一步讲，羌语的核心重音指派原则和句法之间的互动是系统性的，如上文所述，立足羌语核心重音指派原则推演出的句结构与事实相符的也不只这一类。因此，虽然麻窝羌语的材料没有相关标注，在韵律上是无声调重音型语言，但是句法层面的种种事实足以咬合证明其核心重音的存在。①

综上所述，羌语名量词省略的韵律条件如下：

（32）羌语名量词省略的韵律条件
羌语的名量词不承担重音时才允准省略。

四　结语

和印欧语系语言相比，以往对羌语等藏缅语族语言的核心重音及其指派规则的研究尚不充分。本文立足前人对羌语各方言全面、细致的田野调查，系统描写和分析了羌语核心重音的指派规则及其导致的句法效应。本文提出羌语的核心重音的指派遵循择重律，即：

（33）羌语的核心重音指派规则
给定两个姊妹节点 Ci 和 Cj，若 Ci 和 Cj 为选择次序，那么较低的一个则较凸显。

这一指派规则得到如下证据的支持：首先，实验语音学上，位于句中的宾语时长最长（张夏夏 2013）；其次，在音系学上，谓词在谓宾结构中会发生弱化而在主谓结构中不会发生弱化（刘光坤 1998）；最后，在句法

① 感谢匿名审稿专家指出此点。

结构上，补足语子句出现在主句动词前（王保锋 2017）却韵律上最凸显，附加语总是出现在句中而非句末（高韬 2018）因为它不承担核心重音。

本文还重新讨论了羌语中一些过去曾归为纯语义或句法的重要现象，它们都可由择重律准确解释并成功预测，如数词“一”和名量词的隐现，在按照例（33）指派核心重音后，只有数词“一”或量词不承担核心重音时，省略才被允准。

本文对羌语核心重音的研究为进一步探索羌语支乃至整个汉藏语系其他语言的核心重音奠定了基础。此外，本文对羌语核心重音句法效应的研究也进一步证明了韵律句法双向互动机制假说（Bidirectional Hypothesis, Feng 2009），这种韵律句法互动机制是存在于人类语言中的普遍现象，不仅存在于英语、西班牙语、意大利语等印欧语系语言中，也存在于汉语、羌语等汉藏语系语言中（Cinque 1993；Zubizarreta 1998；冯胜利 2013；Richards 2010 等）。当然，本文的研究仅仅是对羌语中核心重音及其句法效应的初步探索，羌语中韵律和句法的互动效应以及汉藏语系中其他语族、语支、语言的核心重音指派规则等问题都有待未来的继续研究。

参考文献

1. 戴庆厦：《景颇语的韵律与语法结构演变》，载冯胜利编《汉语韵律语法新探》，中西书局 2015 年版。

2. 端木三：《音步和重音》，北京语言大学出版社 2016 年版。

3. 冯胜利：《汉语的韵律、词法与句法》（修订本），北京大学出版社 2009（1997）年版。

4. 冯胜利：《汉语韵律句法学》（增订本），商务印书馆 2013 年版。

5. 冯胜利、施春宏：《韵律语法学的构建历程、理论架构与学理意义》，《语言科学》2021 年第 1 期。

6. 冯胜利、王丽娟：《汉语韵律语法教程》，北京大学出版社 2018 年版。

7. 高韬：《语言接触视野下的南部羌语比较研究》，博士学位论文，西南交通大学，2018 年。

8. 黄布凡、周发成：《羌语研究》，四川人民出版社 2016 年版。

9. 黄成龙：《羌语的名量词》，《民族语文》2005 年第 5 期。

10. 黄成龙：《蒲溪羌语研究》，民族出版社 2007 年版。

11. 黄正德：《汉语动词的题元结构与其句法表现》，《语言科学》2007 年第 4 期。

12. 江荻：《藏语形容词的音节数形态与形态类型》，《中国语言学报》2021 年第 19 期。

13. 李果：《上古汉语疑问句韵律句法研究》，北京语言大学出版社 2018 年版。

14. 李艳惠、冯胜利：《“一”字省略的韵律条件》，《语言科学》2015 年第 1 期。

15. 刘光坤：《麻窝羌语研究》，民族出版社 1998 年版。

16. （清）马建忠著，吕叔湘、王海棻编：《马氏文通读本》，上海教育出版社 2001 年版。

17. 潘悟云：《东亚语言声调起源的内因与外因》，《韵律语法研究》2020 年第 2 期。

18. 孙宏开：《羌语简志》，民族出版社 1981 年版。

19. 孙宏开：《藏缅语族羌语支研究》，中国社会科学出版社 2016 年版。

20. 王保锋：《萝卜寨羌语研究》，博士学位论文，中央民族大学，2017 年。

21. 王迟：《普通话 VP－NEG 的韵律句法分析》，《语言教学与研究》2021 年第 3 期。

22. 赵璞嵩：《上古汉语韵素研究》，北京语言大学出版社 2018 年版。

23. 张夏夏：《韵律焦点的实现与感知》，硕士学位论文，中央民族大学，2013 年。

24. 郑武曦：《龙溪羌语概况》，《民族语文》2010 年第 4 期。

25. Chomsky，N. & M. Halle. *The Sound Pattern of English*，New York：Harper Row，1968.

26. Cinque，G. A Null Theory of Phrase and Compound Stress，*Linguistic Inquiry*，Vol. 24，No. 2，1993.

27. Deng，D.，S. Feng & S. Feng. The Experimental Research on Prosody Restrained Syntax，*Journal of Chinese Linguistics*，Vol. 36，No. 2，2008.

28. Feng，S. Prosodically Constrained Postverbal PPs in Mandarin Chi-

nese, *Linguistics*, Vol. 41, No. 6, 2003.

29. Feng, S. A Theoretical Exploration of Prosodic Syntax, *Essays on Linguistics* (Yuyanxue Luncong). Vol. 39, 2010.

30. Feng, S. A cartographical account of prosodic syntax in Chinese. In Fuzhen Si eds. *Studies in Cartographic Syntax*, Beijing: Zhongguo Shehui Kexue Chubanshe, 2017.

31. Inkelas, S. & Z. Draga. Prosodically Constrained Syntax, In Inkelas, S. & Z., Draga (eds.), *The Phonology - Syntax Connection*. Chicago: University of Chicago Press, 1990.

32. Lieberman M. & A. Prince. On Stress and Linguistic Rhythm, *Linguistic Inquiry*, Vol. 8, No. 2, 1997.

33. Kayne, R. *The Antisymmetry of Syntax*, Cambridge, MA: MIT Press, 1994.

34. Zubizarreta, M. *Prosody, Focus, and Word Order*, Cambridge, MA: MIT Press, 1998.

35. Lieberman, M. &A. Prince, On Stress and Linguistic Rhythm, *Linguistic Inquiry*, Vol. 8, No. 2, 1977.

36. Richards, N. *Uttering Trees*, Cambridge, MA: the MIT Press, 2010.

37. Zheng, W. *A Grammar of Longxi Qiang*, Ph. D. Dissertation, National University of Singapore, 2016.

38. Zubizarreta, M. *Prosody, Focus, and Word Order*, Cambridge, MA: MIT Press, 1998.

[李果，男，副教授，博士，从事韵律语法学、历时句法学和语体语法学研究。通信地址：四川省成都市双流区川大路二段四川大学（江安校区）文科楼一区3楼。邮编：610064。电子邮箱：liguo86@scu.edu.cn。苏婧，女，助理研究员，博士，从事汉语历时句法学、语体语法学、韵律语法学研究。通信地址：北京市海淀区学院路15号北京语言大学。邮编：100083。电子邮箱：jiuyuecao@126.com。]

《鸡林类事》基础音系再讨论

李锦花　刘冰洁

（南京大学外国语学院）

摘　要： 在训民正音创制之前，汉字是记录、标记韩国语的重要工具。《鸡林类事》是北宋孙穆撰写的一部有关高丽风土、朝制、语言的著作，原书共三卷，现今所存用汉字记录355个高丽单词语音的"方言"部分，是目前所见记录12世纪朝鲜语音的唯一资料，也是研究我国宋代汉语语音的难得的语言学资料。学界现有的研究成果大多把《鸡林类事》与汴洛地区的音系进行比较，认为其反映的是12世纪的北方通语。但我们发现：①该资料中平声字的浊音声母对应的是韩国语中的非送气辅音，说明浊音声母尚未清化；②合口三等唇音声母与韩国语的辅音［p］相对应，未分化为唇齿音［f］；③唇内、舌内、喉内入声字的韵尾分别与后期中世韩国语音节中的［-p］、［-t］、［-k］尾整齐对应，这也与汴洛音系中的入声韵尾弱化现象相背离。综上，本文认为《鸡林类事》"方言"部分的汉字音和12世纪的北方通语之间存在着较大的差距，其基础音系应为宋代以官修韵书尤其是《集韵》为代表的书面语音系。

关键词：《鸡林类事》；《集韵》；音系；浊音清化；唇音分化；入声韵尾

一　引言

北宋崇宁二年（1103），孙穆以书状官的身份出使高丽，并编撰了《鸡林类事》一书。原书共三卷，但如今仅存对高丽风俗的简单记录和用汉字记录了355项高丽词语语音的“方言”部分[①]。其中，“方言”部分是目前所见记录12世纪朝鲜语音的唯一资料，也是研究我国宋代汉语语音的难得的语言学资料。

对《鸡林类事》“方言”部分的音系基础加以判定，是我们进一步认识和挖掘其语音价值的重要基础和前提。学界现有的研究成果大多把《鸡林类事》与汴洛地区的音系进行比较，认为其反映的是12世纪的北方通语，持类似观点的学者为方锺铉（1955）、陈泰夏（1975）、姜信沆（1980）、安炳浩（1985）、姜吉云（2011）、崔荣善（2015）等。除此之外文璇奎（1961）、李元植（2003）等少数学者认为，该材料反映的是南方地区的方言音系。

二 “方言”声母的语音情况

（一）浊音声母

浊音声母清化是汉语音韵史上重要的声母变化现象。在汉语官话方言中，这一现象自隋朝起开始出现，在宋朝大部分的官话与方言里都已经完成。王力（1985）研究了朱熹《诗集传》和《楚辞集注》中的反切，认为朱熹的音韵体系中已经不存在全浊声母。冯蒸（1991）指出，《尔雅音图》中的音注材料也反映出全浊音已经清化。

本文按唇音、舌音、牙音等类别整理浊音字后进行分析，整理格式如表1。序号是《鸡林类事》部分各语项的配列顺序[②]，韩国语词形大部分是朝鲜初期韩文文献中的形态，而左边加 * 的是创制韩文之前的资料构拟出来的形态。下面首先看唇音声母的浊音字。

---

① 《鸡林类事》现主要收录于（明）陶宗仪所撰之《说郛》。在现存版本中，顺治版《说郛》为基础的《古今图书集成》和民国版《说郛》被推定为最古版本，但陈泰夏（2003）认为，香港大学馆藏明钞《说郛》版本和台北图书馆藏明钞《说郛》版本才是最古版本。本文以香港大学明钞《说郛》版本和台北商务印书馆的影印版《文渊阁四库全书》两种版本为基本材料，以民国版《说郛》为辅助材料进行研究。

② 不同学者采用不同的版本，因此序号不尽相同，本文参照了姜信沆（1980）的排序和韩国语词形。

1. 唇音

在表 1 中，唇音字语项中的声母均为並母，但通语中平声並母字的声母［b］已经变成了送气音［p‘］，如果以通语音系来解读，则是以汉语的送气音［p‘］来标记韩国语的不送气音［p］，这是不自然、不科学的。因为送气和不送气在听觉感知上存在着较大的差异。若是用《集韵》音系来解读，则不送气的浊音［b］和不送气的清音［p］在听觉感知上更加接近自然。

表 1　唇音类举例①

序号	语项	韩国语词形	浊音字	《集韵》反切和构拟音②	通语构拟音③
90	虎曰监 蒲南切	범［pəm］	蒲	薄胡切［bu］	［p‘am］
183	白米曰汉菩萨	*흰쌀［hʌinbsʌl］	菩	薄胡切［bu］	［p‘uo］
270	篦曰频希	빈혀［pinhjə］	频	符真切［bjin］	［p‘iən］
288	砚曰皮卢	벼로［pjəro］	皮	符羁切［bje］	［p‘i］
332	借物皆曰皮离受势	비리쇼셔［pirisjosjə］	皮	符羁切［bje］	［p‘i］

2. 舌音

舌音字语项中的声母均为定母，在北宋时期的通语中，平声定母字的声母已经从［d］变化成送气音［t‘］。如果以通语音系来解读《鸡林类事》，则是以汉语的送气音［t‘］来标记韩国语的不送气音［t］，这也是十分不自然的。而在《集韵》音系中，浊音尚未分化，以此音系来解读，则是用不送气的浊音［d］来标记不送气的清音［t］，在听觉感知上更加接近（见表 2）。

表 2　舌音类举例

序号	语项	韩国语词形	浊音字	《集韵》反切和构拟音	通语构拟音
19	一曰河屯	*ᄒᆞᄃᆞᆫ［hʌdʌn］	屯	徒浑切［dwon］	［t‘uən］
20	二曰途孛	*두ᄫᅳᆯ［tuβɯl］	途	同都切［du］	［t‘uo］
57	石曰突	돓［tolh］	突	陀骨切［dwot］	［t‘uiʔ］

① 以下表格均引用刘冰洁（2020）《〈鸡林类事〉基础音系研究》。

② 构拟音参考了韵典网和潘悟云老师的构拟体系。

③ 构拟音参考了崔荣善（2015）的相关研究。

续表

序号	语项	韩国语词形	浊音字	《集韵》反切和构拟音	通语构拟音
83	鸽曰弼陀里	비두리［piduri］	陀	徒河切［da］	［t‘a］
104	鱼曰水脱（剔曰切）	슈달［sjudal］	脱	徒活切［dwat］	他括切［t‘wat］
257	椅子曰驼马	도마［toma］	驼	徒河切［da］	［t‘a］

3. 牙音

与舌音和唇音不同，牙音的情况较为特殊（见表3）。牙音中的次清音溪母字，即汉语的送气音［k‘］常常用来标记韩国语的松音［k］的语项。出现这样例外的原因可能是溪母属于软腭音，而软腭音的发音位置相对靠后，与声门接近，因而发音时气流比其他辅音相对强烈，在听觉感知上与送气音易相混淆。①

表3　牙音类举例

序号	语项	韩国语词形	转写字	《集韵》反切和构拟音	通语构拟音
73	柿曰坎	감［kam］	坎	苦感切［k‘om］	［k‘am］
226	皂衫曰珂門	가［ka］	珂	苦何切［k‘a］	［k‘a］
265	匱曰枯孛	고［ko］	枯	苦胡切［k‘u］	［k‘uo］

权仁翰（1997：370－371）列举如下两项，判定《鸡林类事》中已出现浊音清化现象。

172　心曰心（音寻）；268　梳曰苾（音必）

他认为，在中古音中，“心”和“寻”的声母分别是心母［s］和邪母［z］，“苾”和“必”的声母分别是並母［b］和帮母［p］，本因声母

① 另第113项“蚤曰批勒（벼룩）”中的“批”字，第329项“语话曰替里受勢（드르쇼셔）”中的“替”字，虽然声母都是次清声母，但却被用非送气音来标记。这些例外也是可以说明的。这些语项多为单音节单词或是送气音汉字位于单词的第一音节。而这一位置上的辅音没有浊化，气流比其他位置的辅音更加强烈。这就使得作为外国人的孙穆在标记这种类型的高丽语音节时，容易混淆送气音和不送气音。

清浊的不同而发音不同，但是此处却以寻标心之音，以必标苾之音，这恰恰说明了浊音清化现象已经发生，孙穆认为它们是同音字。

但本文认为，这两项的情况并不相同。首先，第 172 项是以相同的汉字标记高丽的词语，如果心和寻在声调上已经没有区别，那么孙穆则不需要特意添加“音寻”这一音注材料的。其次，第 268 项的“苾”字是一个多音字，在《集韵》中，有“毗必切”［bjit］和“蒲结切”［bet］两种反切，所以为了表明其中的某一个和高丽语更加相近而添加了音注材料。但是，“必”字的反切是“卑吉切”［pjit］，和“苾”字都不相同。既然有其他发音完全相同的汉字，为何偏偏使用了“必”字，对于这一点仍然有待考察。因此，笔者认为上面的两项难以作为证明《鸡林类事》中已经发生浊音清化现象的证据，还需要综合性的考察。

（二）唇音分化现象

唇音分化现象也值得关注。王力（1980）指出，合口三等的唇音声母［p］已经在 12 世纪之前演变为了唇齿音［f］。例如（见表 4）：

表 4　　唇音分化举例

序号	语项	韩国语词形	转写字	《集韵》反切和构拟音	通语构拟音
7	雨曰霏微	* 비믜［piɱi］	霏	芳非切［p‘yoi］	［fuəi］
261	帘曰箔	발［pal］	箔	傍各切［bak］	［pauʔ］
261	帘曰箔	발［pal］	发	方伐切［pjot］	［fuaʔ］

语项 261 中，“发”字是帮母合口三等字。若按照北宋时的通语来解读，“发”字的声母便成了唇齿音［f］，但以唇齿音来标记高丽语的双唇音很不自然。相反按照《集韵》音系来解读，则不会出现这样的问题。另与此相似的第 227 项“被曰泥不”。“不”字在《集韵》中的发音有三种，而与中世韩国语的形态“니블”对比发现，舌内入声“分勿切”是非常吻合。读作“分勿切”时，“不”字也是合口三等字，因此，声母同样也变成了唇齿音［f］。唇齿音［f］与高丽语双唇音［p］存在一定差异，因而按照《集韵》音系来解读更加合理。

通过这一章的考察，可以得出如下结论：通语中已经发生了浊音清化的现象，不送气的浊音字变成了送气的次清字。但按照这样的变化，用送气音标记不送气音，这在标记方法上来看是不妥的。此外，通语中合口三等的声母已经分化，出现了双唇音和唇齿音的分别。如果以通语音系作为基础音系，则会出现以声母为唇齿音的汉字来标记高丽语双唇音的情况，而这同样也是不妥的。因此，为了解读《鸡林类事》，应该寻找通语音系之外的其他音系。

三　"方言"入声韵的具体表现

为了进一步明确以何种音韵体系进行解读，下面对《鸡林类事》中的入声标记字展开讨论。对入声标记字的整理方式如同上面的声母。本文将以前人研究中已经解读的语项为研究中心，按唇内、舌内、喉内的顺序整理后与韩国语词形进行对照，展开对入声标记字的解读。

（一）唇内入声韵尾

唇内入声字的语项数相对较少，只有 12 个。与 15 世纪的韩国语词形对比后，可以分为以下两类。

第一类，是与 15 世纪词形对应，唇内入声韵尾依然保存的语项。代表性的语项整理如下（见表 5）。

表 5　唇内入声字举例（收音为"ㅂ"［-p］）

序号	语项	韩国语词形	入声字	《集韵》反切和构拟音	通语构拟音
25	七曰一急	닐굽［nilgup］	急	居立切［kip］	［kiəp］
26	八曰逸答	여ᄃᆞᆲ［jədʌlp］	答	都合切［top］	［tap］
167	口曰邑	입［ip］	邑	于汲切［ip］	［iəp］
266	伞曰聚笠	슈룹［sjurup］	笠	力入切［lip］	［liəp］
272	合曰合子	합［hap］	合	侯阁切［hop］	［xap］

以上各语项中的唇内入声标记，依然保存了韵尾［-p］。这是因为汉语的唇内入声字和韩国语中以"ㅂ"［-p］为收音的音节相对应。

第二类，是以唇内入声字标开音节的语项也有例外。例如：

41　午曰捻宰 나　　捻　奴协切［nep］［niaʔ］

“捻”字在《广韵》中的反切为“奴协切”，声调是唇内入声；在《集韵》中的反切为“乃结切”与“诺叶切”，声调是舌内入声。此项的“捻”字，应该取“乃结切”，且因为连音变读而标记了韩国语的开音节，所以41项也很难视为唇内入声韵尾和舌内入声韵尾混用的案例。

（二）舌内入声韵尾

含舌内入声字的语项中，除第76项“漆曰黄漆”为汉字词外，其余均为韩国语固有词语项。但是，这些入声字对应的韩国语音节，并不都是以［-t］作为收音。大体上可以分为以“ㄹ”［-r］为收音和以“ㅅ［-s］、ㅈ［-tɕ］、ㄷ［-t］、ㅌ［$-t^h$］”等辅音为收音的语项。

第一类，即舌内入声标记字的韵尾与收音“ㄹ”［-r］对应的语项数量较多。列举其中有代表性的语项如下。

1. 舌内入声字（收音为“ㄹ”［-r］）（见表6）

表6　舌内入声字举例（收音为“ㄹ”［-r］）

序号	语项	韩国语词形	入声字	《集韵》反切和构拟音	通语构拟音
1	天曰汉捺	하ᄂᆞᆶ［hanʌlh］	捺	奴曷切［nat］	［naʔ］
17	佛曰孛	불［pul］	孛	蒲没切［bwot］	［puiʔ］
25	七曰一急	닐굽［nilgup］	一	于悉切［'jit］	［iʔ］
29	二十曰戌没	스믏［sɯmɯlh］	没	莫勃切［mwot］	［muiʔ］
57	石曰突	돓［tolh］	突	他骨切［t‘wot］	［t‘uiʔ］

语项中出现的“捺、孛、没、一、突、曰、戌”等汉字与15世纪韩国语中以“ㄹ”［-r］为收音的音节相对应。其实在韩国传统汉字音中，汉字中的［-t］韵尾并不是以韩国语中的“ㄷ”［-t］收音的形式出现，而是转化成了“ㄹ”［-r］。目前汉语中古音韵尾［-t］在韩国汉字音中转化为［-r］的原因依然存在争议①。李基文（1998：88）认为，中国唐代

① 各种不同的见解大体上可以分为两类。第一类观点认为，汉语的入声韵尾经历了历史性的变化，最终在北方官话中消失，而这一过程中的某个阶段，特别是［-t］韵尾弱化为［-r］韵尾的阶段，汉字词传入韩国，并保留了此阶段的音韵特征，最终韩国汉字音中的舌内入声字韵尾都是［-r］。这是从韩国语的外部来理解的观点。第二类观点认为，汉字音传入时，原本的舌内入声韵尾是［-t］，但受韩国语本身特性的影响，舌内入声韵尾［-t］转化为了［-r］。这是从韩国语的内部来理解的观点。

以前，部分汉语北方方言中，已经发生了［-t］韵尾弱化为［-r］的现象，这一变化影响了韩国的汉字音。但是，本文认同姜信沆（2003：65）的观点，即孙穆在标记高丽语时，汉语的舌内入声韵尾，有时会与韩国语的［-t］音对应，但绝大部分与［-r］对应，因此可以推论，孙穆为了使用没有［-r］韵尾的汉语来标记韩国语的［-r］音，而选择了发音部位相同的［-t］韵尾入声字①。

第二类，即包含了用舌内入声标记字来标记以“ㅅ［-s］、ㅈ［-tɕ］、ㄷ［-t］、ㅌ［-tʰ］”等辅音为收音的音节。

2. 舌内入声字（收音为ㅅ［-s］、ㅈ［-tɕ］、ㄷ［-t］、ㅌ［-tʰ］）（见表7）

表7 舌内入声字举例（收音为ㅅ［-s］、ㅈ［-tɕ］、ㄷ［-t］、ㅌ［-tʰ］）

序号	语项	韩国语词形	入声字	《集韵》反切和构拟音	通语构拟音
23	五曰打戌	다ᄉᆞᆺ［tasʌt］	戌	辛聿切［swit］	［siuiʔ］
66	花曰骨	곶［kot］	骨	古忽切［kwot］	［kuiʔ］
93	猪曰突	돋［tot］	突	他骨切［t‘wot］	［t‘uiʔ］
171	面丑曰捺翅没朝勲	몯됴［mot］	没	莫勃切［mwot］	［muiʔ］
242	紫曰质背	딛뵈［titpoj］	质	之日切［tsyit］	［tʃiʔ］

由于韩文在15世纪才被创制，在此之前并没有比汉字标记更可靠的材料，因此以15世纪的资料来解读12世纪的语言即使有着局限性，也是不得已而为之。李基文（1998：112）认为，在古代韩国语中，音节末的内破化还没有发生，前期中世韩国语中，大部分的辅音对立在收音的位置上依然存在。而13世纪中叶音节末位置上对立的辅音有“ㄱ、ㄴ、ㄷ、ㄹ、ㅁ、ㅂ、ㅅ、ㅿ、ㆁ、ㅈ、ㅎ”。这样看来，“ㄷ”和“ㅌ”在音节末位置上的对立已经消失。但是，“ㄷ，ㅅ，ㅈ”依然可以相互区别，却

① 姜吉云（2006：18）认为，《鸡林类事》带有中“-ㄹ”［-t］收音的高丽语音节，大部分都是由在韩国汉字音中收音亦为“-ㄹ”［-t］的汉字来标记的。他认为该书并不是孙穆直接听取高丽人的话之后来记录完成，而是高丽人通过笔谈的方式，使用读音为韩国汉字音的汉字回答孙穆的提问后，由孙穆整理完成。

同样使用［-t］韵尾的入声字来标记。这一现象与三者的发音位置有关。在训民正音中，“ㄷ”是舌音，而“ㅅ、ㅈ”是齿音。三者发音位置虽然并不完全相同，但在音节末位置上时，对于外国人的孙穆而言，其听觉上应该是相似的。正如前文所述，汉语中的入声韵尾只有［-k］、［-t］、［-p］三种。而与［-k］和［-p］相比，显然利用［-t］来标记“ㄷ、ㅅ、ㅈ”是更为妥当。

下面整理的是以《集韵》中的舌内入声字来标记15世纪韩国语词形中的开音节的语项。

3. 舌内入声字（开音节语项）（见表8）

表8　舌内入声字举例（开音节语项）

序号	语项	韩国语词形	入声字	《集韵》反切和构拟音	通语构拟音
4	云曰屈林	구룸［kurum］	屈	九勿切［kjut］	［k‘iuiʔ］
24	六曰逸戌	여슷［jəsɯt］	逸	夷质切［yit］	［iʔ］
46	明日曰辖载	후제［hutsəi］	辖	胡瞎切［haet］	［xaʔ］
72	胡桃曰渴來	ᄀᆞ래［kʌrai］	渴	苦曷切［k‘at］	［k‘aʔ］
83	鸽曰弼陀里	비두리［piduri］	弼	房密切［bit］	［piʔ］

以上各语项通常被认为是舌内入声韵尾已经脱落的证据，因为有［-t］韵尾的入声字被用来标记15世纪韩国语词形中的开音节。但这些语项有着同样的特征。即后一音节的辅音为“ㄹ、ㅅ、ㅈ、ㅊ、ㄷ、ㅌ”这六个辅音中的其中一个。正如前文所述，这六个辅音在韩国语的音节作收音时会用汉语中的［-t］韵尾标记。这样看来，以上各语项并不是舌内入声韵尾脱落了，而是因为连音变读的影响，这使得孙穆在记录时添加了［-t］韵尾。

（三）喉内入声韵尾

首先考察带有喉内入声韵尾的标记字。通过与15世纪韩国语词形对照后可以发现，喉内入声韵尾［-k］与韩国语中“ㄱ［k］”收音相对应。喉内入声标记字中入声韵尾依然保存的语项又可以分为汉字词和韩国语固有词。以下是汉字词语项。

1. 喉内入声字（汉字词语项）

表 9 中，标记汉字词时，均采用了同样的汉字。例如，在第 85 项"鹤"中，即使当时的高丽语发音与汉语不同，孙穆依然采用"鹤"字来标记。所以，通过汉字词的标记很难考察到喉内入声韵尾的实际对应情况。

下面，将讨论带有喉内入声字的韩国语固有词的情况。

表 9　　喉内入声字举例（韩国语汉字词语项）

序号	语项	韩国语词形	入声字	《集韵》反切和构拟音	通语构拟音
85	鹤曰鹤	학［hak］	鹤	下各切［hak］	［xauʔ］
97	鹿曰鹿	록［rok］	鹿	卢谷切［luwk］	［luəuʔ］
102	角曰角	각［kak］	角	古岳切［kaewk］	［kauʔ］
243	黑曰黑	흑［hak］	黑	呼北切［xok］	［xəiʔ］
221	幞头曰幞头	복도［pokto］	幞	房玉切［bjowk］	［fuəuʔ］

2. 喉内入声字（韩国语固有词语项）（见表 10）

表 10　　喉内入声字举例（韩国语固有词语项）

序号	语项	韩国语词形	入声字	《集韵》反切和构拟音	通语构拟音
113	蚤曰批勒	벼룩［pjərok］	勒	卢则切［lok］	［ləiʔ］
353	低曰捺则	ᄂᆞᄌᆞᆨ［nΛtsΛk］	则	子德切［tsok］	［tsəiʔ］

与汉字词不同，固有词的标记可以通过和 15 世纪的韩国语词形的比较，来考察汉语入声韵尾的实际情况。

上面两项中，喉内入声字"勒"和"则"分别与"룩"和"ᄌᆞᆨ"相对应，因此可以认为汉语中［-k］韵尾依然存在。

此外，部分语释仍并不明确或是与 15 世纪韩国语词形并不完全对应一致的语项。因孙穆在追求表意性的基础上，选择了意思相近的汉字来标记。因而部分语项很难视为喉内入声韵尾已经脱落或是弱化的案例。因此在本文里对这些语项暂不做分析。

以上，在本章对"方言"中出现的入声标记字按唇内、舌内以及喉内的顺序整理后，与韩国语进行对照，考察了入声标记字的韵尾情况。通过以上论述，可以得出以下结论。

韵尾为喉内入声［-k］时，忽略这一韵尾而用开音节的汉字来标记韩国语的语项只有三项，分别是第 215 项 “罗曰速”、第 309 项 “索曰那又曰朴”、第 311 项 “射曰活索”。而忽略舌内入声韵尾［-t］和唇内入声韵尾［-p］的语项则并没有出现。可以认为，在 “方言” 中，绝大多数标记字的入声韵尾都是完整保存的。12 世纪是汉语中的入声韵尾体系发生变化的过渡期。以汴洛音为代表的北方汉语的入声韵尾，特别是［-k］，［-t］两种韵尾已经弱化或脱落。“方言” 中的入声韵尾展现出的特征与汴洛音的特征并不相符。因而，利用汴洛音系来解读 “方言” 并不十分妥当。

在前人研究中，许多语项的入声韵尾被认为已经弱化或是脱落了。但本文在具体分析这些语项后，认为并不是这样，理由如下：

第一，需要考虑连音变读现象的影响。作为外国人的孙穆，在标记韩国语多音节词时，会因为后一音节辅音的影响，而错误地听取并记录下了前一音节的韵尾。例如，含喉内入声标记字的语项中，有第 84 项 “鹊曰渴则寄”、第 114 项 “虮曰侧根施” 等。

第二，在标记时，孙穆往往倾向于选择意思上与高丽语语义相近的汉字来标记，而降低了对两者发音上相似性的要求。例如，第 87 项 “雁曰哭利弓幾”、第 129 项 “丐曰丐剥” 等。

第三，在标记高丽语中带入声韵尾的音节时，如果汉语中没有与之相同的音节，则会选择其他的入声韵尾来标记。例如，第 193 项 “饭曰朴举”、第 299 项 “鼓曰濮” 等。

第四，某些汉字为多音字，存在入声和非入声两种读音。例如，第 130 项 “倡曰水作”、第 77 项 “茭曰质姑” 等。

总而言之，北宋时期的通语中已经发生了许多音韵变化。如果利用这样的通语音系来解读《鸡林类事》，必然会出现各种难以解释的问题。通语中三种入声韵尾已经弱化，混用的情况也很多，而 “方言” 中的绝大多数标记字的入声韵尾与高丽语中不同的入声韵尾对应清楚，没有出现弱化或是混用的情况。

四　结论

先行研究中大部分把《鸡林类事》与即汴洛地区的音系进行了比较研究，其原因是认为《鸡林类事》使用了 12 世纪北方通语。本文为了论证《鸡林类事》应该使用了以官修韵书为代表的书面语音系为基础音系的这一观点，本文主要从声母变化、入声韵尾变化情况两个维度上与《集韵》音系进行了比较研究。

在 12 世纪的汴洛音系中，发生了浊声声母清化、合口三等唇音字声母分化和入声韵尾弱化等现象。本文首先整理了相关语项的平声浊声声母字，这些字几乎与韩国语中的非送气音对应。而汴洛音系中，浊声母演变为了送气清声母，这与标记的韩国语是冲突的。其次，整理了相关语项的合口三等唇音字，这些声母与韩国语的辅音［p］相对应，但在通语中，这些字的声母已经分化为唇齿音［f］，这也与标记的韩国语相冲突。再次，按喉内、舌内、唇内入声的顺序，重新梳理了相关语项的入声字，并与后期中世韩国语资料进行比较，发现这些入声字分别与韩国语中以［-k］、［-t］、［-p］为收音的音节较为整齐地对应，这与汴洛音系中的入声韵尾弱化现象相背离。综上，可以发现，“方言”部分的汉字音和通语之间存在着较大的差距，把通语音系作为解读音系存在一定的问题。但与《集韵》为代表的书面语音系却符合文本的各项特点。

综上，《鸡林类事》基础音系为宋代官修韵书，与《集韵》音系有很多相似之处。

参考文献

1. 安炳浩：《鸡林类事及其研究》，《北京大学学报》（哲学社会科学版）1986 年第 6 期。

2. 陈大为：《〈皇极经世书声音倡和图〉中的北宋汴洛方音》，《宿州学院学报》2008 年第 2 期。

3. （宋）陈彭年等编：《宋本广韵》，江苏教育出版社 2011 年版。

4. 冯蒸：《北宋邵雍方言次浊上声归清类现象试释》，《北京师院学报》（社会科学版）1987 年第 1 期。

5. （清）纪昀等编：《文渊阁四库全书》，台北商务印书馆 2008 年版。

6. （明）陶宗仪：《说郛三种》，上海古籍出版社 1988 年版。

7. 王力：《汉语语音史》，中国社会科学出版社 1985 年版。

8. 赵振铎：《集韵校本》，上海辞书出版社 2013 年版。

9. 周祖谟：《宋代汴洛语音考》，《辅仁学志》（1942），12 卷 1、2 合期；又见周祖谟：《问学集·下册》，中华书局 1966 年版。

10. 강길운（2011），『계림유사의 신해독 연구』, 지식과 교양.

11. 강신항（1975 ㄴ），「계림유사와 송대음 자료」，『동양학』5.

12. 강신항（1978），「계림유사고려방언의 운모음과 중세국어의 모음 및 말음」，『大東文化研究』12.

13. 권인한（2003），「계림유사의 한어음운사적 의의」，『국어학』42.

14. 김완진（1983），「계림유사와 음절말 자음」，『국어학』12.

15. 김태경（2003），「계림유사를 통해본 송대 한어 운미 체계」，『중국언어 연구』17.

16. 능운（2014），『계림유사와 광운입성운모 비교 연구』，남경대학교 석사학위논문.

17. 방종현（1955），「계림유사 연구」，『동방학지』2.

18. 안병호（1985），『계림류사와 고려시기조선어』，흑룡강조선민족출판사.

19. 유빙결（2020），『계림유사의 음운체계 연구』，남경대학교 석사학위논문.

20. 이기문（2003），「계림유사의 細註에 대하여」，『고려어연구논집』.

21. 이돈주（2004），「황극경세성음창화도와 송대 한자음」，『국어학』.

22. 진태하（1975），『계림유사연구』，탑출판사.

23. 최영선（2015），『계림유사의 음운론적 연구』，전남대학교 박사학위논문 .

黄淬伯先生对等韵相关问题的揭示

——读《唐代关中方言音系》

马德强

（扬州大学文学院）

摘　要： 黄淬伯先生在20世纪70年代以前就已经对早期韵图的性质以及等韵体系有了较为深入的认识。他认为《韵镜》音系具有现实性，其体例设计反映制图时期的实际语音；等韵体系是在《切韵》之后形成的，到慧琳时期已经奠定基本格局；等韵体系与《切韵》音系不是一回事，以等韵为参照研究《切韵》音系应持审慎态度。这些观点的提出丰富了中古音研究的内涵，有利于将汉语音韵研究进一步引向深入，而类似的观点直到20世纪80年代才陆续有其他学者提出。由于相关论著出版年代较迟，黄先生关于等韵的看法一直未能引起学术界的足够关注。今天论述相关学术史，不应该忽略他在这方面的成绩。

关键词： 黄淬伯；《唐代关中方言音系》；《韵镜》；等韵体系

一　引言

《唐代关中方言音系》（下文简称《音系》）是黄淬伯晚年所著的一部关于唐代关中语音的重要著作。该书是在他早年的成名作《慧琳一切经音义反切考》（1931）的基础上改写而成的，集中反映了他对一些音韵问题的最终认识和思考。《音系》除了系统描述中唐时期的关中方言音系，还以此为基础进一步讨论了等韵领域的相关问题，内容涉及早期韵图的性质、等韵体系的形成、等韵体系与《切韵》音系的关系等方面。书中关于等韵的论述，即便放到今天来看，见解依然深刻，颇具前瞻性。

《音系》最初于1998年由江苏古籍出版社出版，2010年又作为《黄淬伯文集》中的一册由中华书局重新出版。不过此书的撰写工作主要是在20世纪60年代进行的，并最终在1970年成书。因此，《音系》中的观点就其形成年代而言至迟不会晚于1970年，而类似的观点直到20世纪80年代才陆续有其他学者提出来。该书出版以后，倪博洋（2018）、张玉来（2019）等学者有过评论，但是黄先生对于等韵的论述并未能引起应有的关注。鉴于此，本文拟结合相关学术史对黄先生的观点进行评述，意在揭示他在这一领域的成绩。文中对《音系》相关内容的引述依据的是2010年中华书局的版本。

二 学术界对早期韵图的性质以及等韵体系的认识

关于《韵镜》这类早期韵图，现代音韵学界对其认识有一个逐步深入的过程。瑞典学者高本汉（Bernhard Karlgren）当年从事中古音研究，对《韵镜》存在明显偏见，认为它是一部存古的韵图，参考价值不大（高本汉1926/1940：22—23）。直到20世纪30年代，学者们对《韵镜》的地位和价值才算形成初步共识，比如罗常培（1931）、张世禄（1933/1984）、王力（1936：81）等学者当时均表达了类似的见解，即现存的各种韵图当数《韵镜》年代最早，对《切韵》音系的研究帮助最大。不过在一定时期内，学术界对中古音的研究主要是围绕《切韵》音系进行的，而《韵镜》只是作为韵书研究的辅助资料，处于从属地位。通行的观点认为《韵镜》反映《切韵》系韵书的音系，它是韵书音系的另一种表现形式。《韵镜》与韵书音系不一致的地方，被认为是韵图体例设计不完善造成的。

后来，随着中古研究走向深入，陆续有学者注意到《韵镜》的编排方式往往与中古后期的语音特征吻合，韵图与韵书音系之间存在的龃龉之处可以结合中古后期的实际语音来解释。于是，在一些学者中间逐渐形成一种新的共识，即《韵镜》除了以图表的形式展示《切韵》音系，他的编排方式还反映制图时期的语音。《韵镜》除了可以作为研究《切韵》音系的参考，还可以与其他材料相互参证研究中古后期的语音，具有独立的语音史价值。以目前公开出版的著作而论，国内较早提出这种观点的是陈振寰的《音韵学》（1986）。该书第六章专门讨论韵图的性质，用较多篇幅阐述了以《韵镜》为代表的早期韵图的独立语音史价值，将其作为拟定五代时期声韵系统的重要依据。他说：

> 韵图并不是对《切韵》（或《广韵》）的纯客观的图解，不是在简单地调查了旧有反切的声韵结构后所做的图解，而是站在五代、两宋实际语音的立场上，利用当时之音解释已逝之音，即以已知求未知的作品。……韵图的大框架就是制图时实际语音的基本轮廓，韵图的发展变化也正透漏出实际语音演变的某些面貌。（陈振寰 1986：218）

比陈先生稍早一点，加拿大学者蒲立本（Pulleyblank）也谈到《韵镜》的时音属性。他的《*Middle Chinese*》（《中古汉语》）一书就是把《韵镜》看作“后期中古汉语”（Late Middle Chinese，LMC）的代表，与以《切韵》为代表的“前期中古汉语”（Early Middle Chinese，EMC）相对应（Pulleyblank 1984：62）。自 20 世纪 90 年代以来，国内持有此种观点的学者逐渐多了起来，如麦耘（1995、2002）、黄笑山（1995：115）、陈泽平（1999）、郑张尚芳（2012）等。

韵图在编排方式上最为典型的特征是四等体系的划分。现代学者对《韵镜》时音特点的把握，最关键之处是认为韵图的四等格局建立在中古后期时音的基础上。《韵镜》的四等格局与中古前期《切韵》音系存在一定差异。综合麦耘（1995、2002）、黄笑山（2006）等人的意见，四等体系形成的过程大致如表 1 所示：

表 1

《切韵》		《韵镜》	
-ø-	一等韵 四等韵	一等	-ø-
-r-	二等韵	二等	-r-
-ri-	三等韵　B（庄组） 三等韵　B（其他）	三等	-ri-
-i-	三等韵　A（章组日母） 三等韵　A（其他）	四等	-i-

中古前后期的介音形式目前尚无一致意见，即便同一个学者不同时期的看法也有变化，表中的拟音形式仅表示不同的介音类别，其中r表示介音有卷舌色彩。《切韵》音系三等韵的介音分成-ri-和-i-两类，其中-ri-类（三等韵B）包括重纽韵三等，非重纽韵的唇、牙、喉音（以母除外），所有三等韵的庄组、知组和来母；-i-类（三等韵A）包括重纽四等、精组、章组、日母、以母。限于篇幅本文不再展开讨论，详细情况可以参看麦耘、黄笑山两位学者的论证。

四等体系的形成涉及《切韵》之后的两项重要音变：一是纯四等韵产生-i-介音，二是庄、章两组声母合流形成照组。其中前一项音变对四等格局的形成尤为关键。正因为纯四等韵产生-i-介音，与相应的三等韵（限于重纽A类与精组，即韵图排在四等的那部分字）合流，这样韵图才能把它们排在同一个等位。否则，韵图就难以在四行格子里排下这么多韵类。

《韵镜》这类韵图是在中古后期时音的框架内展示韵书音系的，它的四等体系是中古后期实际语音的反映。这种认识虽然还存在一些有待解答的问题，但不可否认这是近些年等韵研究逐步走向深入的表现，大大提升了韵图在音韵研究中的价值，丰富了中古音研究的内涵。

三　黄淬伯关于等韵的论述

其实，黄先生在20世纪70年代以前就已经针对等韵领域的相关问题提出了较为深刻的见解，涉及早期韵图的性质、等韵体系的形成、等韵体系与《切韵》音系的关系等方面。

1.《韵镜》音系具有现实性，它的体例设计反映制图时期的实际语音。

黄先生根据慧琳反切整理出唐代关中方言音系之后，拿它与《韵镜》音系比较。在进行比较之前，他首先明确指出韵图音系的现实性：

> 用我们的观点来说，不论早期或晚期的等韵图，都是作者凭借陆法言《切韵》反映一定时地的现实性的音系。由是彼此比较，便可看到中古时期汉语语音发展的过程和规律性。（黄淬伯 2010：133）

学术界通行的看法是，《韵镜》表现《切韵》系韵书的音系，而《切韵指掌图》更多地反映了制图时期的语音。黄先生则认为，《韵镜》和《切韵指掌图》虽然表现形式不同，但是在反映时音这一点上二者其实是相通的。表 2 以山摄为例说明这一点（黄淬伯 2010：134）：

表 2

	《韵镜》				《切韵指掌图》	
	第 21 图开	第 22 图合	第 23 图开	第 24 图合	第 7 图开	第 8 图合
一等	〇	〇	寒	桓	寒	桓
二等	山	山	删	删	删山	删山
三等	元	元	仙	仙	元仙	元仙
四等	仙	仙	先	先	仙先	仙先

《韵镜》用了四张图排列山摄，而《切韵指掌图》只用了两张图。韵图数量的多少其实只是表象，反映的实质问题相同，即相应的韵类在中古后期合流了。如果仔细观察就会发现，把《韵镜》第 21 和第 23 两张图合起来，就相当于《切韵指掌图》的第 7 图；把《韵镜》第 22 和第 24 两张图合起来，就相当于《切韵指掌图》的第 8 图。《切韵指掌图》是在同一张图的同一等位混列两个韵类表明它们合并；而《韵镜》则利用不同韵图的相同等位，分列两个韵类，前后对应，表明相应的韵类合并。传统观点认为，既然是合并就必得像《切韵指掌图》那样混列在一起。这其实是个误会，不一定非得如此。转换一下视角，《韵镜》显示的是另一种处置方式。《韵镜》本质上是立足现实语音帮助广大读书人拼读前代韵书反切的工具书，是沟通韵书反切和现实语音的桥梁。它一方面保留韵书的分韵格局，便于读者按韵检字；另一方面又把合流的韵类放在相邻韵图的相同等位。从实用角度看，《韵镜》分开排列比《切韵指掌图》更清晰、更方便检字。《切韵指掌图》把合流的韵类混在一起排列，简省韵图数，其编撰旨趣实际上已经与《韵镜》有了明显差异。如果认为《韵镜》分开排列意在表明它们仍有区别，显然与事实不符，与其他文献材料提供的信息不一致。黄先生看出了《韵镜》同一摄内不同韵图相同等位背后的实质问题，难能可贵。

黄先生整理慧琳音系时发现，《切韵》的各组重韵在慧琳语音中已经合并，而这些合并的韵类在韵图中往往被安排在相同的等位。这是他认为《韵镜》反映时音的一个重要依据。表3是黄先生提到的各组重韵在慧琳语音里的分合情况以及《韵镜》的安排，表中数字表示《韵镜》的第几张图。仅以开尾韵为例（黄淬伯 2010：134）：

表3

<table>
<tr><td>《切韵》</td><td>佳(开、合)</td><td>皆(开、合)</td><td>支(开、合)</td><td>脂(开、合)</td><td>之(开)</td><td>微(开、合)</td><td>萧</td><td>宵</td><td>尤</td><td>幽</td></tr>
<tr><td>慧琳音</td><td colspan="2">皆(开、合)</td><td colspan="4">基(开、合)</td><td colspan="2">骁</td><td colspan="2">侯</td></tr>
<tr><td>《韵镜》</td><td>开
13，15
皆　佳</td><td>合
14，16
皆　佳</td><td colspan="2">开
4，6，8，9
支 脂 之 微</td><td colspan="2">合
5，7，10
支 脂 微</td><td>开
25
宵
萧</td><td>合
26

宵</td><td colspan="2">开
37
尤
尤幽</td></tr>
</table>

按照通常的理解，重韵就是在同摄同等同开合的位置上有不止一个韵类重复出现。与通行的看法不一样，黄先生此处突破了等的限制，把宵萧、清青、仙先、盐添等各组也看成重韵。这是着眼于中古后期的实际语音来立论的。慧琳语音中宵清仙盐这几韵分别有一部分字（学术界所谓的重纽A类字）与相应的萧青先添韵合流了（赵翠阳 2014：190），《韵镜》将它们分别放在不同韵图的相同等位上其实就是表明它们已经相混，当时确实是重复出现的。尤幽韵稍显特殊，它们在《韵镜》里没有分图排列，而是混列在同一张图里，黄先生（2010：134）认为这是《韵镜》处理重韵的另一种方式。

当然，黄先生认为《韵镜》反映时音，更主要的是通过慧琳反切与韵书反切用字差异的对比认识到这一点的。这一点放在下面来谈。

2. 韵图的四等体系是《切韵》之后形成的，在慧琳时期已经奠定基本格局。

《切韵》的反切上字有明显的分组趋势，一、二、四等为一组，三等单独为一组。可是到了慧琳时期，这种分组的趋势明显被打破。表4在黄先生（2010：142）表格的基础上作了适当调整：

表4

例字	高	交	骄	骁
《切韵》反切	古劳	古肴	举乔	古尧

续表

例字	高		交		骄		骁	
慧琳反切	告刀		绞爻		居妖		皎尧	
《韵镜》等位	1	1	1	2	3	3	1	4
《指掌图》等位	1	1	1	2	3	3	1	4

“高、交、骄、骁”四个字在韵图中分别属一、二、三、四等。“高、交、骁”的反切上字在《切韵》里用的都是一等字“古”。而在慧琳反切中，二等“交”的反切上字被换成二等字“绞”，四等“骁”的反切上字被换成四等字“皎”。也就是说，慧琳使用的反切上字在等位上往往与被切字保持一致。对于这种现象反映的深层语音内涵，黄先生当年已经有所揭示：

> 由此可见，韵分四等这样的体系，早已孕育在唐代关中方言音系之中，《韵镜》音系、《切韵指掌图》音系实与唐代关中音系有先河后海的关系。（黄淬伯 2010：142）

他的意思是说四等体系是《切韵》之后出现的，到了慧琳时期已经基本奠定格局。黄先生谈到四等韵的形成问题时说：

> 国内外汉语研究者，把《切韵》齐、萧、先、青、添五个韵部硬说是“纯四等”的韵部。其实这五个韵部所用的反切上字都属 A 系，是一等而非四等。到了慧琳描写的关中方音，才一致用 C 系上字代替 A 系，“纯四等”韵部由是形成。不考察语音实际，只从音理上推求纯四等的形成，其结果必然徒劳无益。（黄淬伯 2010：142—143）

黄先生这里说的 A 系字即一等字，C 系字即四等字。一、四等韵的反切上字在《切韵》里都用 A 系字，表明它们属同一类，没有-i-介音（但元音类型并不相同）。而到了慧琳反切，四等韵的反切上字被 C 系字替换，说明四等韵已经产生-i-介音从而与一等韵分道扬镳，四等韵由是形成。

慧琳反切除了用四等字来替换一等反切上字，其实还用了一部分三等字，见表5（黄淬伯2010：130—132）：

表5

韵目	例字	《切韵》		慧琳反切	
		反切	上字的等	反切	上字的等
齐	鸡	古奚	1	经奚	4
	低	都奚	1	丁兮	4
	赍	祖鸡	1	精奚	3（精母）
	迷	莫兮	1	米篦	4
萧	尧	五聊	1	鹢消	4
	貂	都聊	1	鸟聊	4
	聊	落萧	1	了雕	4
	櫹	苏雕	1	小条	3（心母）
先	烟	乌前	1	伊贤	3（重四）
	坚	古贤	1	吉烟	3（重四）
	颠	都年	1	丁年	4
	迁	苍先	1	七仙	3（清母）
青	庭	特丁	1	狄形	4
	灵	郎丁	1	历丁	4
	俜	普丁	1	匹丁	3（重四）
	冥	莫经	1	觅瓶	4
添	谦	苦兼	1	轻兼	3（重四）
	嫌	户兼	1	刑阎	4
	添	他兼	1	忝拈	4
	鲇	奴兼	1	念兼	4

四等韵产生-i-介音与相应的三等韵类（限于重纽四等和精组）合流，所以在慧琳反切中它们具有相同的反切行为，都可以用来替换一等反切上字。这两类在实际语音中已经相混，正是韵图将它们都安排在四等位置的现实语音基础。

表6依据黄淬伯（2010：127—129）再列举一些二等韵反切上字调整的例子，表中两个韵目排在一起表示在慧琳反切中它们已经相混，二者可以互切：

表 6

韵目	例字	《切韵》		慧琳反切	
		反切	上字的等	反切	上字的等
皆佳	皆	古谐	1	戒谐	2
	崖	五佳	1	雅皆	2
	排	步皆	1	败埋	2
	埋	莫皆	1	买牌	2
肴	敲	口交	1	巧交	2
	肴	胡茅	1	效交	2
	包	布交	1	饱交	2
	茅	莫交	1	卯包	2
麻	嘉	古牙	1	贾遐	2
	牙	五加	1	雅家	2
	巴	伯加	1	霸麻	2
	麻	莫霞	1	马巴	2
删山	奸	古颜	1	简颜	2
	闲	户间	1	核间	2
	班	布还	1	八攀	2
	蛮	莫还	1	马班	2
江	江	古双	1	角缸	2
	庬	莫江	1	邈邦	2
庚耕	更	古行	1	革行	2
	行	户更	1	幸耕	2
	棚	薄萌	1	白耕	2
	甍	莫耕	1	麦耕	2
咸衔	缄	古咸	1	甲咸	2
	岩	五咸	1	牙监	2
	咸	古谗	1	狎监	2

二等韵反切上字的调整仅限于舌根音和双唇音声母的字，因为在《切韵》里拿一等字作反切上字的二等韵字主要限于这两组声组。

慧琳语音二、四等反切上字的调整表明，四个等之间的界限已经很清晰了。

上一节提到，四等体系的形成主要涉及两项音变，一是四等韵产生-i-介音，一是庄章组合流形成照组，而前一项音变尤为关键。到了慧琳时期，前一项关键性音变已经完成，而后一项音变即庄章合流仍在进行之中（赵翠阳 2014：190—191）。从这个角度看，《韵镜》的型制应该产生于慧琳之后。黄先生说《韵镜》音系已经孕育在慧琳语音之中，二者是先河后海的关系，眼光犀利。

3. 等韵体系与《切韵》音系不是一回事，以等韵体系为参照研究《切韵》音系应持审慎态度。

自高本汉开始，现代学术界对《切韵》音系的研究基本上都是将《切韵》音系放入等韵的框架内，以各等韵要素作为审音依据为其拟音。久而久之，人们往往习惯于将等韵和韵书视为一体，误以为摄、等、开合这些要素是《切韵》音系本身就有的特征。黄先生对这种研究模式有较为理性的认识。他说：

> 国内外汉语研究者不了解陆法言《切韵》的性质，不了解《切韵》之后语音发展的过程，硬把《切韵》音系纳入等韵体系中，认为《切韵》音系中也是韵分四等。更有甚者，昌言上古音中也是“四等俱全”。其实等韵体系和《切韵》毫不相应，遑言上古。（黄淬伯 2010：142）

他认为等韵体系是后来形成的，它和《切韵》音系之间存在时代差异，不能将二者直接等同起来。黄先生对《切韵》音系的研究模式有自己的想法。他曾在 1964 年发表《〈切韵〉音系的本质特征》一文，尝试采用新的思路重新构拟《切韵》音系，其操作模式与学术界的通行做法大不相同。他主张严格区分韵书和韵图两种体系的界限，不再依据等韵这个参照系而是从韵书本身出发进行研究。为了避免等韵体系的干扰，在具体研究过程中也不再使用摄、等、开合这类等韵术语。对于此种模式，他的意图很明确：

> 音韵学领域内确实有云雾。云雾何由而生，高本汉的新传统和我国的老传统，都有认真批判的必要。在《切韵》问题上，除澄清云雾之外，还有改弦更张的必要。这篇文字第二部分是改弦更张的尝

试，提供大家检验。即或毫无是处，但是对新老传统树立一个对立面，使这一领域内，再掀起一些波澜，发生一些推进作用，亦所愿也。（黄淬伯 1964）

以上清楚表明了他的良苦用心，也显示了他非凡的勇气和魄力。这种“改弦更张”的主张自 60 年代发表以来，实际上并未得到多少人响应，但是他当时所提倡的研究理念今天已成为不少学者的共识，尽管这并不一定是直接受到他的影响。

目前学术界关于《切韵》音系的研究仍是在等韵的框架内进行的，等韵体系是进行审音辨韵的重要依据。但是，学者们已经认识到韵书和等韵体系之间的差异，明白以等韵为参照研究《切韵》音系实际上是以变化后的语音逆推中古前期的状况，而不是把韵图作为《切韵》音系的直接证据（黄笑山 1995：115）。一个典型的例子，学者们在实际研究中已经注意到区分“×等”和“×等韵”。“×等”是针对韵图中的四行格子而言的，从上到下依次为一、二、三、四等。而“×等韵”是在韵图四个等的基础上参考韵书反切折合出来的，韵图中排在第几等并不一定就是几等韵。比如，韵图排在二等位置的，在韵书中不一定就是二等韵的字，而可能是三等韵，像三等韵的庄组字在韵图里全部被安排在二等。同理，安排在四等位置的，在韵书中不一定就是四等韵，也有可能是三等韵的字，像三等重纽韵就有一类字被放在韵图四等（通常所谓的重纽 A 类字），三等韵的精组字也都被安排在四等。“×等”和“×等韵”的区分实际上就是为了协调韵书和等韵之间的语音差异。调整观念之后，现代学者认为等韵体系依然可以作为《切韵》音系研究的重要参考。这是后来的学者与黄淬伯在具体研究路径选择上的区别所在。

当然，黄先生对韵图的认识也有一些不当之处。下面是他关于《韵镜》声母的论述：

慧琳描写的关中方言音系，舌面音照系声母和舌尖音精系声母各自成系。《韵镜》图照系声母安排在舌尖音的第三等位，统称为齿音。按照《韵镜》图本身的规则，凡同声母的字，都是直行比次。据是，《韵镜》所反映的实际语音，舌面音照系和舌尖音精系各组声母是合而为一的。（黄淬伯 2010：133）

依照《韵镜》同声母字直行比次的规则，表明唇音部分还没有出现唇齿音的分化，这和慧琳描写的关中方音又是不同的。（黄淬伯 2010：133）

《韵镜》把当、汤、堂、囊列在一等，张、伥、长、娘列在三等，表明前者是在［非 i］元音前的［t］系声母，后者是弱元音［ɪ］前的［t］系声母。（黄淬伯 2010：137）

黄先生提到，照精组不分，轻重唇音不分。“当、汤、堂、囊”是端组字，“张、伥、长、娘”是知组字，他认为两组介音有别，声母相同，即端知组也不分。照他的理解，《韵镜》图里凡是“直行比次”的，声母便相同。这样一来，《韵镜》把轻重唇音、舌头舌上音、齿头正齿音分别安排在同一栏，一共 23 列，那就意味着有 23 个声母。关于《切韵指掌图》的声母，该图把 36 字母在同一横行内依次排开，他认为轻重唇音、舌头舌上音、齿头正齿音已经分化为不同的声母（黄淬伯 2010：137—140）。这样理解显然不能接受。如果这样解读成立的话，那么《四声等子》《经史正音切韵指南》把 36 字母排成 23 列，是否也可以认为它们只有 23 个声母？答案不言自明。宋元韵图普遍采用 36 字母列图，声母排列方式有两种。一种是双行排成 23 列，其中轻重唇音、舌头舌上音、齿头正齿音分别安排在同一栏；另一种是把 36 字母在同一横行内依次展开排列。目前见到的五种宋元韵图，只有《切韵指掌图》排成 36 列，其他都是双行排成 23 列，韵图虽然把这些声母放在同一栏，可实际上所处的等位并不冲突，而是互补分布。结合其他材料来看，以上各组声母在《韵镜》里应该是有区别的。王力在 20 世纪 30 年代也曾经有过与黄先生类似的认识（王力 1936/2014：81—82）。不过到了 60 年代他的态度发生了明显转变，已经认识到这是韵图作者的有意安排，并非它们当时没有区别（王力 1963/2014：95—96）。

四 结语

黄先生的治学一方面体现出鲜明的朴学作风，另一方面又彰显出开放创新的学术理念，考虑问题往往能突破传统观念的束缚，见解不落窠臼。他认为：《韵镜》音系具有现实性，体例设计反映制图时期的实际语音；

等韵体系是在《切韵》之后形成的，在慧琳时期已经奠定基本格局；等韵体系与《切韵》音系不是一回事，以等韵为参照研究《切韵》音系应持审慎态度。这些观点不是浮于表面的泛泛之谈，而是依托慧琳反切对韵图体制赖以建立的语音基础进行深入考察，经过长期思考得出来的。近些年随着研究的日益深入，有越来越多的学者认可并接受这样的观点。

纵观黄先生的治学历程，等韵学并非他的主要研究领域，但他能在20世纪70年代之前就提出如此深刻的见解，可谓眼光独到。而类似的观点直到80年代才陆续有其他学者提出来，明显晚于黄先生。今天我们讨论相关学术史，不应忘记他在这方面的成绩。

参考文献

1. 陈泽平：《从现代方言释〈韵镜〉假二等和内外转》，《语言研究》1999年第2期。

2. 陈振寰：《音韵学》，湖南人民出版社1986年版。

3. 高本汉：《中国音韵学研究》，赵元任、罗常培、李方桂合译，商务印书馆1940年版。

4. 黄淬伯：《〈切韵〉音系的本质特征》，《南京大学学报》1964年第3、4期合刊。

5. 黄淬伯：《唐代关中方言音系》，中华书局2010年版。

6. 黄笑山：《切韵和中唐五代音位系统》，中国台北文津出版社1995年版。

7. 黄笑山：《中古r介音消失所引起的连锁变化》，载《山高水长——丁邦新先生七秩寿庆论文集》，台北“中研院”语言学研究所2007年版。

8. 罗常培：《〈切韵〉鱼虞的音值及其所据方音考》，《历史语言研究所集刊》1931年第2本第3分。

9. 麦耘：《韵图的介音系统及重纽在切韵后的演变》，载《音韵与方言研究》，广东人民出版社1995年版。

10. 麦耘：《汉语语音史上“中古时期”内部阶段的划分》，载《东方语言与文化》，东方出版中心2002年版。

11. 倪博洋：《黄淬伯〈唐代关中方言音系〉音系的几点商榷》，《古汉语研究》2018 年第 1 期。

12. 王力：《汉语音韵学》，中华书局 2014 年版。

13. 王力：《汉语音韵》，中华书局 2014 年版。

14. 张世禄：《等韵学派系统的分析》，载《张世禄语言学论文集》，学林出版社 1984 年版。

15. 张玉来：《再释内外转并论及早期韵图的性质》，《语言研究》2009 年第 3 期。

16. 张玉来：《黄淬伯先生的语音研究并论及〈切韵〉的语音性质》，《汉语史与汉藏语研究》2016 年第 6 辑。

17. 赵翠阳：《慧琳〈一切经音义〉韵类研究》，中国社会科学出版社 2014 年版。

18. 郑张尚芳：《中古音的分期与拟音问题》，载《郑张尚芳语言学论文集》，中华书局 2012 年版。

19. Pulleyblank：*Middle Chinese*，Vancouver：University of British Columbia Press，1984.

（马德强，现为扬州大学文学院副教授，主要研究方向为汉语音韵学。邮箱：madeqiang2002@126. com。通讯地址：江苏省扬州市四望亭路 180 号，扬州大学文学院汉语教研室 225009。）

再谈18世纪初之杭州音*

——以日本《东音谱》与中国《谐声品字笺》为依据

钟雪珂

（北京外国语大学 中国语言文学学院）

摘　要：日本新井白石《东音谱》（1719）的编写受到中国虞德升《谐声品字笺》（1677）的影响。二者均反映了杭州话的语音特点，将它们进行比较研究，再结合18世纪中期日本僧人文雄注杭州音，以及现代杭州音的特点，对于进一步把握18世纪初之杭州音及其历史演变均具有重要意义。同时，这是立足于东亚整体学术视阈的研究，有助于重新对《东音谱》和《谐声品字笺》在汉语史（尤其是汉语方音史）研究中的价值作出更全面的认识。

关键词：《东音谱》；《谐声品字笺》；杭州音

一　新井白石《东音谱》与虞德升《谐声品字笺》关系考

（一）《谐声品字笺》之东传与《东音谱》

《谐声品字笺》由虞德升撰、其子虞嗣集补注，刊行于康熙十六年

* 本文为国家社科基金冷门绝学研究专项学术团队（编号：21VJXT014）资助成果之一。本文采用的《东音谱》为吉川半七于1906年发行的《新井白石全集》（第四卷）中所收录的版本；《谐声品字笺》为齐鲁书社于1997年出版的《四库全书存目丛书·经部 217－218·谐声品字笺》中所收录的版本。

(1677)，是“一部以‘声’统字的字书”，共收字 19843 个（张咏梅 2011：1、32）。据《四库全书存目丛书·经部》第 217—218 册所收《谐声品字笺》版本，可见该书主要包括序言 4 篇、季仲棣《读谐声品字笺》、虞德升《谐品应诘》、虞嗣集所述《凡例》《全书总诀》、目录及正文。全书分为五十七声，每声之下又分不同谐，每谐之下再分小韵。如“天声第一”之下分为天、年两谐，“天谐”之下又有三十三小韵。每个小韵字下均采用四声相承（主要）、反切和纽四声等方式进行注音。这些注音信息在正文中均标注于各小韵字上方的圆圈内。“天谐”总目如图 1 所示：

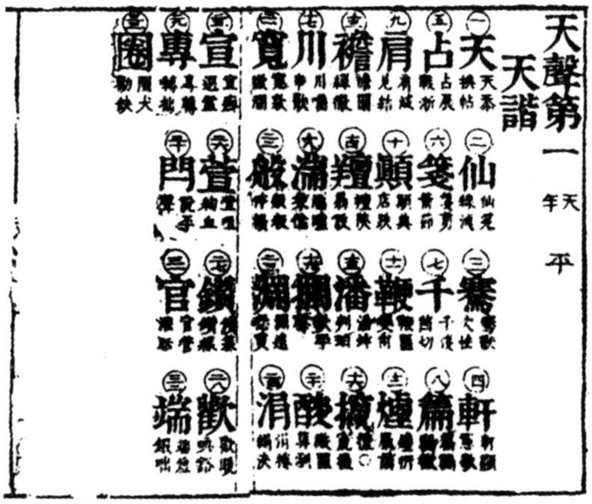
天聲第一
天 年
平
天諧

图 1 《谐声品字笺》“天声—天谐”之目录

此后的五十六声皆仿此。冯蒸（1997［1990］）通过联系该书与西洋传教士的关系，且脂砚斋评《红楼梦》时多处引用等事实，推测其“在康熙、乾隆时期确有相当影响”。但国内学界历来对该书的研究价值评价不高，关注亦不多。

值得注意的是，它很早即传入日本，且得到江户时期日本学者的重视。大庭修《江户时代における唐船持渡书の研究》（1967：678）中关于江户时期引进《谐声品字笺》的记录总共有四处，其中最早一处为正德二年（1712）：《商舶载来书目（自留字号至与字号）·加字号》记载传入一部两套。可见《谐声品字笺》在成书后 30 余年即已东传日本，此后还多次输入。

新井白石（1657—1725），名君美，是江户时期著名学者，在日本政治、经济、地理、外交、历史、兰学、文学、语言学等诸多领域均卓有贡献。为准备朝鲜聘使接待事宜，新井白石于正德三年（1713）从幕府枫山文库借出五部书，直到1716年德川吉宗继位后才予归还，《谐声品字笺》即为其中之一（大庭修 1984：223—224）。由此可知，新井白石在该书传入日本后不久就得以借阅，是日本较早受其影响的学者之一。这本新传入的字书，备受白石关注且在著述时多有借鉴。[①]

《东音谱》是新井白石设计的一套记音方案，成书于享保四年（1719）。新井白石在编写《采览异言》和《西洋纪闻》时，发现汉字在记录外国语音时存在种种弊端，因而萌生了采用日本假名替代汉字记音的想法。《东音谱》正是其将该想法付诸实践的具体方案。日本学者历来将《东音谱》看作日本国语音韵学著作。其正文分为三个部分："五十母字旧图""五十母字音释"和"音韵字母新谱"。通过比较，我们发现它与中国传统小学著作关系密切：其"音韵字母新谱"明显受到方以智《切韵声原》的影响[②]，而"五十母字音释"则与《谐声品字笺》不无关系。

（二）新井白石《东音谱》对虞德升《谐声品字笺》的继承与改造

《东音谱》"五十母字音释"对五十音图中各假名进行说明，分别于各假名之下罗列日本"东音"[③] 以及中国杭州、泉州、福州、漳州四地汉语方言音译汉字；于假名之上的圆圈内填写四声相承之汉字，如无相关四声之字，则于圈内标注纽四声或反切信息。以ア段假名为例，如图2所示。

该部分总共47个假名，除3个未作标注外，其他44个假名之上圆圈内的注音标注方式主要分为三类：四声相承法（31个）、纽四声法（11个）和反切法（2个）。经对比，我们发现这些注音材料并非白石独创，而是基本承袭自《谐声品字笺》，仅稍作"微调"。其中，四声相承法的标注最能体现二者的关系。《谐声品字笺》中四声相承法的注音方式，即

① 《谐声品字笺》不仅与《东音谱》关系密切，还在新井白石的语源辞书《东雅》中多次出现。

② 关于这一点，可参见拙文《承袭与出新：新井白石〈东音谱〉与方以智〈切韵声原〉》，《汉语史学报》（第21辑），上海教育出版社2019年版。

③ 即日本古代汉字音，更准确地说为吴音、汉音。

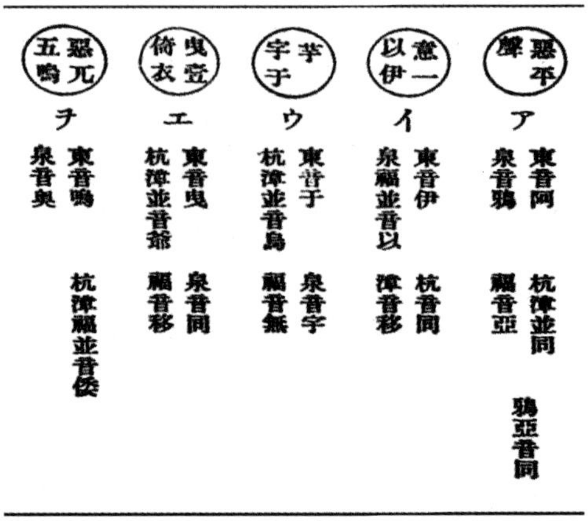

图 2 《东音谱》“五十母字音释”之“ア段”

于每个韵字之上的圆圈中填写四声相承之字的方式，“是其他字书或韵书罕见的注音方式”，可说是虞德升的一种创新（张咏梅，2011：26）。《东音谱》“五十母字音释”正好承袭了这种方式，二者关系立现。

除了“ケ、セ、ヘ、ヱ、ヨ、レ、ワ、オ”8 个假名暂未找到明确对应以外，其余假名的注音材料均能在《谐声品字笺》中找到踪迹。二者对应的具体情况，可以分为两种。

1. 完全对应

这种情况共有 13 例，其中四声相承法 10 例，纽四声法 2 例，反切法 1 例。具体情况，见表 1：

表 1 《东音谱》与《谐声品字笺》注音材料完全对应

假名	平	上	去	入
ア	恶平声			
カ	加	假	驾	甲
キ	基	几	记	吉
ス	疎	数	素	粟
ソ	初	楚	措	促
ト	都	堵	度	督
ノ	农，奴东切			
ヒ	非	菲	费	
ホ	蒲	浦	铺	朴

续表

假名	平	上	去	入
マ	麻	马	骂	末
ム	无	武	务	
メ	咩，音也。灭上声。			
リ	梨	里	利	力

2. 部分对应

共 23 例，其中四声相承法 21 例，纽四声法 1 例，反切法 1 例。所谓部分对应，即新井白石将《谐声品字笺》中的一些用字做了替换，其中相当一部分例字被替换为日本古代史书中的常用字，即假名所对应的万叶假名常用字。

如假名“イ”，仅平声用字不同。《东音谱》用“伊”替换了《谐声品字笺》的“衣”。“伊”“衣”二字在《谐声品字笺》中同属“衣”小韵，“伊”为该小韵下第四字。“伊”字为“イ”所对应的万叶假名常用字，所以白石以“伊”替换了“衣”。又如假名“エ”的去声处，《东音谱》以“曳”替换《谐声品字笺》中的“异”字。两字在《谐声品字笺》中亦同音，同属“异”小韵，“曳”字在该小韵第二十九字。但是，“エ”所对应的万叶假名常用字中有“曳”，而没有“异”①。再如假名“チ”，《东音谱》只标注平、上、去三声，但却对这里的三个例字均做出改动。平声和去声的情况与上述情况相同，虽然在《谐声品字笺》中为同音字，但均以假名对应的万叶假名常用字替换《谐声品字笺》中的例字，平声以“知”字改“之”字，去声以“智”字改“至”字。但是，上声处改动所反映的信息则有所不同。一方面，《东音谱》此处所采用的“撴”字在《谐声品字笺》中并未出现，而在《广韵》《集韵》等韵书，以及在日本流通较为广泛的字书《字汇》《正字通》中均有收录。《广韵》中有四个音，其中三种属上声（止、纸、旨韵），仅一种为去声（至韵）；《集韵》中有三种发音，其中两种属上声，一种为去声；在《字汇》《正字通》等字书中都作去声“音志”。另一方面，“止”字通常用于假名“と”所对应的万叶假名。所以，新井白石将此处的“止”改为了在

① “异”字是假名“イ”所对应的万叶假名常用字。

中国常见的韵书、字书中均出现的“撳”字。可见，他除了与万叶假名相对应以外，也观照中国的字书、韵书。

对假名“ナ”注音材料的改动则更能体现这一点。此处《东音谱》以反切“囊何切”替代了《谐声品字笺》中以纽四声法标注的“拿上声”。“囊何切”出自《韵会》。该书是白石最初学习汉语时的重要参考书。在其自传《折焚柴记》中提到：“（自17岁开始）我日夜诵读《小学》，读完后又读《四书》，然后是《五经》。这些都没有老师教授句读，是自己靠《韵会》、《字汇》等字书去读的。”（周一良译 1998：48）[①] 可见，《韵会》对其产生了深刻的影响，该书在新井白石另一部代表作《东雅》中也以直接或间接的形式多次出现。

新井白石对《谐声品字笺》的继承显而易见，但是他还对其进行了改造，这是其借鉴汉籍时的一个特点，即根据自己国语研究的需要和中国字书、韵书等内容，对其所借鉴的汉籍加以调整，并非简单照搬。

二　从《东音谱》与《谐声品字笺》看18世纪初之杭州音

冯蒸（1990）曾推测《谐声品字笺》“所记大概是康熙时期的杭州话，即——吴语音系”。在冯蒸先生研究基础之上，张咏梅对《谐声品字笺》的音系作了全面系统的研究。她从“作者著书的主导思想”和“该书本身反映的音系特点”两个方面着手，指出该书“反映的是明末清初属于吴语音系的杭州读书音”，进一步确定《谐声品字笺》注音材料的杭州音性质（张咏梅 2011：212—214）。

杭州于“绍兴八年（1138），定为都城，成为南宋的政治、经济、文化中心。南宋在杭州建都一百五十三年，人口蕃息，商业发达，十倍于往昔，成为全国最大的城市”，但是“杭州方言属吴语区太湖片方言，使用范围很小”（李荣、鲍士杰 1998：4、16）。宋朝南迁后，杭州政治地位空前提高，杭州方言亦随之发生变化，带上浓郁的官话色彩。以往学者对杭州话的性质多有讨论。按照赵元任以“塞音、塞擦音声母三分”作为判定吴语的主要条件来看，杭州话应属于吴语。但是多数学者从更全面的角

---

① 周一良先生在此处作注，指出这里的《韵会》所指的实际是《古今韵会举要》。

度出发，倾向于将其归入官话。如史皓元（Richard VanNess Simmons 1992，1998）为区分吴语和官话厘定了十六条准则，最后认为这种“最像官话的吴语”由于“很符合官话方言的准则而在吴语方面就符合得很少”，应划归官话。罗杰瑞（2004）在此基础上，进一步确定其为“一种保守的南系官话”。

杭州话在宋代，乃至明清时期的使用范围因其政治、经济、文化中心的优势地位，可能比现代更广，甚至传入日本。《东音谱》即为有力证据。《东音谱》“五十母字音释”中分别列举了取自长崎唐通事记录的四种南方汉语方言音译汉字，首先为杭州音，可见明清时期的杭州话已随商人传入日本。

《东音谱》杭州话语料是一份记录了 18 世纪初杭州话的珍贵域外文献。将其与 17 世纪末之《谐声品字笺》所反映的杭州音比较，再辅以 18 世纪中期文雄所记“杭州话”和现代杭州话的相关语音特点，不仅可以实现中日文献的互证，还能进一步把握 18 世纪初之杭州音以及 300 年来杭州话语音历史演变的情况。不过，由于体例的局限性，《东音谱》杭州话语料不能全面反映当时的杭州话音系特点。① 下面从声母、韵母两个方面进行说明。

（一）声母系统的特点

1. 关于中古全浊声母字的保留

《东音谱》杭州话语料中未出现全浊声母字，而在白石所记载的三种闽语方言语料中，均出现了全浊声母字。森博达（1991）认为，《东音谱》杭州话语料中未出现全浊声母字表明了“杭音”与现代音一样，中古全浊音字仍是“有声音”（浊音）。从“音韵字母新谱”中设置“清浊”一项来看，白石对语音的清浊也是有所认识的。因此，白石的杭州话语料中未出现中古全浊声母字当非偶然。

张咏梅（2011：210）明确指出，《谐声品字笺》的杭州话音系“保留全浊声母［b、v、d、dz、z、ʤ、ʒ、g、ɦ］，约 1/10 的全浊声母清化”。18 世纪中期文雄所记杭州音同样表现出“声母清浊分明”的特点（谢育新 2016：148）。现代杭州话中，仍然可见全浊声母的踪迹（钱乃荣

① 尤其是未能涉及声调部分。

1992；Richard VanNess Simmons 1992；李荣、鲍士杰 1998；徐越 2005 等）。这是杭州话在发音上与吴语相同，而区别于同时期南京官话最重要的特点之一。[①] 18 世纪初的杭州音仍保留有相当数量的全浊声母字。

2. 关于 n~l 分立的问题

中古泥、娘母字合流，是《东音谱》和《谐声品字笺》杭州话语料均有所反映的语音特点。另外，据《东音谱》杭州话语料ナ行全用中古泥、娘母字，ラ行全用来母字。文雄所记 18 世纪杭州音与《东音谱》一致，中古泥、娘二母合流，用ナ行假名注音；与用ラ行假名注音的来母字界限分明（谢育新，2016：125）。而在《谐声品字笺》中，合流后的泥娘母字混入了来母字，表现出 n~l 混淆的特点。在现代杭州话内部，“n~l”分立与否呈现出明显的新老派差异。老派发音人多将二者混淆，而新派则没有这种现象（徐越 2007）。

从历时的角度来看，我们认为 18 世纪 n~l 不分的情况当胜于现代杭州话，而随着吴语影响的加深，现代杭州话 n~l 逐步走向严格区分的方向，反倒基本消除了混淆。至于日本域外文献中对这一现象的反映异于《谐声品字笺》的原因较容易理解。n 和 l 在日语中能够分别找到“ナ”“ラ”两行假名进行对应，并且当时的学者大多熟悉韵学，甚至依托于中国韵学著作写作（如文雄），很容易拘泥于传统韵学知识将二者区分开来，并表现在注音上。

3. 其他声母问题

《谐声品字笺》中，杭州话音系已经出现了“知、庄、章三组合流”，且“知、照系和精组有混合情况”（张咏梅 2011：210）。《东音谱》的杭州话语料中出现了精、照组字的混用现象，未涉及知组字的情况。文雄注杭州音声母之塞擦音、擦音虽然分为两套，同样出现了一些“知、照系和精组合流”的情况（谢育新 2016：148）。

关于零声母字，《东音谱》杭州话语料中的零声母字出现在ア、ヤ、ワ三段，绝大部分是中古影母字，有少量中古喻母字。但《谐声品字笺》中零声母字范围更大，“除了影母，还有部分喻母上声字和疑母字，以及

---

① 中日学者根据文雄、冈岛冠山系唐音文献均将保留全浊声母字当作当时杭州话与南京官话发音的重要差异之一，如有坂秀世（1938）、高松政雄（1985）、张照旭（2019）等。同时，西人所记南京官话中全浊声母字也都表现出清化的特点。

少数匣母上声字”（张咏梅 2011：210）。文雄所记杭州音声母表中零声母例字有“胡（中古匣母）”“武（中古微母）”“云（中古喻母）”“言（中古疑母）”“缘（中古喻母）”等，虽然不如《谐声品字笺》细致到声调，但也能明显看出零声母的范围超出了《东音谱》中的中古影母和喻母字。18世纪初之零声母字应当已超出了中古影、喻母字的范围。

（二）韵母系统的特点

1. 关于入声韵的问题

对于现代吴语区来说，“大部分地区入声韵都带读促声，带喉塞音［ʔ］，旧松江府地区（如上海、松江、周浦）老派与中古音韵相对应的k韵字大部分字仍读［k］尾，其余读［ʔ］尾”（钱乃荣 1992：12）。从中日文献来看，这种现象在18世纪的杭州话中，已经成为明显趋势。

《东音谱》之杭州话语料总共有十个入声字，分别为“ケ-揭”（中古薛韵）、“シ-悉”（中古质韵）、“チ-执”（中古缉韵）、“テ-忒”（中古德韵）、“ネ-捻”（中古帖韵）、“メ-灭”（中古薛韵）、“ヱ-越”（中古月韵）、“ヨ-欲”（中古烛韵）、“ラ-腊”（中古盍韵）、“レ-列”（中古薛韵）。这与《东音谱》泉州话、福州话语料中仅出现一个入声字形成强烈对比。对此，森博达（1991）认为，当时杭州音的入声较短促，韵尾已消失，剩下的也极为微弱。《谐声品字笺》所反映的杭州话音系已经发生了“入声韵-p、-t、-k尾的字合流，变成喉塞音尾-ʔ”的现象（张咏梅 2011：210）。在这点上，“文雄注杭州音与之一致”（谢育新 2016：160—161）。

2. 关于中古一等果摄歌、戈韵字与部分遇摄字合流的问题

张咏梅（2011：129—131）统计《谐声品字笺》“和部”的收韵情况后，指出“虽然有的小母字只有歌韵或者戈韵，但是从整体上看，这些字的歌戈韵已经混了”，同时还混入一定数量的遇摄模韵字，均发［o］和［uo］音（张氏拟音）。张咏梅进一步引用赵元任《现代吴语的研究》中的结论，指出歌戈相混是大多数吴语的特征，杭州话歌戈相混后还与遇摄模韵字混淆读［o］。但这里提到的遇摄字是一等模韵字，而《东音谱》杭州话语料ヲ段中，除了八个中古果摄一等字外，还出现了一个遇摄合口三等遇韵字“ホ-讣”。至于当时加入合流的遇摄字是否真正超出了一等模韵，则还有待更多材料进行验证。

3. 关于部分中古止摄精组字与遇摄字相混

高松政雄（1985）对朝冈春睡《四书唐音辨》（1722）中的“南京音”和“浙江音”的音系进行了研究。他指出南京音的止摄开口精组字韵尾为“ウ”、知照组为“イ”，浙江音则全部为“ウ”；并且指出这种现象与现代官话和吴语是一致的。其所谓一致是指南京音的这种标注均注意到了舌尖前元音［ɿ］和舌尖后元音［ʅ］的差异，而作为吴语的浙江音则不表现这一特点（谢育新 2016：103）。张照旭（2019）进一步对《四书唐音辨》中杭州话与南京官话的差异进行比较，得出的结论与高松政雄稍有差异：杭州话的情况相同，无论精组，还是知照组均以“-ウ”结尾；南京官话的精组和知组亦分别以“-ウ”和“-イ”结尾，但是照组内部却存在分歧。遗憾的是，《东音谱》中“ウ段”仅出现两个止摄精组字，不能观察到与之相对的知照组字的情况。

就南京官话中古止摄开口精组字与知照组字相区别的情况，在法国传教士金尼阁（Nicolas Trigault）所著《西儒耳目资》（1626 年刊印）中也有类似的描述。[①]《西儒耳目资》中有所谓“u 次”即主要是属于《中原音韵》“支思”部的精组字。对于这个“u 次”，学者有不同的认识。陆志韦（1947）指出其为《中原音韵》支思的一部分，并明确说到不能随便拟成舌尖音［ɿ］，应当同《中原音韵》的支思一样拟作一个不定的［ï］。李新魁（1983：340）认为其“当是极闭之 u，也许是一个［ɯ］”，但却仍然按照习惯将其标为［ɿ］。曾晓渝（1995：35）收集整理了山西方言中的相关字音，对李新魁利用山西方言指出其当为［ɯ］音的观点提出了反驳，而直接将其拟作［ɿ］韵。蒋冀骋（2002）对以往学者的观点提出了质疑，明确指出这个“u 次”当读［u］，“应是当时方言在官话中的反映，也有可能，当时的官话就是如此”。蒋文不仅通过金尼阁熟悉中国音韵文献为由，指出其对汉语音位具有足够的认识；还用闽语方言和琉球对音文献中一部分止摄精组字发［u］韵作为例证。[②] 我们认为蒋氏的说法有一定的道理，《东音谱》杭州话语料也为其再添一个例

① 《西儒耳目资》中［ɿ］一般用“u”标注，而［ʅ］则以“i”标注。早期记录南京官话的西洋文献中大多存在这一区别，如利玛窦《西字奇迹》（约 1600）、瓦罗《华语官话语法》（1703）等。

② 关于这一点，《东音谱》泉州、漳州话语料中同样可以得到印证。

证。当时的杭州话，乃至南方官话中是否存在这种语音现象，则还需要得到更多类型材料的共同应证。

4. 关于部分中古果、假摄字合流的问题

钱乃荣《当代吴语研究》（1992：13）关于吴语麻韵字有如下描述：

> 假开二麻韵字（如巴茶家鸦）在许多地方读 o 韵，无锡、常熟甚至读 u 韵，但在上海、松江、浦东等地还残留一些字（如“下丫桠”）读 ɔ 韵，衢州读 ɑ，永康读 ᴀ，童家桥读 ɒ，我们同样看到如同果摄 ɑ>ɔ>o 开口度减小的过程。假合二麻韵字（如瓜瓦花）今宜兴、周浦老派、绍兴、嵊县、余姚老派都读 uo，衢州、金华读 uɑ、永康读 uᴀ。（……）合口呼、齐齿呼都有 ɑ>o 转变的表现。

杭州话不同于以上大多数吴语的地方是假摄开口二等麻韵字仍与果摄开口一等字相同，读作［a］韵。史皓元、顾黔（2011：20）也指出：“假摄二等大量口语词的读音，吴语普遍以［o］或［u］为韵尾，而官话或其他方言为［a］/［ɑ］、［ia］/［iɑ］或［ua］/［uɑ］。”游汝杰《杭州话中的古官话成分》（2009）亦将这一特点看作杭州方言与一般吴语不同的古官话成分之一（谢育新 2016：168）。《东音谱》中的 18 世纪杭州话语料同样反映出该特点。《谐声品字笺》和文雄注杭州音，亦与之一致。

《东音谱》和《谐声品字笺》均记载了 17 世纪末 18 世纪初之杭州话。由于《东音谱》材料的局限性，不能完整地反映整个杭州音系的特点，但在其所能涉及的方面，二者表现出高度一致性，能够相互印证，并且相互补充。

三　结论

立足于东亚整体学术视阈，我们将形式和内容上均有联系的两部中日文献《东音谱》和《谐声品字笺》的研究相结合，不仅可以更加全面地厘清它们的学术传承关系，还能更系统地认识它们的学术价值和影响，实现汉语史研究上的中日文献互证。

《东音谱》是新井白石晚年的代表作之一。由于篇幅短小，文中并未出现明确的汉籍名目，仔细研读却可见中国传统小学书籍的踪迹。通过比较，我们发现它与两部中国传统小学著作关系密切，分别是方以智《切韵声原》和虞德升《谐声品字笺》。《谐声品字笺》成书于《字汇》《字汇补》《正字通》之后，《康熙字典》之前，是白石所生活的时代最新的中国字书成果。由于很快被《康熙字典》所取代，这部字书在中国长期以来并未得到学者过多关注。不仅《四库全书存目丛书》对其总体评价不高，现代学者也认为“该书对文字学和音韵学都没有很大贡献，仅仅是使用了一种特殊的字典检索法而已”（许嘉璐 1990：485）。因而，国内学者相关研究亦较少。立足于东亚整体视阈，《谐声品字笺》对后世的影响应当重新评定，《东音谱》的汉语史研究价值亦需要重新定位。

一方面，与其在国内的“境遇”不同，《谐声品字笺》江户时期传入日本后，受到当时日本学者的重视，成为他们著书的重要参考书目。《谐声品字笺》在形式上多有创新，尤其是每个小韵字采用四声相承法进行注音的方式，在当时，乃至后代均较为少见。现代学者的研究也说明，该书并非对音韵学、文字学毫无价值。相反，它对于我们研究当时的语音（方音）、文字均具有重要价值，有必要对其学术价值进行重新评定。《东音谱》与《谐声品字笺》的关系研究，不仅是全面研究东亚语言学著作的需要，亦对汉语史研究具有重要意义。作为日本国语学经典的《东音谱》，具有汉语史研究价值，扩大了汉语史研究文献的范围和内涵；在中国本土“不受重视”的语言学著作，在域外却影响深远，形成了“墙内开花，墙外香”的情况，丰富了汉语史研究文献的价值。

另一方面，《东音谱》和《谐声品字笺》中均记录了 18 世纪前后的杭州话语音，是难得的汉语方音史研究文献。通过二者的对比研究，我们可以进一步确定 18 世纪初之杭州音的情况，对于汉语方音史的构建具有重要意义。具体来说，18 世纪初之杭州音至少有如下特点。

声母系统：①仍保留全浊声母字；②中古非敷母字合流；③中古泥、娘母字混同，出现“你”字对应［ni］音节的现象（调值忽略，为吴语区内其他方言所不见的特点），n~l 混淆；④中古知照组合流，并与精组字发生混同，只有一套塞音、塞擦音声母；⑤零声母字范围扩大，超出影、喻母字的范围；

韵母系统：①中古歌、戈韵字出现合流，并与部分遇摄字混淆（主要是一等模韵）；②假摄开口二等麻韵字与果摄开口一等字相同，读作［a］韵；③部分中古止摄精组字与遇摄字相混，读作［u］韵；④入声字大多仅保留了听感上容易被忽略的喉塞音尾［-ʔ］。

史皓元、顾黔（2011：26－27）通过与传教士文献相比较，发现 20 世纪杭州音系受吴语影响而发生了三个变化。总体来说，无论是《谐声品字笺》，还是《东音谱》和文雄注杭州音，均未有明显体现，可见它们在 18 世纪杭州话中还未成为主流趋势。这一时期的杭州话，在语音上大多与同时期的南京官话相同，但也存在不同之处；而这些不同与其周边吴语相近。这种介于“官话”和“吴语”之间的复杂性，一直是杭州话最突出的特点。

参考文献

1. ［日］大庭脩：《江户時代における唐船持渡書の研究》，關西大學東西學術研究所 1967 年版。

2. ［日］大庭脩：《江户時代における中国文化受容の研究》，同朋舍 1984 年版。

3. 冯蒸：《〈谐声韵学〉作者蠡测》，《汉字文化》1990 年第 2 期。

4. 冯蒸：《汉语音韵札记四则》，载《汉语音韵学论文集》，首都师范大学出版社 1997 年版（原载于《汉字文化》1990 年第 4 期）。

5. ［日］高松政雄：《近世唐音弁——南京音と浙江音》，《岐阜大学国語国文学》1985 年。

6. 蒋冀骋：《〈西儒耳目资〉中的“u 次”为舌尖前高元音说质疑》，《云梦学刊》2002 年第 6 期。

7. 李荣主编，鲍士杰编纂：《杭州方言词典》，江苏教育出版社 1998 年版。

8. 李新魁：《汉语等韵学》，中华书局 1983 年版。

9. 李无未、许彬彬：《〈东音谱〉（1719）所记汉语方音问题》，载《东亚视阈汉语史论》，厦门大学出版社 2014 年版。

10. 陆志韦：《金尼阁西儒耳目资所记的音》，《燕京学报》1948 年第 33 期。

11. 罗杰瑞：《关于官话方言早期发展的一些想法》，梅祖麟译，《方言》2004 年第 4 期。

12. 钱乃荣：《当代吴语研究》，上海教育出版社 1992 年版。

13. ［日］森博达：《近世唐音と「東音譜」》，《国語学》第166集，1991年。

14. ［美］史皓元：《汉语方言分区的理论与实践——以江淮官话与吴语的分区为例》，顾黔译，中华书局2011年版。

15. ［美］Richard VanNess Simmons（史皓元）：《南通话、杭州话跟吴方言的比较》（*Nantong and Harngjou Compared to Wu*），《方言》1998年第2期。

16. （清）四库全书存目丛书编纂委员会：《四库全书存目丛书·经部217－218·谐声品字笺》，齐鲁书社1997年版。

17. 谢育新：《日本近世唐音：与十八世纪杭州话和南京官话对比研究》，中国传媒大学出版社2016年版。

18. ［日］新井白石著，今泉定介編輯、校訂：《新井白石全集》（第4卷），吉川半七1906年版。

19. ［日］新井白石：《折焚柴记》，周一良译，北京大学出版社1998年版。

20. 徐越：《杭嘉湖方言语音研究》，博士学位论文，北京语言大学，2005年。

21. 徐越：《杭州方言语音的内部差异》，《方言》2007年第1期。

22. 许嘉璐：《传统语言学辞典》，河北教育出版社1990年版。

23. ［日］有坂秀世：《江户時代中頃に於けるハの頭音について》，《国語と国文学》1938年。

24. 曾晓渝：《〈西儒耳目资〉声韵系统研究》，载西南师范大学中文系汉语史研究室编《汉语史论文集》，西南师范大学出版社1995年版。

25. 张咏梅：《〈谐声品字笺〉的音系研究》，巴蜀书社2011年版。

26. 张照旭：《近世唐音中的杭州音和南京官话——基于〈四书唐音辨〉的音韵学分析》，《日语学习与研究》2019年第4期。

27. ［美］Richard VanNess Simmons. *The Hangzhou Dialect*（*Ph. D.*）. University of Washington，1992.

（作者：钟雪珂，女，博士，北京外国语大学中国语言文学学院博士后。通讯地址：北京市西三环北路2号北京外国语大学中国语言文学学院。邮编：100089。电子邮箱：sczyzxk@aliyun.com。）

《晋书音义》音注校勘札记

吴 璐

（南京大学文学院）

摘 要：《晋书音义》为唐天宝年间洛阳人何超所编纂的一部音义书，主要目的是为《晋书》中的疑难字注音，偶尔也兼及释义。现在能看到的《晋书音义》多与《晋书》合刊，且罕见单行本。而最常见的中华书局点校本《晋书》所附《晋书音义》错讹较多。鉴于其音义书的特性，单用文献学的方法不易校勘。笔者整理了《晋书音义》的反切音注，结合音韵学的研究成果与文献学的校勘方法，以中华书局点校本为底本，对校宋刻本，参校元刻本和《四库》本，发现了三十几处应予讨论的错讹之处。希望能对此书的研究者有所参考，对新二十四史的校勘有些许裨益。

关键词：《晋书音义》；《晋书》；校勘；中华书局

一

《晋书音义》（以下简称《音义》）三卷，唐代何超所撰。何超，生平事迹无考，杨齐宣在序中称其为“东京处士”。《音义》成书于唐天宝六年（747），距离《晋书》的编成（648）已百年。在杨齐宣为《音义》所作的序中提到何超撰《音义》的缘由：“处士弟约以优闲，溺于坟史。尝讶晋室之典，未昭其音，思欲发挥前人，启迪后进。由是博考诸传，综览群言，研覆异同，撰成《音义》。”这一出发点决定了《音义》的内容偏重于“昭其音”，而对字义的解释就比较简略，所占篇幅也较少。至迟在宋代，出现了《音义》与《晋书》的合刻本。之后，《音义》与《晋书》合刻的形式逐渐固定，而单行本《音义》渐趋稀少。①

现在所见《音义》单行本，仅有元刻明修本（国图）、元刻明递修本（邵阳）、明刻本（厦门大学图书馆藏）和清抄本（上海图书馆藏）。② 至于《晋书》，则版本众多，仅《中国古籍总目》记载的就有二十种。其中七种不附音义：宋刻本（四种）、元刻本、十七史本和百衲本二十四史本。另外十三种《晋书》附有《音义》，分别是：元刻明修本、元刻明修公文纸印本、元刻明正德十年司礼监嘉靖间南京国子监递修本、元刻明正德十年司礼监嘉靖万历间南京国子监递修本、二十一史本（北监本）、二十四史本（五省官书局本）、重刊二十四史本、明万历六年周若年丁孟嘉刻本、明万历六年周若年丁孟嘉刻二十四年王亮臣重修本、明吴氏西爽堂刻本、摛藻堂四库全书荟要本、四库全书本、明钟人杰刻本。今天常见的《晋书》版本则是以下七种：南北监本、汲古阁本、武英殿本、金陵书局本、百衲本和中华书局点校本。

中华书局点校本（以下简称点校本）是现今最通行的本子，它“以金陵书局本为工作本，与宋本（百衲本）、清武英殿本互校，并参考了元二十二字本（元大德九路刊本）、明南北监本、吴本（吴管西爽堂本）、周本（周若年刊本）、毛本（毛晋汲古阁本）”③，校印较为精良。《二十四史订补》也收有《音义》，为元刻明修本（以下简称元刻本），是仅存不多的单行本之一，但因经过修版，有些页面字迹漫漶不清，且文字讹误也较多。另外，《原国立北平图书馆甲库善本丛书》所收《晋书》是宋刻元明递修善本（以下简称宋刻本），附有《音义》。因此我们将点校本作为底本，将宋刻本作为对校本，将元刻本作为参校本。除此之外还参校了《文渊阁四库全书》本（以下简称四库本）。

---

① 就今天可以见到的刻本来看，宋刻本《晋书》多不附《音义》，而元明刻《晋书》，绝大多数已经附有《音义》。又，《音义》单行本现存的有元刻本、明刻本，却没有清刻本，上海图书馆藏有一清抄本。可以推测，到了清代，已不再单独刻印《音义》，这与《音义》和《晋书》合刻形式的流行不无关系。

② 据《中国古籍善本书目》、《中国古籍总目》和各大图书馆馆藏书目。

③ 《晋书》“出版说明”第7—8页，中华书局1974年版。

二

1. 崇，雖遂反。（卷 1①，p. 3222）

“崇”，宋刻本、元刻本以及四库本皆作“祟”，当从之。“崇”为崇母字，“祟”“雖”都为心母字。《音义》音系崇母与心母并不相混。用“雖”字切“崇”字于音理不合，切“祟”字则正相匹配。《王三·至韵》正作：“祟，雖遂反。”又《音义》卷 49、98、121“祟”字均注“雖遂反”。此处被注字作“崇”，应是形近而讹。《晋书》卷一《宣帝纪》：“六月，帝寝疾，梦贾逵、王凌为祟，甚恶之。”正文亦作“祟”。“王凌为祟”文理通顺，“王凌为崇”则文意不明。金陵书局本作“祟”，不误。可见“祟”讹作“崇”是点校本在校勘过程中不慎所致。

2. 鑠，晝藥反。（卷 2，p. 3222）

“晝”，宋刻本、元刻本均作“書”，是。“鑠”“書”同为书母字，而“晝”为知母字。用知母字切书母字，于音理不合。《王三》正作：“鑠，書藥反。”“晝”字应为“書”字之讹。当据改。金陵书局本即作“晝”，点校本误从之。

3. 癭陶，上嬰并反，下音遙。（卷 14，p. 3230）

“并”，宋刻本、元刻本均作“井”，是。《广韵》“并”有两音：平声清韵和去声劲韵，没有上声一音。而“癭”是个上声字。邵荣芬（1981：120）指出：“《音义》在声调方面只有极少数字与《广韵》读法不同。”“并”字恐怕有误。又，《音义》卷 34、106“癭”字注“一井反”，也是用“井”作反切下字。《广韵》：“井，子郢切。癭，於郢切。”都属于上声静韵，韵同音和。《晋书》卷十四《地理志上》：“鉅鹿國（秦置，統縣二、戶一萬四千）：癭陶、鉅鹿。”癭陶为鉅鹿国下属县。《王三·静韵》：“癭，於郢反。安。一曰癭陶，縣名，在鉅鹿。”作为县名的“癭陶”的“癭”字正读作“於郢反”，与“嬰井反”音同。“并”“井”形音都比较相近，容易发生讹误。此处应以“井”字为是。金陵书局本作“井”，不误。点校本误讹，当据改。

---

① 《音义》共三卷，分别为：卷之上、卷之中、卷之下。其下又按照《晋书》的分卷罗列内容。为查找方便，此处所标为《晋书》的卷数。下同。

4. 湼陶，上于往反，亦作汪。下音搖。（卷 14，p. 3230）

“湼”为“汪”的异体字，《广韵》属影母，“于”字属云母。《音义》中影、云二母不混。《音义》中的影母被注字除了此例还有 229 例，全部都用影母字作切。云母被注字共 57 例，反切上字也全都是云母字。这里用云母字切影母字，恐有误。查《晋书》正文，“湼陶”是指雁门郡下的一个县。《广韵》上声养韵：“汪，汪陶县，在雁门。”音“纡往切”。《切三》（S. 2071）也作：“汪，紆往反。汪陶，縣名，在雁门。”疑“于”字原为“紆”，在流传过程中丢失偏旁致误。

5. 歙，失反。（卷 15，p. 3231）

“失反”文意不通。宋刻本、元刻本“失”下有“輒”字，当据补。金陵书局本亦作“失輒反”。点校本误脱“輒”字。

6. 撓，如紹反，又如效反。（卷 17，p. 3232）

“如”是日母字，日母只拼三等，而“效”是二等字。故疑“如”字为“奴”字之讹。古籍中“撓”的两个反切上字正好左右并列，且“奴”“如”形近，“奴”字可能受右边“如”字的影响而讹为“如”。《音义》卷 33、45、70、128“撓”皆注为“奴效反”。《晋书》卷十七《律历志中》：“乃使羲和占日，常儀占月，臾區占星氣，伶倫造律呂，大撓造甲子，隸首作算數。”大撓，传说为黄帝史官，始作甲子。一作“大橈”。《王三·效韵》：“撓，奴效反，木曲。又如昭反。亦作橈。又乃飽、如紹二反。”或是《音义》所本。

7. 騩，音隗，馬淺黑色。（卷 19，p. 3232）

“隗”，宋刻本、元刻本、《四库》本均作“愧”，当据改。《音义》卷 2、6、12、32、37、49、65、69、129 都给“隗”字作注“五罪反”。“隗”字作为被注字出现共 9 次，可见作者认为此字是个疑难字，人多不识，需要为其注音。因此不会用此字作为注音字。我们遍查《音义》全书，除了这个可疑的地方，“隗”字从不曾作为反切上字或反切下字或注音字出现过。《晋书》卷十九《礼志上》：“蚕将生，择吉日，皇后着十二笄步摇，依汉魏故事，衣青衣，乘油画云母安车，驾六騩马。”《初学记》卷十《中宫部》：“騩马，《周礼·内司服》掌袆衣、褕狄、阙狄、鞠衣、展衣、褖衣。袆音火韦反。《汉魏故事》后亲蚕礼，皇后着十二笄步摇乘画云母安车，驾六騩马。騩，京媚反。”《初学记》为唐徐坚所撰类书，本是为唐玄宗诸子作文时检查事类之用。成书年代与《音义》相近。隗，

《广韵》属上声疑母贿韵。愧，去声见母至韵。“京媚反”正与“愧”字音同。又《晋书》卷二十五《舆服志》：“皇后先蚕，乘油画云母安车，驾六騩马。油画两辕安车，驾五騩马为副。”《音义》：“騩，音愧，浅黑色。”亦可证“隗”当为“愧”。金陵书局本即作“隗”，点校本误从之。

8. 祓除，音弗。（卷21，p. 3233）

“弗”，宋刻本、《四库》本均作“拂”，当据改。《广韵》“弗”为帮母物韵，“拂”为滂母物韵，两字中古不同音。“拂”字易丢失偏旁讹为“弗”。《音义》卷51：“洗祓，音拂，又方吠反。”正作“拂”字。《晋书》卷二十一《礼志下》：“漢儀，季春上巳，官及百姓皆褉於東流水上，洗濯祓除去宿垢。”《晋书》卷五十一《皇甫谧挚虞束皙王接传》：“武帝嘗問摯虞三日曲水之義。虞對曰：‘漢章帝時，平原徐肇以三月初生三女，至三日俱亡。邨人以爲怪，乃招攜之水濱洗祓。遂因水以汎觴，其義起此。’”两处“祓”字均指除灾求福，义同，音也当相同。卷21中的“弗”字当改为“拂”。金陵书局本即讹作“弗”，点校本误从之。

9. 哻，況羽反。（卷25，p. 3236）

“哻”字宋刻本、元刻本作“哻”，《四库》本作“冔”。“哻”、“冔”为异体字，《广韵》“況羽切”，义为殷冠名。《王三》不收“哻”或“冔”字，但有冔字。《王三·麌韵》：“冔，況羽反，殷冠。”《五经文字》：“冔同冔。”“哻”是“鼾”的异体字，《广韵》有寒韵平声许干切（义为卧气激声）、寒韵去声侯旱切（义为鼾睡）两音。与“況羽反”音义相差都较远。查《晋书》卷二十五《舆服志》：“爵弁，一名廣冕。高八寸，長尺二寸，如爵形，前小後大。增其上似爵頭色。有收持笄，所謂夏收殷冔者也。”正文作“冔”字，义为殷冠。点校本“哻”字当改作“冔”或“哻”。“哻”“哻”形近，“哻”又非常用字，刻工等人不识易致误。金陵书局本即讹作“哻”，点校本误从之。

10. 孑，居力反。（卷26，p. 3236）

“力”，宋刻本、元刻本、《四库》本均作“列”，当据改。“孑”、“列”都是薛韵字，“力”是职韵字。《音义》薛韵字与职韵字绝不相混。《晋书》卷二十六《食货志》：“及刑政陵夷，菁茅罕至，鲁侯初践亩之税，秦君收太半之人，前王之范，靡有孑遗。”《王三·薛韵》：“孑，居列反，单也。”音义皆合。又《音义》卷37、54、79、88、91、107、130“孑”字均作“居列反”。可见作者确实将“孑”读作薛韵。点校本

“力”当改作“列”。金陵书局本亦作“力”，点校本误从之。

11. 帩，士遙反。（卷 27，p. 3237）

“士”，宋刻本、元刻本皆作“七”，当从之。“帩”“七”都为清母字，“士”为祟母字，语音差别较大。且“士”“七”形近，“士”字易讹为“七”。《晋书》卷二十七《五行志上》：“孝武太元中，人不復著帩頭，天戒若曰：頭者，元首，帩者，助元首為儀飾者也。”

12. 鉆鑽，上巨淹反，下了亂反。（卷 30，p. 3239）

“了”字《四库》本作“子”，是。“了”为来母字，“鑽”为精母字，语音相差巨大。《音义》中有 246 例来母被注字，无一例用精母字作反切上字。又有 131 例精母被注字，除此之外无一例用来母字作反切上字。可见《音义》音系来母与精母绝不相混。《王三》：“鑽，借官反，又子玩反。”《玉篇》：“鑽，子亂、子丸二切。”“鑽”字在中古有平声、去声两读。《音义》卷 43、55“鑽”音“借官反”，读作平声，参考了《切韵》的反切。卷 30 读作去声，或是参考了《玉篇》的反切。“了”与“子”字形相近，“子”易讹为“了”。金陵书局本即作“了”，点校本未校正。

13. 仿佛，上方$_1$往反，下方$_2$味反。（卷 35，p. 3246）

宋刻本、元刻本第二个“方”字作“芳”，《四库》本两个“方”字都作“芳”。“方”为帮母字，“芳”为滂母字，“仿”“佛”二字都属滂母，在音理上似以“芳”字为宜。《王三》：“髣，芳兩反，髣髴，古作仿佛。”“髴，芳味反，髣髴。”都以“芳”字作切上字。“方$_2$”其他诸本皆作“芳”，当据改。“方$_1$”仅《四库》本作“芳”，暂时无法判断。

14. 弢，音明。（卷 49，p. 3256）

“明”，宋刻本、元刻本、《四库》本皆作“叨”，当从之。“明”，《广韵》明母庚韵三等。“叨”“弢”同为透母豪韵一等。《晋书》卷四十九：“左将军王敦引为长史，以讨杜弢。”杜弢，西晋末年流民首领。《音义》给杜弢的“弢”字注音的还有 11 处：卷 5“弢，他勞反”，卷 13“弢，他高反”，卷 43“弢，音滔”，卷 51“弢，音叨”，卷 57、66、69、76、81、96、100“弢，吐高反”，都音透母豪韵。“明”与“叨”形近相误。金陵书局本也作“叨”。点校本误讹。

15. 礧砢，上方罪反，下力可反。（卷 50，p. 3256）

“方”，宋刻本、元刻本作“力”，当据改。“礧”字《广韵》属来母，“方”字属帮母，语音相差巨大。又“磖砢”为连绵词，理应同声母，砢即为来母。“磖”的反切上字当是来母字“力”无疑。“力”与“方”字形相近，且左右并列，因此致误。金陵书局本作“力”。点校本误讹。此条陈国宝（2003）已有详校，可参看。

16. 戔，昨千反。（卷51，p. 3257）

“千”，元刻本作“干”，当从之。戋，一等寒韵，千，四等先韵，语音相差较大。《晋书》卷五十一《皇甫谧挚虞束皙王接传》：“谧闻而叹曰：‘亡国之大夫不可与图存，而以革历代之制，其可乎？夫束帛戔戔，易之明义，玄纁之贽，自古之旧也。’”《王三》：“戔，昨干反。易曰束帛戔戔。”正与之音义相合。金陵书局本作“千”，点校本误从之。

17. 攘，人當反。（卷51，p. 3257）

“當”，《四库》本作“常”，当从之。“攘”“常”均为三等阳韵，“當”为一等唐韵。且日母不与一等字相拼。“當”字应为“常”字之讹。此条陈国宝（2003）已有详校，可参看。

18. 斮，子角反。（卷52，p. 3258）

“子”，宋刻本、元刻本均作“丁”，当据改。《音义》卷67、84“斲”字作“丁角反”。“斲”与“斮”是异体字，“斮”字也当音“丁角反”无疑。《王三·觉韵》：“斮，丁角反。亦或作斲釿斮斱。破削也。”“丁”“子”形近而讹。金陵书局本作“丁”。点校本误讹。

19. 酤，他兼反。（卷55，p. 3262）

“酤”，宋刻本、元刻本、《四库》本皆作“酟”，当据改。酤，见母模韵，与“他兼反”之音相差巨大。“酟”字《集韵》正作“他兼切”。《晋书》卷五十五：“熚以秋橙，酟以春梅。”“酤”字意为买酒卖酒，或引申为卖。“酟”字意为掺和、加入。根据文意应当是“酟”字。“酤”“酟”形近而讹。金陵书局本已讹作“酤”，点校本未校正。此条陈国宝（2003）也有详校，可参看。

20. 慷慨，慨、慨二音。（卷62，p. 3266）

宋刻本、《四库》本皆作：“慷慨，忼、慨二音。”当据改。金陵书局本亦作：“慷慨，忼、慨二音。”点校本误讹。

21. 繆坦，音繆。（卷69，p. 3269）

被注字与注音字相同，显然有误。宋刻本、元刻本、《四库》本均作：“繆坦，音謬。”当据改。金陵书局本作“繆坦，音繆”，点校本误从之。

22. 歃，山合反。（卷 84，p. 3281）

“合”，《四库》本作“洽”，当从之。《音义》卷 59、100、123 均作：“歃，山洽反。”“歃”“洽”同为洽韵字，而“合”为合韵字。《音义》洽韵字与合韵字绝不相混。查《音义》中合韵被注字共有 17 例，只有 1 例用盍韵字注音，其余都用合韵字注音，没有用洽韵字注音的。而洽韵被注字除了此例还有 21 例，只有 1 例用狎韵字作反切下字，其余都用洽韵字作注。《晋书》卷八十四：“（桓）玄为盟主，临壇歃血。”《王三・洽韵》：“歃，山洽反，又山輒反，歃血。”或是所本。金陵书局本即讹作“歃，山合反”。“洽”字在流传过程中丢失偏旁所致。

23. 類，盧對反。（卷 87，p. 3282）

“類”，宋刻本、元刻本、《四库》本均作“纇”，当据改。《王三》：“類，力遂反。状。”“纇，盧對反。纍絲。”“類”“纇”中古不同音。“盧對反”应为“纇”字。《晋书》卷八十七《凉武昭王传》：“事任公平，坦然無類，初不容懷，有所損益，計近便爲少，經遠如有餘，亦無愧於前志也。”“坦然無纇”是指坦坦荡荡、没有过失的意思。段玉裁《说文解字注》：“絲之約結不解者曰纇。引申之，凡人之愆尤皆曰纇。”若写作“無類”，則文意不通。“無纇”一词古书中常见。如《淮南子・泛论训》：“明月之珠，不能無纇。”王安石《详定述怀》诗之一：“文章直使看無纇，勳業安能保不磨。”到了近代汉语，“類”“纇”两字读音变得一致，《中原音韵》中都属于齐微韵泪小韵。音同形近，讹误也就变得多了起来。但何超作《音义》时两字读音断然有别，此处当为“纇”字无疑。金陵书局本亦作“纇”，点校本误讹。

24. 賡，如萓反。《説文》以爲古文續字。（卷 88，p. 3283）

“如萓反”，元刻本作“加虽反”，宋刻本作“加萓反”。“賡”与“萓”都为庚韵二等字，“虽”字则为脂韵三等字，显然是“萓”字之讹。又“賡”是见母字，“如”是日母字，“如萓反”切不出“賡”字。故切上字当是“加”字。“加”“如”形近易讹。宋刻本是，宜据改。

25. 儻，當亮反。（卷 89，p. 3284）

宋刻本、元刻本作：“儻，常亮反。”《四库》本作：“儻，當亮反。”“亮”为三等漾韵字，“償”也是三等漾韵字。而“儻”是一等宕韵字，与“亮”字音切不合。《音义》卷 60：“儻，他郎反，又他浪反。”《音义》卷107："儻，他沆反。"可见"儻"字作者读作上声荡韵或去声宕韵，而不读漾韵。《音义》卷82："償，常亮反。"《音义》卷34、47："償，音尚。""償"字正读作漾韵。故被注字当为"償"字。查《晋书》卷八十九，无"儻"字，有"償"字："王育字伯春，京兆人也。少孤貧，爲人傭牧羊，每過小學，必歔欷流涕。時有暇，即折蒲學書，忘而失羊，爲羊主所責，育將鬻己以償之。同郡許子章，敏達之士也，聞而嘉之，代育償羊，給其衣食，使與子同學，遂博通經史。"据文意也当作"償"，义为赔偿。

"當"，宋刻本、元刻本作"常"，是。"償""常"都是禅母字，"當"是端母字，语音相差巨大，《音义》绝不相混。反切上字应是"常"字。《音义》卷82正作："償，常亮反。"《王三》也作："償，常亮反。備償。"与此音义相合。"常""當"形近易訛，卷51也将"常"讹作"當"，详见上文第17条校勘。

此处"儻"应改作"償"，"當"应改作"常"。金陵书局本作"儻，當亮反"，点校本未校正。

26. 輼蠢，上於粉反，下尺允反。（卷92，p. 3285）

"輼"字《四库》本作"韞"，当据改。《王二》："韞，於粉反，韞韇。""韞韇"，一作"韞韇""韞櫝"或"韞匵"，意指收藏。"輼"，《王三》音"烏渾反"，义为"輼車"。"輼車"是古代的一种卧车，也用作丧车。《晋书》卷九十二："嘲哮者以粗發爲高亮，韞蠢者以色厚爲篤誠。"正文即作"韞"字。"韞蠢"，意为懵懂愚昧。"韞"即藏也。从文意看也当作"韞"字。"韞"字亦作"韫"，"韫"与"輼"形近，容易讹误。金陵书局本作"輼"，点校本未校正。

27. 大鸜，共俱反。（卷95，p. 3287）

"共"字宋刻本、元刻本、《四库》本皆作"其"，当据改。"鸜""其"都是群母字，"共"是见母字。用"共"字切"鸜"字，音理上不协。《王三》："鴝，其俱反，鴝鵒。""鴝"同"鸜"，正作"其俱反"。金陵书局本亦作"其"。点校本误讹。

28. 踧，丁六反。（卷100，p. 3289）

"丁"，《四库》本作"子"，当从之。"踧""子"都是精母字，"丁"是端母字，"丁"字不能作"踧"字的反切上字。《音义》精母字与端母字绝不相混。查《音义》精母被注字共131例，除此之外没有用端母字作切的。端母被注字共103例，也没有用精母字作切的。《音义》卷4、31、42、56、94、125“踧”字都作“子六反”。《王三》也作：“踧，子六反。”“子”“丁”形近易讹。卷52即将“丁”讹作“子”。详见上文第18条校勘。金陵书局本作“丁”，点校本误从之。

29. 躓，涉利反。（卷103，p. 3291）

“涉”当改作“陟”。“躓”为知母字，“涉”为禅母字。《音义》中知母与禅母并不相混。查《音义》知母被注字共78例，除此之外并无用禅母字作切的。又禅母被注字共48例，绝无用知母字作切的。《晋书》卷67、72、75、91都作：“躓，陟利反。”《王三》也作：“躓，陟利反。”“涉”字当为“陟”字之讹。金陵书局本作“涉”，点校本未校正。

30. 茌平，之士反，又仕疑反。（卷104，p. 3291）

“之士”二字疑误倒。《晋书》卷一百四《载记》：“逯明攻甯黑于茌平，降之，因破東燕酸棗而還。”“茌平”为地名。“茌”字《切韵》不收，但有“茬”字。《王三·之韵》：“茬，士之反。茬平，縣名。”《广韵·之韵》：“茬，士之切。《說文》曰：‘草皃。’濟北有茬平縣。俗作‘茌’。”“茌平”即“茬平”，“茌”当音“士之反”。“士之反”为崇母之韵。“之士反”则为章母止韵，读音相差巨大。《音义》卷14同为地名“茌平”，音“仕疑反”，也是崇母之韵。显然“之士反”是“士之反”之误倒。

31. 洿，反烏。（卷107，p. 3293）

“反烏”意义不明。宋刻本、元刻本、《四库》本均作：“洿，音烏”，当据改。金陵书局本也作：“洿，音烏。”点校本误讹。

32. 瓮，蒲奔反。（卷110，p. 3294）

“瓮”，宋刻本、元刻本、《四库》本皆作“瓫”，当据改。“瓮”，《广韵》“烏貢切”，与“蒲奔反”不同音。“瓫”字《广韵》《切韵》皆不收，但收有“盆”字。“瓫”为“盆”的异体字。《切三》（S. 2071）作：“盆，蒲奔反”。《音义》卷113也作：“瓫，蒲奔反。”又《音义》卷39有：“瓮，烏貢反。”可见“蒲奔反”当是“瓫”字，而非“瓮”字。《晋书》卷一百十：“晉蘭陵太守孫黑、濟北太守高柱、建興太守高瓫各以郡叛歸於儁。”正文也作“瓫”字。“瓫”“瓮”形近易讹。金陵书局本即作“瓮”，点校本误从之。

33. 砚，《字林》：本砭字，萬廉反。（卷 121，p. 3298）

“萬廉反”，宋刻本、元刻本作“万廉反”，《四库》本作“方廉反”。“砚”是帮母字，“萬”“万”都是明母字，不可作“砚”的反切上字。“方”与“砚”同声母，与“万”形相近。“方”易讹为“万”，后人见俗体“万”字，又将其改为正体“萬”。原文当是“方”字。《王三・艳韵》：“砭，方驗反。石針。又方廉反。”正是作“方廉反”。“萬”当改作“方”。金陵书局本已讹作“萬”，点校本误从之。

34. 叱咤，上齒只反，下陟嫁反。（卷 125，p. 3299）

《广韵》“叱”为入声质韵，“只”为平声支韵或上声纸韵，两字的语音差别较大。《音义》卷 2、37、43、48、77、95“叱”字都作“齒日反”。“日”与“叱”同为入声质韵，语音协和。“日”“只”形近，“日”字缺末笔常讹为“只”。故疑此处“只”字为“日”字之讹。此条辛睿龙（2016）已有校勘，可以参看。

三

《晋书音义》作为一本音义书，要求我们在校勘时必须将文献学的方法与音韵学研究成果相结合。从上述讨论中，我们也可以看到，《音义》的音切沿袭《切韵》甚多。在如上 34 条音注中 27 条是反切注音，这其中就有 20 条反切用字与《切韵》完全相同。所以《切韵》的反切注音可以作为我们校勘《音义》的旁证。

此次校勘中，我们还发现中华书局点校本对于底本讹误的地方未校、误校之处很多，甚至有不少底本与他本都不误而点校本讹误的情况。

希望本文的校勘能为《晋书音义》的使用者提供一些参考，能对新二十四史的编纂有些许裨益。

参考文献

1. （梁）顾野王：《大广益会玉篇》，中华书局 2008 年版。

2. （唐）房玄龄等：《晋书》，中华书局 1974 年版。

3. （唐）房玄龄等：《晋书》，清同治十年金陵书局刻本，南大图书馆藏。

4. （唐）何超：《晋书音义》，载《二十四史订补》第六册，北京书目文献出版社1996年版。

5. （唐）王仁昫：《唐写本王仁昫刊谬补缺切韵》，江苏凤凰教育出版社2017年版。

6. （宋）丁度：《宋刻集韵》，中华书局2005年版。

7. 余迺永：《新校互注宋本广韵》（定稿本），上海人民出版社2008年版。

8. 中国古籍善本书目编辑委员会：《中国古籍善本书目·史部》，上海古籍出版社1993年版。

9. 中国古籍总目编纂委员会：《中国古籍总目·史部》，中华书局2009年版。

10. 中国国家图书馆编：《原国立北平图书馆甲库善本丛书》，国家图书馆出版社2014年版。

11. 周祖谟：《唐五代韵书集存》，中华书局1983年版。

12. 陈国宝：《中华书局点校本〈晋书音义〉的几个校勘问题》，《古籍研究》2003年第3期。

13. 邵荣芬：《〈晋书音义〉反切的语音系统》，《语言研究》1981年第00期。

14. 辛睿龙：《〈晋书音义〉校补》，《保定学院学报》2016年第4期。

论《汇音妙悟》的版本系统*

施永瑜

（福建省晋江市南湾中学）

摘　要：《汇音妙悟》为清代泉州人黄谦所作，该书记载清代闽南话泉州音，自问世以来，出现众多版本。本文主要论述《汇音妙悟》各版本之间的关系及其所构成的版本系统。

关键词：《汇音妙悟》早期版本；增补本；版本系统

《汇音妙悟》一书，记载清代闽南话泉州音，为清代泉州人黄谦所作，该书自问世以来，刊本众多，国内外各种图书馆及私人均多有收藏。版本主要有木刻本和石印本两种，木刻本包括《汇音妙悟》一卷，清嘉庆六年出版，福建图书馆藏，本文简称嘉庆本。以及《增补汇音妙悟》，版本甚多，计有：①残本，刊年不详，一卷，泉州历史文化中心藏，王建设称为大版式本。②残本，一卷，封面题道光××年孟春重镌，版式与大版式本相近，本文称大版式道光本。③全本，一卷，刊年不详，版式也与大版式本相近。与大版式本相比，此本已经删去编者用来警告书商“四方谋利者若放样翻刻便是黄谦子孙”中“黄谦子孙”一语。具有版本过渡性质，本文称为大版式过渡本。④郁文堂本，上下卷。⑤文德堂本，一卷。⑥绮文居本，一卷。⑦袖珍本，有两种，一为四卷全，一为残本，存二卷。⑧光绪十九年，陈氏荣发所藏刻本，为黄典诚（1980）论文所载，具体版本内容不详。还有《详注汇音妙悟》，福州集新堂刊本，二卷。石印本均题《增补汇音妙悟》，版本众多，包括①光绪甲辰石印本，全一卷。②光绪乙巳长夏厦门廿四崎脚会文书庄石印本。另

* 2019年国家社科基金重大项目“明清民国珍稀时音韵书韵图整理集成与研究”（19ZDA308）阶段性成果。

外，光绪乙巳孟夏上海书局石印本，光绪甲辰仲夏印本，光绪乙巳孟夏上海书局石印本，民国八年厦门石印本，民国上海萃英、大本一统书局本等，均与厦门会文书庄石印本同。因以光绪乙巳石印本为最流行，故本文统称为乙巳石印本。

在对《汇音妙悟》的版本研究上，黄典诚先生（1980）在《泉州〈汇音妙悟〉述评》首先研究了《汇音妙悟》的石印本并提到了陈氏荣发藏本。洪惟仁（1993、1996）在《闽南方言经典韵书汇编・泉州方言韵书三种》及《汇音妙悟与古代泉州音》二书中分别对郁文堂本、文德堂本、集新堂本及袖珍本等版本进行了介绍，洪惟仁（1993）认为《汇音妙悟》道光本（本文所列郁文堂本 2）为目前所见有明确刊年的最古本。洪惟仁将郁文堂本、集新堂本收入《闽南方言经典韵书汇编・泉州方言韵书三种》之中，将文德堂本作为附录收入《汇音妙悟与古代泉州音》一书中。这四个版本的刊行，极大的便利了《汇音妙悟》的研究者阅读和使用《汇音妙悟》的版本。王建设（1982）则首次对当时新发现的曾栋先生藏后收入泉州历史文化中心的《汇音妙悟》大版式本进行了研究，使我们对早于郁文堂本、文德堂本、集新堂本及袖珍本的早期增补系版本有了新的了解。后来，樋口靖（2004）在《汇音妙悟》新编一书的附录中对《汇音妙悟》最早的版本——嘉庆六年新刊本进行了介绍和研究，并指出该版本为目前所知《汇音妙悟》最古老的版本。将黄典诚（1980）、王建设（1983）、洪惟仁（1993、1996）、樋口靖（2004）四位的介绍和研究联系在一起，我们可以看出学者对《汇音妙悟》版本研究是不断推进的，这些研究使我们了解了《汇音妙悟》从最早的嘉庆六年本到晚近的袖珍本的版本演变过程。本文即将在前人介绍和研究的基础上，介绍该书各版本之间的关系及其所构成的版本系统。

一　嘉庆本为增补系各本的祖本

嘉庆六年本为《汇音妙悟》最初版本，樋口靖（2004）曾从封面、黄瞻二序及作者自序并例言两方面和其他版本作比较，指出嘉庆本不同于其他本子之处。并将嘉庆本与大版式及道光本从封面、误刻字、漏刻字的异同，正文内容的异同，指出：①嘉庆六年本是未增补的《汇音妙悟》；②嘉庆本目录后没有收增补三推新数法及三推成字歌，没有增补的有关内容；③嘉庆本尚存嘐音，卷末注：汇音妙悟终；④从《汇音妙悟》的八音界线看，嘉庆本比起其他版本正确度最高，八音界线最分明。

本文认为，增补本各本与嘉庆本在形制上的主要区别在于嘉庆本的牌记（见图 1）页题“汇音妙悟”，版框上题嘉庆六年季冬新镌，框内右上题铜城黄大龄鉴定，左下书“翻板必究”。增补系各本中，如绮文居本中间则题《增补汇音妙悟》；左题“桐城黄淡川鉴定”；右题“光绪庚辰年孟春重镌”，突出“增补”“重镌”的特征（见图 2）。充分显示出《增补汇音妙悟》是在嘉庆本《汇音妙悟》之后才产生的。

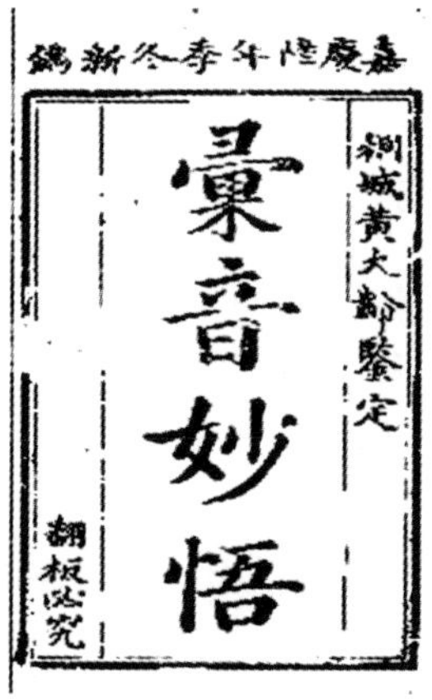

图 1

图 2

内容上，增补系各本相对于嘉庆本新增补的内容主要是：其一，在早期版本的作者自序及例言后，新增加了三推新数念法一页，版心题增补三推新数法，及三推成字歌、三推难识字样、三推易识字样一页，版心题增补三推易识字样；其二，早期版本某些地方没有收录字音，画圆圈的地方，增加了不少字，按照作者自己在三推成字法末页的说明，是书增补千余字，没有加注的，是人名用字；其三，对早期版本的眉批有所增加。

通过嘉庆本与增补系各本在文字上的比较来看，我们认为嘉庆本有如下几个值得注意的地方：

其一，嘉庆本的文字优于增补本。除去《汇音妙悟》源自《字汇》而抄写错误之外的各增补本错误的，该本都正确。增本系各本有各种不同的错误，都可以根据嘉庆六年本校正，可得正确的文字，如：

1. 惀，又平声。

嘉庆本作“惀”，他本作“論”，误。《集韵》：惀，欲知皃，一曰思也。《康熙字典》：惀，《广韵》卢本切、《集韵》鲁本切，并音怨。《广韵》思也。《字汇》：惀，龙春切，音伦，思也。皆可证嘉庆本正确。

2. 准，~绳。平也；则也。

嘉庆本作“平”，增补系中袖珍本作“乎”，其他各本作“早”。《字汇》“準”作“准”。准，平也。则也。嘉庆本正确，增补系各本均误。

3. 俊，秀也；~又。

嘉庆本作“秀”，郁文堂本、文德堂本、绮文居本作“香”，袖珍本作“杳”。《说文》：俊，材过千人也。嘉庆本正确，增补系各本均误。

其二，嘉庆本的许多错误，为增补本系统所继承。

1. 撺，车~也。

“~”嘉庆本以下各本脱。《字汇》注：撺，上车撺也。《汇音》注非。

2. 膮，《礼》：豕曰~，羹……。嘉庆本“曰”与“~”误合作“早”字，各本同，误。

嘉庆本的刊刻失误有的还促使增补本系统形成了新的错误。如：

启，尾下窍也。《字汇》注：启，《玉篇》俗豚字。尾下窍也。嘉庆本注下字下有一短横（见图3），合之则为“下一”，讹之成“工”，故增补本有讹作“工”者（见图4）。

其三，凡是嘉庆本模糊不清之处，到了增补本都因为难以识别而产生

图 3

图 4

各种错误写法。

1. 箨，竹箣以射鸟。

嘉庆本作“箣”，字形较模糊，他本作“角”，误。

2. 頔，短头。

“頔”，嘉庆本原不清，似“颈”，袖珍本即误作“颈”。《字汇》注：頔，短头，出《玉篇》。

3. 煞，止也。

“止”，字嘉庆本不清，增补本作“上”，非。前花韵时音“煞”字注：止也。又同音“止”下注“已也”。皆可证“上”为“止”之讹。

4. 檂，枝垂也。

“垂”，嘉庆本不清，袖珍本误作“重”，增补系各本亦误。《字汇》注：檂，枝垂也。

5. 謥，~噪，恶也。

嘉庆本作“噪”，笔划模糊不清似“注”，至增补本讹成“注”字，袖珍本同。《字汇》注：謥噪，恶也。

其四，嘉庆本里头有很多的断版线，其中有些断版线把一个字拦腰截成两段，这两段到增补本各本中就被识别成两个不同的字。

1. 惇，厚也。

《说文》：惇，厚也。《字汇》注：惇，厚也，信也。“惇”，嘉庆本有断版，至增补本时“惇”与其下注文均讹误不成文。如大版式本作：（自左及右）“户丨言子君子也”。文德堂本同。“户言子”乃“惇”之讹，“君子”乃“厚”之讹。

2. 吧，大口貌。

此处大字嘉庆本有一断版线经过大上部，将丿笔分割成两笔（见图7），至大三过渡本时上笔变成空白。这是嘉庆本的断版线对后来版本造成的影响。也是嘉庆本是初刻本的证据。吧，《广韵》伯加切，平麻帮。《字汇》：邦加切，音巴，吧呀，小儿忿争；又《广韵》普巴切，平麻滂。《字汇》披巴切，音葩，大口貌。此处《汇音》取邦加切。

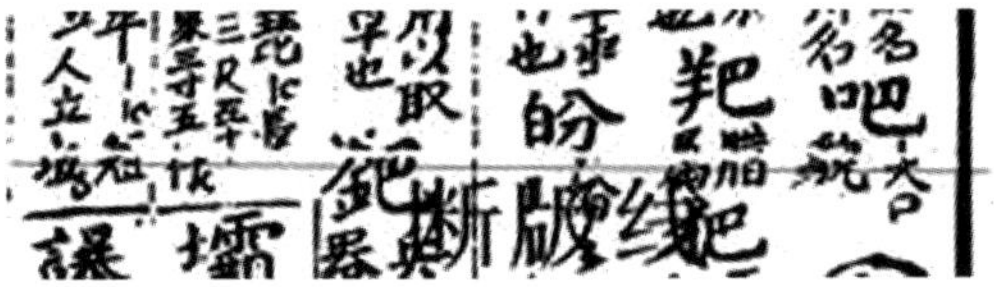

图 5

其五，《汇音妙悟》的《自序并例言》中明确指出全书收方言韵共有五十音（韵），到增补本时只剩下 49 韵，少了第 50 音嘐音。究其原因，笔者推测是从嘉庆本最后一音来看，只有韵目，表中空无内容，所以书商就直接删除了。

由以上各点的对比，可以看出，嘉庆本文字优于增补系各支，其文字上的错误为增补系各本不同程度的承袭，而没有相反的例子。因此，我们认为，现存的嘉庆本为《汇音妙悟》的初版本，是其后名为《增补汇音妙悟》的增补系各支的共同祖本。

二　增补本系各支系之间的关系与区别

本文把增补系各本（包括木刻本和石印本）分为三个支系，分别为大版本支，郁文堂本支和袖珍本支。

三个支系之间在文字上有区别于嘉庆本的共同特征，具有共同的祖本，如：

1. 棱，窗隔子。嘉庆本“棱”，增补本误作稜。

2. 瞑，闭目也。“瞑”字，增补本误与邻行“瞑”左右颠倒。

3. 九，解，数名。“数”，嘉庆本刻写有误，增补本误作“徵”。

4. 浬，漉米也。“米”，增补本误作“光”。

三个支系各本之间，在形制和内容上也有明显的区别。

（一）大版式本支

大版式本支属早期版本，包括大版式本、大版式道光本、大版式过渡本三本，均保留了早期嘉庆本中正文版心下端所题的“柏包括山主人”“柏山”“柏”“薰园藏板”“薰园藏板”“薰园”“薰”等内容，这些题记郁文堂支和袖珍本支已全部删除。

内容上，在新增入的三推成字法一文末尾，大版式支的大版式本和大版式道光本有“便是黄谦之子孙”一句。大版式过渡本删去了“黄谦之子孙”，成为从早期版本向晚期版本过渡的本子。郁文堂本支中郁文堂的早期版本还保留着“便是黄谦之子孙”这句话，到后来其他各本均已删除。

大版式本支作为增补系早期版本文字与作为晚期版本的郁文堂本支相比，文字上更加接近嘉庆本，其正确程度高于晚期版本，如：

1. 俑，木偶人。俑嘉庆本作俑，大版式本、大版式过渡本、大版式道光本中大版式本亻作礻而上无点，最接近亻，其余二本已作礻，郁文堂本、文德堂本、绮文居本则作木，可见增补系各本以大版式本为早。

2. 浮，汎也。“汎”，嘉庆本作“汛”，大版式本同，大版式过渡本作“氿”，郁文堂本、文德堂本、绮文居本、袖珍本右部作“几”，石印本校作“泛”。《字汇》：浮，房鸠切，音桴，泛也。

3. 儴，困也。“困”，嘉庆本、大版式支同，郁文堂本、文德堂本、绮文居本作“田”。《尔雅·释诂》儴，仍，因也。《字汇》注：困也。嘉庆本、大版式支均是。

4. 拨，捩开。转也。“捩”，嘉庆本作“捩”，袖珍本同，大版式本、大版式过渡本、绮竹居本同，大版式道光本、文德堂本讹作“振”。

从上述所举诸例中，可以看出大版式支各本更接近嘉庆本，正确程度高于郁文堂本支各本。王建设（1982）考察了大版式本，经过与郁文堂本、文德堂本、道光辛卯本、会文书庄本（乙巳石印本）、集新堂本比对后认为，“大版式本错漏最少”“八音安排合理清楚”“刊刻质量从整体上看比其他版本好”。这一支应该是增补系中的早期版本。

（二）郁文堂本支

这个支系包括郁文堂、绮文居、文德堂本三种本子。郁文堂本刊行于道光辛卯年，是三个本子中最早的，绮文居本刊行于光绪庚辰年（1880），文德堂本刊行于光绪甲午年（1894）。三个本子彼此之间关系密切。

版本形态上，三个本子在作者叔父的序言、作者的自序及例言的页面版框内文字上方有其他早期刻本均没有的刻画线条。（图 9 郁文堂本、图 10 绮文居本、图 11 文德堂本）且正文前的序言部分均为朱印。这两个特征是其他版本所没有的。

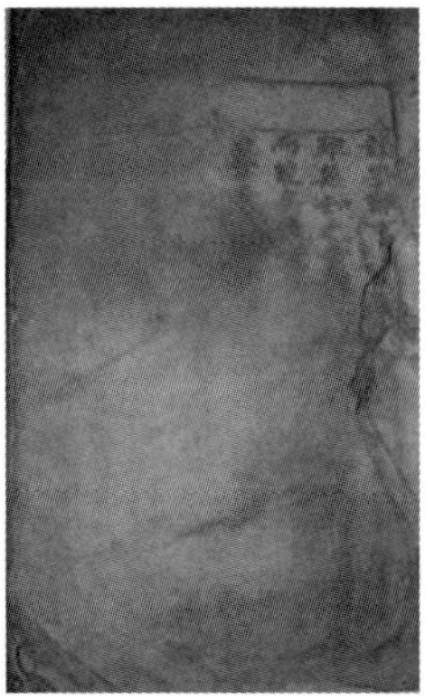

图 6

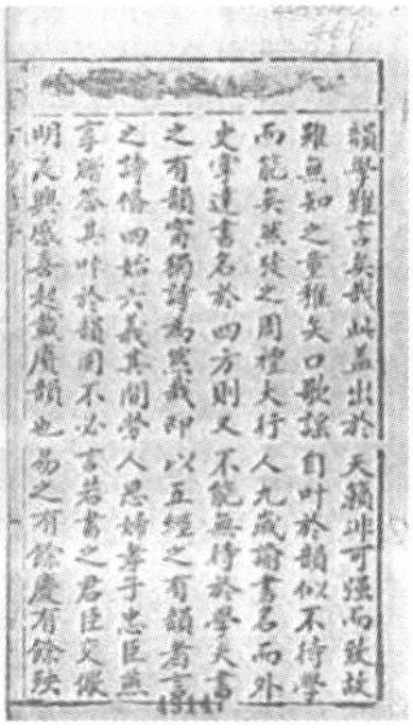

图 7

图 8

内容上，郁文堂本、文德堂本和绮竹居本版本文字的共同之处：

1. 术，白~，药名。重文号，郁文堂本、文德堂本、绮文居本作木，余者同嘉。《字汇》：术，仓律切，音术，苍术、白术。三本皆误。

2. 舍，屋也。称官家之子孙曰~。又三十里为一~。舍字右上原有小圈，此小圈大版式本、大版式道光本、大版式过渡本尚存，郁文堂本、文德堂本、绮文居本讹作下。

3. 枚，条~。条，嘉庆本误，郁文堂本、文德堂本、绮文居本复讹成倏。《字汇》注：枝曰条，干曰枚。

当然，郁文堂、文德堂、绮竹居本三本在文字上也各有独特之处，如：

1. 鸩，土，恶鸟。“土”，嘉庆本原作“上”，大版式道光本同，大版式本、大版式过渡本、绮竹居本作土，文德堂本作丨，郁本、袖珍本作士，石印本校作土。饮之即死。

2. 窬，同窦。窦之左下，大版式本、袖珍本均有“止”字，嘉庆本、文德堂本均无，当为衍字。

郁文堂本、绮文居本、文德堂本三本主要的差异在于正文内八音的界线上，经过比对，绮文居本更接近郁文堂本。

郁文堂后期版本是绮文居本、文德堂本版本的源头。郁文堂本今存有三个不同时期的版本，一为早期版本（郁文堂本 a），三推易识歌一页末行仍保留“若放样翻刻便是黄谦子孙”一句，后删去“黄谦子孙”，成为后期版本。郁文堂后期版本又因为修版而产生两种不同版本，一种（郁文堂本 b）页 51 背面额字注“土夆”，另一种（郁文堂本 c）“土夆”改为“太利”。在额字注是土夆还是太利问题上，绮文居本、文德堂本均与前一种相同，均作土夆。

郁文堂本是集新堂本和石印本的共同来源。在额字注是土夆还是太利问题上，集新堂本和石印本与后者相同，均作“太利”，可以作为证明。

石印本系统有早期和晚期两个阶段。早期版本为光绪甲辰年文德堂书局石印本（简称甲辰本），晚期版本目前所见以光绪乙巳年厦门郁文堂书局石印本（简称乙巳本）为最早。

甲辰本和乙巳本在形制上略有区别。甲辰本除改变木刻本每页八行的格局外，在内容上基本依照木刻本的文字排列样式。乙巳本则对甲辰本的页面进行了拉伸。主要的做法是，将原来甲辰本行末原来为双行小注的改成单行小注，即将双行注的第二个字拉到第一个字的下面，这样就拉伸了行的长度，另外，原来甲辰本行末留有空白的，乙巳本则将空白部分扩大。也就是说，乙巳本和甲辰本的主要差别在于行末文字拉伸与否，其他的方面则基本一致。

内容上甲辰本和乙巳本存在一定的差异：

郁文堂本	甲辰本	乙巳本
憭，照蔡	同	憭，照察
招，手招呼也。	同	招，手~呼也。
開，~開。	同	開，~閉。
愧，慙也。	同	愧，慚也。
推，土，移也。	同	推，移也。

显然，甲辰本比乙巳本更接近郁文堂本。

同为乙巳本，在内容上也略有差异：

春韵时音帅，注：偪~。甲辰本同。有个乙巳本“偪”的写法接近“福”字。可见，同是乙巳本，多次印行，也会产生一些细微的差异。

（三）袖珍本支

袖珍本支目前存世有两种：一为道光年庚寅（1830）年版，存一、三两卷，一为光绪癸未（1883）年版，四卷本。这种袖珍本对原有的木刻本的形制做了不小的改动。袖珍本开本大约只有早期木刻本开本的一半。出版商对木刻本原有页面进行了技术处理，将原来的一叶分割成两个半叶。有的叶，刚好可以平均分割，就分置筒子页的正反面；有的叶原来内容比较少，就直接缩小字形，原样刻写；有的叶内容难以分割，就打乱收字在叶面中原有的位置，挤占同音空白的地方，用比较小的字进行刻写。眉批则随着正文内容的移动，搬到收字相应的天头位置。有个别眉批在移动中出现了错误，收字内容在正面，眉批内容却在背面。

文字上，袖珍本和嘉庆本有不少共同之处，如：

1. 粪，土解，~以壅田。注文增补本“~”下多“也”字，“田”下多“兆”字，嘉庆本、袖珍本无，当为衍文。

2. 良，元~，善也。注嘉庆本作“元”，袖珍本同，增补本讹作“尤”。《字汇》注：良，《说文》善也。《商书》一人元良，万邦以贞。

3. 蹙，土，~急也。嘉庆本作“蹙”，袖珍本同，增补系均作“戚”。

《说文》：蹙，迫也。《字汇》：蹙，迫也，急也。嘉、袖是，余本非。

袖珍本与增补本在文字上也有共同之处，如：

1. 糁，米屑为~。《字汇》注：米屑为糁。嘉庆本米，他本均作宋，误。这说明在增补系共同祖本阶段就已经发生错误。袖珍本有共同错误，说明它和增补系本有共同祖本。

2. 魏，~鬼。此条嘉无，增补本增，袖珍本同。

3. 槌，~打。注文增补本、袖珍本脱。《字汇》：槌，直追切，音垂，击也。

袖珍本在文字上又有自己的错误之处：

1. 忽，倏~，~然。袖珍本无“忽”字。注嘉庆本“倏”，大版式过渡本作“攸”，余本同“嘉”。《字汇》注：忽，倏忽。

2. 费，用也。眉批注：费，又音秘，邑名。嘉庆本、增补本同，袖珍本作：“费”，又音备，邑名。备，秘方言同音，袖珍本因方言同音而讹。

经过和增补系其他各本比较，我们发现，袖珍本还在收字、字义上对《汇音妙悟》的原作进行了一些增补。

收字上的增补。袖珍本杯韵收月字，为其他各本所无。月读杯韵，为漳州腔，应是袖珍本受漳州腔影响而致。还有，袖珍本在增补系增补字的基础上又增补了63字，如：胳（花音普音上上）、咬（杯音入音上平）、訠（卿音入音上去），读（江音他音下入）等。

字义上的增补，如：

1. 翊，飞貌。袖珍本“翊”注多“转告也。”转告本“译”之释义。袖珍本中，“翊”、“译”相邻，由“译”而误入“翊”也。《说文》：翊，飞貌。《字汇》注：翊与翼同。又飞貌。

2. 奕，~叶。袖珍本注多“博~”。“奕”，《增韵》：奕葉，累世也。《字汇》注：奕叶，累世也。又作奕世。

3. 佾，舞列。袖珍本注多“八~”。《汇音》注误。《集韵》：佾，舞行列也。《字汇》注：佾，舞行列也，行数人数纵横皆同。

4. 箣，截竹为~。~嘉庆本无，袖珍本独增。《字汇》注：断竹为箣。

可见，袖珍本晚于增补本，是一个十分独特的本子，在增补系各本中应该单独列为一支。

此外，黄典诚先生（1980）记载光绪十九年陈氏荣发所藏刻本，虽然具体版本未见，但从其所记三推易识字样篇末行题“是法专为忘记而作，非系大用也”的情况来看，也应属于晚期版本的一种。

综上所述，兹将《汇音妙悟》的版本系统归纳如下：

初刻本：嘉庆本
⬇
增补本：早期版本——大版本支：大版式本、大版式道光本、大版式过渡本

郁文堂本（a）
⬇
晚期版本——郁文堂本支：郁文堂本(b) —— 绮文居本、文德堂本
郁文堂本(c) ——(1) 集新堂本
(2) 石印本——(1) 甲辰本
(2) 乙巳本
袖珍本支：（1）道光本
（2）光绪本
支系未知：陈氏荣发本

参考文献

1. 黄典诚：《泉州〈汇音妙悟〉述评》，《泉州文史》1980年2—3号。

2. 洪惟仁：《闽南方言经典韵书汇编》，载《泉州方言韵书三种》，武陵出版有限公司1993年版。

3. 洪惟仁：《〈汇音妙悟〉与古代泉州音》，“中图”台北分馆1996年版。

4. 王建设：《地方韵书〈汇音妙悟〉版本略考》，《辞书研究》1982年第6期。

5. 樋口靖：《〈新编汇音妙悟〉附录：〈彙音妙悟〉の版本について》，2004年。

王佐才《音节表》简述*

彭　飞

（南京大学文学院）

摘　要：王佐才（1842—1921）在那不勒斯中华书院教授汉语期间编写了四种汉语教材，这些教材不仅是研究海外汉语教育和中西文化交流的重要文献，也是研究汉语史的珍贵材料。其中 *Lista dei suoni monosillabici cinesi secondo la pronunzia mandarinica colla trascrizione italiana francese inglese*（《依据意大利文、法文、英文标音的汉语官话音节表》）是用意大利文、法文和英文三种字母体系为19世纪官话方言的基本音节设计的三套拼音方案。本文介绍了这份文献的基本面貌，初步整理出其451个基本音节的拼音方案。

关键词：中华书院；王佐才；域外文献；拼音方案；汉语史

那不勒斯中华书院是意大利传教士马国贤于1732年创建的、以培养中国传教士为主的教学机构。1861年，湖北应城的王佐才前往中华书院学习，毕业后留在书院担任中文教师。在书院任教期间，他先后编写了四本汉语教材。关于这些教材的研究成果目前还非常有限，主要集中在文本整理和对外汉语教学方面，如樊蒂卡（2008、2011）、白桦（2010、2014）。事实上，这些教材对汉语史研究也很有价值，如其中的 *Lista dei suoni monosillabici cinesi secondo la pronunzia mandarinica colla trascrizione italiana francese inglese*（《依据意大利文、法文、英文标音的汉语官话音节表》）就是一份珍贵的材料，它用意大利文、法文和英文三种字母体

---

* 本文为国家哲学社会科学基金重大招标项目“明清民国珍稀时音韵书韵图整理集成与研究”（项目编号：19ZDA308）阶段性成果。感谢导师张玉来先生的悉心指导，感谢那不勒斯东方大学樊蒂卡（Michele Fatica）教授、罗马大学白桦教授在文献方面提供的帮助。

系为19世纪官话方言的基本音节设计了三套拼音方案。本文着重介绍这份文献的基本面貌，初步整理出其451个基本音节的拼音方案。

一 王佐才的生平及著述

王佐才（Francesco Saverio Wang，在1842－1921），字化南，1842年12月1日生于湖北应城王家榨，教名为Francesco Saverio Wang。1857年王佐才在当地神学院学习拉丁语和意大利语。1861年，王佐才与另外五名中国人在闫玉亭神父带领下前往意大利那不勒斯中华书院学习。1871年在那不勒斯中华书院完成学业，于翌年获得神职并留校讲授汉语，一直持续到他回国。1891年，王佐才回到湖北，1921年9月4日在汉口去世。他一生在国外生活了30年。

王佐才在中华书院教授汉语期间编写了四种汉语教材：（一）《实用日常词汇与简短对话》（*Vocaboli usuali e domestici con frasi semplice e dialoghi facili e brevi* 1874）。该书共11页，首页为20个字母的发音介绍，其余10页即为“实用日常词汇与简短对话”。这些词句根据词语类别或会话主题分为18组，每组包括若干词语或句子。汉语词汇或句子仅用拉丁字母拼写，没有汉字，但都有相应的意大利语解释。（二）《中文语法概要》（*Sunto Della Grammatica Cinese* 1873/1917）。该书共34页，对汉语的文字和语法作了简单的介绍，书中的汉语例字都有拉丁字母注音和意大利语解释。（三）《汉语入门》（*Nuovo Metodo per imparare a parlare lingua Cinese* 1882）。该书共10页，主要论述汉语的发音和比较汉语与意大利语在语法上的异同。关于这三本教材的详细介绍，可参看白桦（2010、2014）、张永奋与白桦（2016：171—200）。（四）*Lista dei suoni monosillabici cinesi secondo la pronunzia mandarinica colla trascrizione italiana francese inglese*（《依据意大利文、法文、英文标音的汉语官话音节表》，以下简称《音节表》），这是一份手稿，它用意大利文、法文和英文三种字母体系为当时官话方言的基本音节[①]设计了三套拼音方案。此外，王佐才还用七言诗体翻译了《圣经》，关于这部译著的信息可参考白桦（2011）。

① 基本音节指不带声调的音节，本文所说的音节都指基本音节。

二 《音节表》的体例和内容

《音节表》完成于何时并没有注明，这里暂付阙如。除书名页外，《音节表》分为两个部分，共 36 页，第一部分（1—17 页）是按照声母分组排列的基本音节表（简称“表 A”），第二部分（18—36 页）是按照韵母分组排列的基本音节表（简称“表 B”）。

先来看第一部分。如图 1 所示，该部分第一页开头是一句用意大利语写成的说明文字：Lista dei suoni monosillabici cinesi secondo la pronunzia mandarinica e la trascrizione italiana colla corrispondenza della trascrizione francese inglese（依据意大利文、法文、英文对照标音的官话音节表），接着便是按照声母分组排列的基本音节表。该音节表一共 447 个音节，根据标写声母的字母符号分为 18 组，并按照拉丁字母的顺序排列。一组之内的音节则以标写韵母的拉丁字母排序。每个音节都用一个汉字和两种拼音

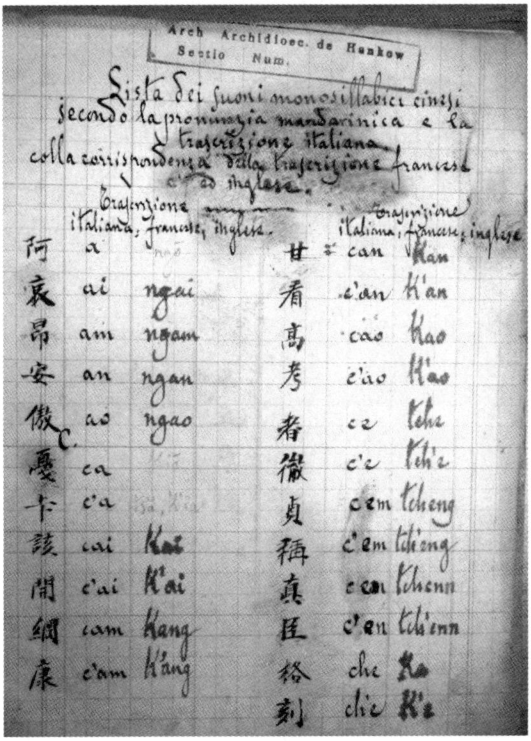

图 1

方案表示（有个别音节只有一种方案），前一种拼音方案基于意大利文字母体系，后一种方案基于法文字母体系，法文字母用红色墨水写成，而英文字母方案空缺。

再看第二部分，该部分首页（第 18 页）为意大利语写成的一句文字说明：Lista dei suoni monosillabici della lingua cinese secondo la pronunzia italiana francese ed inglese con quella del dialetto dell' Hu－pe（根据意大利文、法文和英文发音的湖北方言音节表[①]），第 19 页为空白页，从第 20 页开始便为按照韵母分组排列的基本音节表。该音节表一共 439 个音节，根据标写韵母的字母符号分为 44 组，并按照拉丁字母的顺序排列。一组之内的音节则以标写声母的拉丁字母排序，但零声母音节始终排在每组首位。每个音节都用一个汉字和三套拼音方案表示（有个别例外），三套方案分别基于意大利文、法文和英文三种字母体系，其中法语部分用红色墨水写成，如图 2 所示。

图 2

现综合两部分的信息，将《音节表》的全部音节汇总成表 1：

① 这份材料的音系是否反映湖北官话方言还有待讨论。

表 1　《音节表》的基本音节（共 451 个）

	italiana（意）	francese（法）	inglese（英）		italiana（意）	francese（法）	inglese（英）		italiana（意）	francese（法）	inglese（英）
a（5）				038 交	chiao	kiao	giao	077 朱	ciu	**tchou**	zu
001 阿	a	○	○	039 桥	ch'iao	k'iao	ciao	078 初	c'iu	**tch'ou**	z'u
002 哀	ai	ngai	ai	040 结	chie	kie	gie	079 抓	ciua	tchoa	zua
003 昂	am	**ngam**	am	041 怯	ch'ie	k'ie	cie	080 揣	c'iuai	tch'oai	z'uai
004 安	an	ngan	an	042 拣	chien	kien	gien	081 庄	ciuam	tchoang	zuam
005 傲	ao	ngao	ao	043 谦	ch'ien	k'ien	cien	082 窗	c'iuam	**tch'oang**	z'uam
c（107）				044 九	chieu	kiou	gieu	083 专	ciuan	tchoen	zuan
006 戛	ca	○	○	045 丘	ch'ieu	k'iou	cieu	084 穿	c'iuan	tch'oen	z'uan
007 卡	c'a	○	○	046 京	chim	king	gim	085 追	ciuei	tchoei	zuei
008 该	cai	kai	cai	047 轻	ch'im	k'ing	cim	086 吹	c'iuei	tch'oei	z'uei
009 开	c'ai	k'ai	c'ai	048 金	chin	kin	gin	087 准	ciuen	tchoenn	zuen
010 纲	cam	kang	cam	049 钦	ch'in	k'in	cin	088 春	c'iuen	tch'oenn	z'uen
011 康	c'am	k'ang	c'am	050 角	chio	kio	co	089 忠	cium	tchoung	zum
012 甘	can	kan	can	051 却	ch'io	k'io	cio	090 充	c'ium	tch'oung	z'um
013 看	c'an	k'an	c'an	052 居	chiu	kiu	giu	091 桌	ciuo	**tch'ouo**	zuo
014 高	cao	kao	cao	053 曲	ch'iu	k'iu	ciu	092 擉	c'iuo	**tch'ouo**	z'uo
015 考	c'ao	k'ao	c'ao	054 厥	chiue	kiue	giue	093 歌	co	ko	co
016 者	ce	tche	ze	055 缺	ch'iue	k'iue	ciue	094 可	c'o	k'o	c'o
017 彻	c'e	tch'e	z'e	056［卷］	chiuen	kiuen	○	095 故	cu	kou	cu
018 贞	cem	tcheng	zem	057［劝］	ch'iuen	k'iuen	○	096 枯	c'u	k'ou	c'u
019 称	c'em	tch'eng	z'em	058 穷	ch'ium	k'ioung	c'ium	097 瓜	cua	kua	cua
020 真	cen	tchenn	zen	059 郡	chiun	kiun	giun	098 夸	c'ua	k'ua	c'ua
021 臣	c'en	tch'enn	z'en	060 群	ch'iun	k'iun	ciun	099 乖	cuai	kuai	cuai
022 格	che	ke	che	061 知	**ci**	tcheu	zẹ̱	100 快	c'uai	k'uai	c'uai
023 刻	ch'e	k'e	ch'e	062 池	**c'i**	tch'eu	z'ẹ̱	101 光	cuam	koang	cuam
024 庚	chem	keng	chem	063 渣	cia	tcha	za	102 狂	c'uam	k'oang	c'uam
025 坑	ch'em	k'eng	ch'em	064 茶	c'ia	tchia	z'a	103 官	cuan	koan	cuan
026 根	chen	kenn	chen	065 斋	ciai	tchai	zai	104 宽	c'uan	k'oan	c'uan
027 恳	ch'en	k'enn	ch'en	066 柴	c'iai	tch'ai	z'ai	105 归	cuei	koei	cuei
028 狗	cheu	keou	cheu	067 张	ciam	tchang	zam	106 亏	c'uei	k'oei	c'uei
029 口	ch'eu	k'eou	ch'eu	068 肠	c'iam	tch'ang	z'am	107 棍	cuen	koenn	cuen
030 机	chi	ki	gi	069［战］	cian	tchen	○	108 坤	c'uen	k'oenn	c'uen
031 欺	ch'i	k'i	ci	070［谄］	c'ian	tch'en	○	109 工	cum	koung	cum
032 加	chia	kia	gia	071 招	ciao	tchao	zao	110 空	c'um	k'oung	c'um
033 恰	ch'ia	k'ia	cia	072 超	c'iao	tch'ao	z'ao	111 锅	cuo	kouo	co
034 阶	chiai	kiai	giai	073 周	cieu	tcheou	geu	112 廓	c'uo	k'ouo	c'o
035 楷	ch'iai	k'iai	giai	074 抽	c'ieu	tch'eou	ceu	E（5）			
036 江	chiam	kiang	giam	075 着	cio	tcho	zo	113 额	e	nge	e
037 强	ch'iam	k'iang	ciam	076 绰	c'io	tch'o	z'o	114 儿	**el**	eul	o

续表

	italiana（意）	francese（法）	inglese（英）		italiana（意）	francese（法）	inglese（英）		italiana（意）	francese（法）	inglese（英）
115［哼］	em	○	○	153 婴	im	ing	im	192 驴	liu	liu	niu
116 恩	en	**ngen**	en	154 银	in	in	in	193 劣	liue	liue	niue
117 偶	eu	ngeou	eu	155 药	io	io	io	194［恋］	liuen	liuen	○
F（9）				156 于	iu	iu	iu	195 论	liun	liun	len
118 法	fa	fa	fa	157 月	iue	iue	iue	196 落	lo	lo	no
119 方	fam	fang	fam	158［渊］	iuen	iuen	o	197 炉	lu	lou	leu
120 饭	fan	fan	fan	159 雍	ium	ioung	ium	198 乱	luan	loan	nan
121 飞	fei	fei	o	160 运	iun	iun	iun	199 陇	lum	loung	num
122 分	fen	fenn	fen	J（13）				200 罗	luo	louo	mo
123 否	feu	feou	feu	161 让	jam	jang	jam	M（21）			
124 缚	fo	fo	fo	162 然	jan	jen	o	201 马	ma	ma	ma
125 扶	fu	fou	fu	163 饶	jao	jao	jao	202 埋	mai	mai	mai
126 风	fum	foung	fum	164 惹	je	je	je	203 忙	mam	mang	mam
H（18）				165 扔	jem	jeng	jem	204 满	man	man	man
127 海	hai	hai	hai	166 人	jen	jenn	jen	205 毛	mao	mao	mao
128 颃	ham	hang	ham	167 柔	jeu	jeou	jeu	206 墨	me	me	me
129 寒	han	han	fam	168 若	jo	jo	jo	207 美	mei	mei	mei
130 好	hao	hao	hao	169 如	ju	jou	ju	208 猛	mem	meng	mem
131 黑	he	he	me	170 软	juan	joan	juan	209 门	men	menn	men
132 恒	hem	heng	hem	171 睿	juei	joei	juei	210 茂	meu	meou	meu
133 根	hen	henn	hen	172 闰	juen	juenn	jun	211 迷	mi	mi	mi
134 后	heu	heou	heu	173 戎	jum	joung	jum	212 苗	miao	miao	miao
135 河	ho	ho	ho	L（27）				213 灭	mie	mie	mie
136 呼	hu	hou	hu	174 拉	la	la	na	214 免	mien	mien	mien
137 花	hua	hoa	hua	175 来	lai	lai	nai	215 谬	mieu	miou	mieu
138 怀	huai	hoai	huai	176 朗	lam	lang	nam	216 明	mim	ming	mim
139 荒	huam	hoang	huam	177 澜	lan	lan	nan	217 民	min	min	min
140 欢	huan	hoan	huan	178 老	lao	lao	nao	218 莫	mo	mo	mo
141 灰	huei	hoei	huei	179 勒	le	le	ne	219 母	mu	mou	mum
142 魂	huen	hoenn	huen	180 雷	lei	lei	nei	220 蒙	mum	moung	mum
143 红	hum	houng	hum	181 冷	lem	leng	nem	221 磨	muo	mouo	mo
144 和	huo	houo	ho	182 楼	leu	leou	neu	N（24）			
I（16）				183 离	li	li	ni	222 拿	na	na	na
145 衣	i	i	i	184 良	liam	leang	niam	223 耐	nai	nai	nai
146 雅	ia	ia	ia	185 料	liao	leao	niao	224 囊	nam	nang	nam
147 矮	iai	iai	ai	186 列	lie	lie	nie	225 难	nan	nan	nan
148 羊	iam	iang	iam	187 连	lien	lien	nien	226 闹	nao	nao	nao
149 腰	iao	iao	iao	188 留	lieu	liou	nieu	227 内	nei	nei	nei
150 野	ie	ie	ie	189 灵	lim	ling	nim	228 能	nem	neng	nem
151 烟	ien	ien	ien	190 林	lin	lin	nin	229 耨	neu	neou	neu
152 忧	ieu	iou	ieu	191 略	lio	leo	nio	230 泥	ni	gni	ni

续表

	italiana（意）	francese（法）	inglese（英）
231 娘	niam	gniang	niam
232 鸟	niao	gniao	niao
233 捏	nie	gnie	nie
234 年	nien	gnien	nien
235 扭	nieu	gniou	nieu
236 宁	nim	gning	nim
237 您	nin	gnin	nin
238 虐	nio	gnio	nio
239 女	niu	gniu	niu
240 诺	no	no	no
241 奴	nu	nou	neu
242 暖	nuan	noan	nan
243 嫩	nuen	nuenn	nen
244 农	num	noung	num
245 挪	nuo	nouo	no
o（1）			
450 我	o	ngo	o
P（38）			
246 把	pa	pa	pa
247 怕	p'a	p'a	p'a
248 拜	pai	pai	pai
249 排	p'ai	p'ai	p'ai
250 邦	pam	pang	pam
251 胖	p'am	p'ang	p'am
252 班	pan	pan	pan
253 盘	p'an	p'an	p'an
254 包	pao	pao	pao
255 抛	p'ao	p'ao	p'ao
256 百	pe	pe	pe
257 魄	p'e	p'e	p'e
258 杯	pei	pei	pei
259 坯	p'ei	p'ei	p'ei
260 崩	pem	peng	pem
261 朋	p'em	p'eng	p'em
262 本	pen	penn	pen
263 盆	p'en	p'enn	p'en
264 剖	p'eu	p'eou	p'eu
265 比	pi	pi	pi
266 枇	p'i	p'i	p'i
267 标	piao	piao	piao

	italiana（意）	francese（法）	inglese（英）
268 漂	pi'ao	p'iao	p'iao
269 别	pie	pie	pie
270 撇	p'ie	p'ie	p'ie
271 贬	pien	pien	pien
272 偏	p'ien	p'ien	p'ien
273 彪	pieu	piou	pieu
274 兵	pim	ping	pim
275 平	p'im	p'ing	p'im
276 宾	pin	pin	pin
277 贫	p'in	p'in	p'in
278 补	pu	pou	pu
279 铺	p'u	p'ou	p'u
280 琫	pum	poung	pum
281 篷	p'um	p'oung	p'um
282 波	puo	**puo**	po
283 坡	p'uo	**p'uo**	p'o
S（28）			
284 撒	sa	sa	sa
285 腮	sai	sai	sai
286 桑	sam	sang	sam
287 散	san	san	san
288 骚	sao	sao	sao
289 僧	sem	seng	sem
290 嗽	seu	seou	seu
448 思	se	seu	se
291 西	si	si	si
292 祥	siam	siang	ciam
293 消	siao	siao	siao
294 些	sie	sie	sie
295 先	sien	sien	sien
296 修	sieu	siou	sieu
297 星	sim	sing	sim
298 新	sin	sin	sin
299 削	sio	sio	sio
300 须	siu	siu	siu
301 雪	siue	siue	siue
302［宣］	siuen	siuen	○
303 巡	siun	siun	siun
451 杓	so	so	so
304 苏	su	sou	seu

	italiana（意）	francese（法）	inglese（英）
305 酸	suan	suan	san
306 虽	suei	soei	sei
307 孙	suen	suenn	sen
308 松	sum	soung	sum
309 梭	suo	souo	so
Sc（16）			
310 稀	sci	hi	sci
311 遐	scia	hia	scia
312 鞋	sciai	hiai	hai
313 香	sciam	hiang	siam
314 孝	sciao	hiao	sciao
315 歇	scie	hie	scie
316 嫌	scien	hien	scien
317 休	scieu	hiou	scieu
318 兴	scim	hing	scim
319 欣	scin	hin	scin
320 学	scio	hio	scio
321 虚	sciu	hiu	sciu
322 血	sciue	hiue	sciue
323［喧］	sciuen	hiuen	○
324 兄	scium	hioung	scium
325 训	scion	hiun	sciun
Sh（20）			
326 沙	sha	cha	sa
327 晒	shai	chai	sai
328 伤	sham	chang	sam
329 山	shan	chan	san
330 烧	shao	chao	sao
331 舌	sha	che	se
332 升	shem	cheng	sem
333 身	shen	chenn	sen
334 收	sheu	cheou	seu
449 诗	she	cheu	se
335［杓］	sho	cho	○
336 书	shu	chou	su
337 刷	shua	choa	shua
338 衰	shuai	choai	suai
339 霜	shuam	choang	suam
340［栓］	shuan	choan	○
341 谁	shuei	choei	suei

续表

	italiana（意）	francese（法）	inglese（英）		italiana（意）	francese（法）	inglese（英）		italiana（意）	francese（法）	inglese（英）
342 顺	shuen	choenn	suen	378 推	t’uei	t’oei	t’ei	412 妻	z’i	ts’i	z’i
343 春	shum	choung	sum	379 顿	tuen	toenn	ten	413 将	ziam	tsiang	giam
344［说］	shuo	chouo	○	380 吞	t’uen	t’oenn	t’en	414 枪	z’iam	tsiang	ciam
T（40）				381 东	tum	toung	tum	415 焦	ziao	tsiao	ziao
345 打	ta	ta	ta	382 通	t’um	t’oung	t’um	416 消	z’iao	ts’iao	z’iao
346 他	t’a	t’a	t’a	383 多	tuo	touo	to	417 借	zie	tsie	zie
347 歹	tai	tai	tai	384 脱	t’uo	t’ouo	t’o	418 且	z’ie	ts’ie	z’ie
348 胎	t’ai	t’ai	t’ai	U（1）				419 剪	zien	tsien	zien
349 当	tam	tang	tam	385 无	u	ou	u	420 前	z’ien	ts’ien	z’ien
350 汤	t’am	t’ang	t’am	V（8）				421 酒	zieu	tsiou	zieu
351 单	tan	tan	tan	386 瓦	va	wa	va	422 秋	z’ieu	ts’iou	z’ieu
352 贪	t’an	t’an	t’an	387 外	vai	wai	vai	423 精	zim	tsing	zim
353 刀	tao	tao	tao	388 王	vam	wang	vam	424 青	z’im	ts’ing	z’im
354 桃	t’ao	t’ao	t’ao	389 万	van	wan	van	425 浸	zin	tsin	zin
355 德	te	te	te	390 威	vei	wei	vei	426 亲	z’in	ts’in	z’in
356 忒	t’e	t’e	t’e	391 温	ven	wenn	ven	427 爵	zio	tsio	zio
357 登	tem	teng	tem	392 窝	vo	wo	vo	428 鹊	z’io	ts’io	z’io
358 腾	t’em	t’eng	t’em	393 翁	vum	woung	vum	429 聚	ziu	tsiu	ziu
359 豆	teu	teou	teu	Z（54）				430 取	z’iu	ts’iu	z’iu
360 头	t’eu	t’eou	t’eu	394 杂	za	tsa	za	431 绝	ziue	tsiue	zie
361 堤	ti	ti	ti	395 擦	z’a	ts’a	z’a	432 镌	ziuen	tsiuen	zien
362 提	t’i	t’i	t’i	396 宰	zai	tsai	zai	433 全	z’iuen	ts’iuen	z’ien
363 雕	tiao	tiao	tiao	397 才	z’ai	tsai	z’ai	434 逡	z’iun	ts’iun	z’iun
364 挑	t’iao	t’iao	t’iao	398 藏	zam	tsang	zam	435 作	zo	tso	zo
365 迭	tie	tie	tie	399 仓	z’am	ts’ang	z’am	436 租	zu	tsou	zeu
366 帖	t’ie	t’ie	t’ie	400 赞	zan	tsan	zan	437 粗	z’u	ts’ou	z’eu
367 颠	tien	tien	tien	401 蚕	z’an	ts’an	z’an	438 钻	zuan	tsoan	zan
368 天	t’ien	t’ien	t’ien	402 遭	zao	tsao	zao	439 窜	z’uan	ts’oan	z’an
369 丢	tieu	tiou	tieu	403 操	z’ao	ts’ao	z’ao	440 罪	zuei	tsoei	zei
370 定	tim	ting	tim	404 子	**ze**	tzeu	○	441 催	z’uei	ts’oei	z’ei
371 听	t’im	t’ing	t’im	405 慈	**z’e**	tz’eu	○	442 尊	zuen	tsuenn	zen
372 铎	to	to	to	406 增	zem	tseng	zem	443 存	z’uen	ts’uenn	z’en
373 都	tu	tou	teu	407 层	z’em	ts’eng	z’em	444 宗	zum	tsoung	zum
374 图	t’u	t’ou	t’eu	408 怎	zen	tsenn	zen	445 聪	z’um	ts’oung	z’um
375 端	tuan	toan	tan	409 走	zeu	tseou	zeu	446 坐	zuo	tsouo	zo
376 团	t’uan	t’oan	t’an	410 凑	z’eu	ts’eou	z’eu	447 错	z’uo	ts’ouo	z’o
377 对	tuei	toei	tei	411 挤	zi	tsi	zi				

注：表中音节的编号为笔者所加，每组代表字母后的数字为该组的音节数。英文字母方案来自表 B，表 A/B 都空缺的方案用○标示。表 1 一共列了 451 个音节，即表 A 的 447 个音节（编号 001－447）加上表 B 独有的 4 个音节（编号 448－451）。汉字带方括号［ ］的音节为表 A 独有；填充底纹的音节为表 B 独有；加粗的音节表示在标写上表 A/B 存在差异，具体的情况见表 5。

在音节数量和音节标写方面，表 A 和表 B 基本相同，但也存在一些差异。就音节数量而言，表 A 一共有 447 个音节，其中有 12 个音节是表 B 没有的；表 B 一共有 439 个音节，其中有 4 个音节是表 A 没有的；两表共有 435 个相同音节，详见表 2。

表 2　　表 A/B 在音节数量上的差异情况

	表 A 独有（12）												合	表 B 独有（4）			
字	卷	劝	战	谄	哼	渊	恋	喧	栓	说	宣	杓	435	杓	我	思	诗
意	chiuen	ch’iuen	cian	c’ian	em	iuen	liuen	sciuen	shuan	shuo	siuen	sho		so	o	se̱	she̱
法	kiuen	k’iuen	tchen	tch’en	○	iuen	liuen	hiuen	choan	chouo	siuen	cho		so	ngo	seu	cheu
英	○	○	○	○	○	○	○	○	○	○	○	○		so	o	se̱	se̱

注：“杓”在两表都出现，但标音不同，代表的应该是两个不同的音节。用同一个汉字的不同读音代表两个不同的音节，在《音节表》中仅此一例。

就音节标写而言，三套方案选取的基本字母符号都是拉丁字母，既有相同的，也有不同的。就辅音符号而言，三套方案都选了<f>、<h>、<j>、<m>、<n>、<p>、<s>、<t>、<v>、<ch>等字母或字母组合，而没有选取的字母在源语言中通常标写浊音、颤音或者借词，如<b>、<d>、<q>、<r>、<x>、<y>等。此外，三套方案都设计了送气符号，详见表 3。

表 3　　三套方案所选辅音字母符号

	b	c	d	f	g	h	j	k	l	m	n	p	q	r	s	t	v	w	x	y	z	组合	符号	合计
意	−	**+**	−	+	−	+	+	−	+	+	+	**+**	−	−	+	**+**	+	−	−	−	**+**	**ch**，sh，sc	’	15/20
法	−	−	−	+	**−**	+	+	**+**	+	+	+	**+**	−	−	+	**+**	−	+	−	−	−	**ts**，**tch**，ch，gn，ng	’	16/21
英	−	**+**	−	+	+	+	+	−	−	+	+	**+**	−	−	+	**+**	+	−	−	−	**+**	**ch**，sc	’	14/19

注：加粗的部分代表该字母在方案中与送气符号组合成送气声母的字母符号。合计一栏中，斜线前的数字代表不带送气符号的字母数量，斜线后的数字代表包括送气声母符号在内的所有声母符号的总数。

与辅音符号一样，三套方案所设计的元音符号也同中有异，如表 4 所示：

表 4　　三套方案所选元音字母符号

<table>
<tr><th></th><th>意、英、法共用</th><th>意、英共用</th><th>意、英、法独用</th></tr>
<tr><td>意</td><td rowspan="4">a，ai，an，ao，e，ei，i，ia，iai，iao，ie，ien，eu，in，io，iu，iue，iun，o（19）</td><td rowspan="2">am，e̲，e̲l，em，en，iam，ieu，im，ium，u，ua，uai，uam，uan，uei，uen，um，uo（18）</td><td rowspan="2">iua，iuai，iuam，iuan，iuei，iuen，iuo（7）</td></tr>
<tr><td>英</td></tr>
<tr><td rowspan="2">法</td><td rowspan="2"></td><td>ien，un（2）</td></tr>
<tr><td>ang，eang，eao，en，eou，eul，eng，enn，iang，iou，ing，oang，oen，oei，iuen，ioung，ou，oa，oai，oan，oenn，oung，ouo（23）</td></tr>
</table>

除了不同方案字母选取的差异外，同一方案的同一音节在两个音节表中也存在一些差异，这既体现在汉字的选取上，又体现在字母的设计上，大体分为三种情况：（一）汉字选取的差异，如同一个音节<jan-jen-jan>①，在表 A 中选取的代表汉字为“然”，而在表 B 中选取的代表汉字为“染”；（二）字母设计的差异，如意大利文字母方案中的“知”音节，在表 A 中为<ci>，而在表 B 中为<ce̲>；（三）汉字选取和字母设计都有差异，如表 A 中的音节“儿<el-eu-〇>”，在表 B 中则为“耳<e̲l-eul-e̲l>”。现将三种情况汇总成表 5：

表 5　　表 A/B 在音节标写上的差异情况

<table>
<tr><th></th><th></th><th colspan="2">情况（一）</th><th colspan="7">情况（二）</th><th colspan="2">情况（三）</th></tr>
<tr><td rowspan="2">字</td><td>表A</td><td>然</td><td>飞</td><td>昂</td><td>知（池）</td><td>窗</td><td>朱（初）</td><td>桌（擢）</td><td>恩</td><td>波（坡）</td><td>儿</td><td>子</td></tr>
<tr><td>表B</td><td>染</td><td>非</td><td>昂</td><td>知（池）</td><td>窗</td><td>朱（初）</td><td>桌（擢）</td><td>恩</td><td>波（坡）</td><td>耳</td><td>滋</td></tr>
<tr><td rowspan="2">意</td><td>表A</td><td>jan</td><td>fei</td><td>am</td><td>ci</td><td>c'iuam</td><td>ciu</td><td>ciuo</td><td>en</td><td>puo</td><td>el</td><td>ze</td></tr>
<tr><td>表B</td><td>jan</td><td>fei</td><td>am</td><td>ce̲</td><td>c'iuam</td><td>ciu</td><td>ciuo</td><td>en</td><td>puo</td><td>e̲l</td><td>ze̲</td></tr>
<tr><td rowspan="2">法</td><td>表A</td><td>jen</td><td>fei</td><td>ngam</td><td>tcheu</td><td>tch'ong</td><td>tchou</td><td>tchouo</td><td>ngen</td><td>puo</td><td>eul</td><td>tseu</td></tr>
<tr><td>表B</td><td>jen</td><td>fei</td><td>ngang</td><td>tcheu</td><td>tch'oan</td><td>tchu</td><td>tcho</td><td>ngenn</td><td>pouo</td><td>eul</td><td>tseu</td></tr>
</table>

注：表 A 没有英语字母拼音方案，因此表 5 只列了意、法两种方案。表 A/B 在音节标写上存在差异的部分用黑体标示。括号（）中的“池、坡、初、擢”等字代表送气音节的字母设计与其相配的不送气音节类似，只是多了一个送气符号。

① 本文涉及的拼音方案用尖括号< >括注（表格中省略尖括号），尖括号内连字符-分隔的三个字母分别代表意、法、英三种字母方案，如<jan-jen-jan>分别代表音节“然”的意、法、英三种方案；空缺的方案或零声母的方案用〇标写，如“海<hai-hai-〇>”、“昂<〇-ng-〇>”。

不管是汉字选取的差异，还是字母设计的不同，它们都仅仅只是音节标写的不一致，而非音节本身的差别。此外，个别音节的字母方案存在空缺，“阿”“戛”“卡”“哼”四个音节在两个音节表中都只有意大利文字母方案，而“海”在表B中没有英文字母方案。

至于《音节表》的声韵系统以及音系性质等问题，容另文讨论。

参考文献

1. 白桦：《王佐才之拉丁文“双句韵文”及中文“七言诗体”的新、旧约缩译》，包智光译，《天主教研究学报》2011年第2期。

2. 白桦：《论王佐才对海外汉语教学的贡献——那不勒斯中华书院汉语教材再探》，《国际汉语教育》2010年第4期。

3. 白桦：《意大利第一位中国汉语教师——王佐才还是郭栋臣?》，《汉学研究》2014年春夏卷。

4. （意）樊米凯（Michele Fatica）：《王佐才神父：一位传教士、翻译家兼诗人在纳玻里的经历》，包智光译，《天主教研究学报》2011年第2期。

5. 张永奋、白桦：《意大利汉学史》，学苑出版社2016年版。

6. （意）Michele Fatica（樊帝卡），“*Il contributo degli alunni del Collegio dei Cinesi di Napoli alla conoscenza della lingua sinica in Europa e in Italia*：*il ruolo di F. S. Wang*”，in M. Fatica（ed.），*Scritture di Storia*，n. 5，Napoli：Edizioni Scientifiche Italiane，2008.

《樛木》解诂*

黄树先　李　敏

（首都师范大学文学院）

摘　要： 训诂学是传统语文学里诞生较早的分支学科，经过两千多年的发展，训诂学已成为经典的语言学学科。现代语言学兴起后，涌现出新的理念、新的方法以及新的材料，给传统的训诂学带来了新的发展契机。我们主张在继承传统训诂学的基础上，引入汉藏比较、词义比较，借鉴这些学科的理念和材料，运用比较训诂的方法对文献进行整理和研究，形成新的训诂学。本文运用比较训诂的方法对《周南·樛木》进行解释。

关键词： 训诂；比较训诂；汉藏比较；词义比较；樛木

一　引言

《诗经》是先秦最重要的典籍，秦汉学者对《诗经》进行了系统的研究，汉代齐鲁韩毛四家，各有特色，两千年来，《诗经》的研究成果丰硕。流传至今最为完整的是毛亨的故训传。伴随着《诗经》等典籍的整理与研究，训诂实践日趋成熟，训诂学也宣告成立。训诂学的展开，开启了汉语词汇学的研究，词汇学的研究是传统语文学的开始。正如王力先生所说，中国的语言学，最早的时期乃是“以训诂为主的时期”（王力1981）。由此可见，训诂及训诂学的地位是非常重要的。经典的训诂学，是对汉语的文献进行整理和解读，运用汉语内部材料对传世的文献进行研

* 基金项目：国家社会科学基金重大研究专项“冷门‘绝学’和国别史研究专项”项目“汉藏语基本词词库建设”（2018VJX074）。

究。两千多年的训诂实践，训诂学积累了丰富的文献材料，形成了独具一格的中国传统语文学，到乾嘉时期，达到了学术的顶峰（黄树先、钱萌萌 2018）。

现代语言学的兴起，使得传统的训诂学有了新的发展契机，训诂学应该抓住机会，在继承传统训诂学的基础上，应该有新的发展，新的拓展。比较训诂，是我们最近几年酝酿的整理和研究文献的一个新思路，现在正在进行的工作是对《诗经》作校注。整理《诗经》，所采用的方法就是比较训诂。比较训诂是在传统训诂学的基础上，充分发挥传统训诂学的优势，引进汉藏比较、词义比较。汉藏比较，是把最近百年汉藏比较语言学的方法和成果运用到传统训诂之中。语义类型学是跨语言的词义比较，最近十余年，进展颇快。比较词义的理念跟成果，亦可运用到训诂学里。

把汉藏比较、比较词义跟经典的训诂学融合在一起，形成解读文献的新理念，给训诂学增添新的元素。比较训诂的第一个目标，就是承继汉唐训诂传统，发扬乾嘉段王学风，对文献的文字作校正，解释字词句篇，所用的材料是汉语内部材料，文献材料包括传世文献和出土文献；训诂的方法来自经典的训诂学、文献学。比较训诂是以传统的训诂学为主，依托汉语文献，采用传统的文献学方法对文献进行整理和研究。训诂学的有关文献丰富，训诂的研究对象、理论及方法，研究相当的成熟，此不赘述。

在继承经典训诂学的基础上，引进汉藏比较、词义比较的理念和方法，动用跨语言比较的材料，结合传统的文献材料和训诂学理念、方法，进行综合的研究。比较训诂，具体来说就是采用训诂学、文献学、汉藏比较、词义比较等相关学科基本研究思路、方法；征引相关学科的主要文献和语料；汇集相关学科主要学者的研究成果。目前的情况是，训诂学、汉藏比较及语义类型学等各学科画地为牢，各自为政，森严壁垒，鲜有勾连。各学科急需沟通，截长补短，共同发展。抱残守缺，坐井观天，均不利于学术发展。

传统训诂学的材料，传统训诂学的理念和方法，是比较训诂学的基础。要全面继承和发扬汉唐传统，吸收和借鉴乾嘉以来的训诂学成果。这个工作最为重要，是比较训诂的基础，也是比较训诂的起点，夯实了传统训诂这个基础，才能进行下一步的工作。当然，没有这下一步，也就没有比较训诂。比较训诂包括除传统训诂以外的两大块：汉藏比较、词义比较。

1. 汉藏比较。汉藏语系是很重要的语系，语言众多，各种语言各有特色；语系里有藏文、缅甸文、西夏文等古老的文字跟文献。汉藏语系的各个语言，发展速度不同，或多或少保留原始母语的语言面貌。汉藏语系的研究业已超过百年，名家辈出，成果丰硕；亲属语言的比较，对于训诂的研究，大有裨益。兹举《诗经》一例加以说明。

“厭浥行露”，传：“厭浥，湿意也。”马瑞辰说，厭浥即浥之假借（《传笺通释》85页）。《说文》：“湆，幽湿也。从水，音声。”又：“浥，湿也。从水，邑声。”《广雅·释诂一》：“湆、浥，湿也。”疏证引徐鍇传云：“今人多言浥湆也。”

“厭”于豔切 ＊qem，于葉切 ＊qeb；“浥”，于汲切 ＊qrɯb。“湆”去及切 ＊khrɯb，“挹”伊入切 ＊qɯb。“厭浥”二字以及写法不同的几个字，声韵接近，大致有收-m 收-b 两种形式：＊qem-＊qrɯb，＊qeb-＊qrɯb。“厭浥”前后两个字，单独都有潮湿义，合在一起还当潮湿讲。“厭浥”二字韵母跟“湿”（失入切）＊hŋjɯb 相同。声母复杂，待考。还有“隰” ＊ljɯb，指湿地，《说文》训“阪下湿也”，《邶风·简兮》：“山有榛，隰有苓。”“濕”，本是古水名，《说文》：“濕，濕水，出东郡东武阳，入海。从水，㬎声。”字后作“漯”，同他合切＊ŋhl'ɯɯb>th-。水跟潮湿的关系，应该是很密切的，如藏缅语＊ti（y），坎布里拉瓦语（缅倮倮语）thi，怒语 thi“水”，克钦语 mədi“湿气，湿，潮湿”，mədit“使湿，弄湿，潮湿，湿气”（白保罗 1972：55）。王力先生认为隰湿是同源字（王力《古汉语字典》1604页）。俞敏先生拿藏语 tub“湿”跟汉语“湿”对应（俞敏 1949：93）。藏语的读音他合切＊ŋhl'ɯɯb>thɯɯb。“行露”，道路上的露水。笺云：“厭浥然濕，道中始有露。”俞敏先生的比较，可以证明“湿”以及“厭浥”作潮湿讲，都是古老的词语。“厭浥”二字，单用是潮湿，组合在一起也是潮湿；“厭浥”是同义复合词。借助汉藏比较的成果来解释“厭浥行露”，诗义显豁，明白易晓。

2. 词义比较。词义比较是跨语言的比较，是语义类型学视野的探索（黄树先 2012，2015）。语义类型研究起步比较晚，把比较词义引进到训诂学，基本没有做过。词义比较，就是语义类型学，不管语言有无发生学关系，也不管语言是否有文献，古老或现代，均可以拿来比较。跨语言的词义比较，可供比较的语言多，语言类型丰富，有广阔的研究空间。全世界的语言，正在使用的，业已死亡的，何止千万。词义比较引进到训诂研究中，大有可为，前景未可限量。把比较词义的方法和成果引入传统训诂之中，有重要的意义。我们先举《诗经》训诂几个例证，以窥管豹。

《卫风·竹竿》“巧笑之瑳，佩玉之儺。”笺云：“己虽不见答，犹不恶君子，美其容貌与礼仪也。”“巧笑之瑳”，笑得灿烂，笑得可爱。“巧笑”，善笑。参见“巧笑倩兮”。“瑳”，传：“瑳，巧笑貌。”笑容可以说“粲然”“灿烂”，是鲜艳的意思。“瑳”是鲜艳洁白，《说文》：“瑳，玉色鲜白。从玉，差声。”又：“玼，玉色鲜也。从王，此声。诗曰：新台有玼。”段注谓玼之或体作瑳，删去“瑳”篆。“瑳”七何切 *shlaal，又千可切 *shlaalʔ。“磋”，摩擦，“切磋琢磨”，传：“治骨曰切，象曰磋。”“瑳”，鲜艳洁白。琢磨与光洁的语义关系，可比较“瑩”。“瑩”，玉色，《说文》：“玉色也。从王，熒省声。逸《论语》曰：如玉之瑩。”“瑩”，是玉色，动词是琢磨玉石，或琢磨使之光洁，左思《招隐诗》：“前有寒泉井，聊可莹心神。”“会弁如星”释文谓“瑩音荣，徐又音营，又音瑩磨之瑩”。英语 rub“摩擦”，rubbing“擦，擦净，擦亮”；shine“发亮，光亮；擦亮，擦光：shine one's boots 擦靴子”，名词“光，光亮；光泽；擦皮鞋，擦，磨”。“灿烂的笑”，可比较英语 bright“明亮的，发亮的；（颜色）鲜艳的，璀璨的；欢快的：a bright smile 欢快的微笑｜a bright smiling face 欢快的笑脸”。又 radiant“明亮照耀的，光辉灿烂的”，radiant smile 亦可指“灿烂的微笑”。

再比较“凿”，“凿”是开凿，或凿掉的部分物体。磨搓跟开凿，语意相近。《诗经》开凿与明亮，语义相关，亦可用比较词义加以说明。《唐风·扬之水》第一章：“扬之水，白石凿凿。”传：“凿凿然，鲜明貌。”笺云：“激扬之水，激流湍疾，洗去垢浊，使白石凿凿然。兴者，喻桓叔盛彊，除民所恶，民得以有礼义也。”激扬之水，冲刷石块，故尔白色之石凿凿然明亮耀眼。疏：“言激扬之水，波流湍疾，行于石上，洗去石之垢秽，使白石凿凿然而鲜明。”“白石”，即洁白的石块。“凿凿”zuò，明亮，语义来源于动词“凿”。《说文》：“凿，所以穿木也。从金，糳省声。”段注：“穿木之器曰凿，因之既穿之孔亦曰凿矣。”“凿”在各切 *zoowG，洁白义读则落切 *ʔsoowG，洁白之精米曰糳，亦读则落切。英语 chisel“凿子”，动词雕琢，雕刻，chiseled“雕刻成的；轮廓鲜明的，清晰的”，也指清秀，清丽：chiseled features“清秀端正的容貌”；a chiseled essay“清丽的散文”。

雕琢与洁白的语义关系，比较“铣”，“铣”是光泽，也指小凿，《说文》：“铣，金之泽者。从金，先声。一曰小凿。”还可比较“磋”。《卫风·淇奥》：“如切如磋，如琢如磨。”传：“象曰磋，玉曰琢。”“磋”，《说文》作“瑳”，段本删去“瑳”篆，认为“瑳”是“玼”字的重文。“玼，新玉色鲜也。从王，此声。诗曰：新台有玼。”马瑞辰说，“磋”者，“瑳”之俗字（《传笺通释》196页）。“瑳磋”七何切 *shlaal。“瑳兮瑳兮，其之展也”，“瑳”，鲜艳洁白。

琢磨与光洁的语义关系，还可比较“瑩”。“瑩”，玉色，《说文》：“玉色也。从王，熒省声。逸《论语》曰：如玉之瑩。”动词是琢磨玉石，或琢磨使之光洁。段注：“谓玉光明之貌，引申为磨。瑩亦作鎣。”慧琳音义卷三引字书：“细磨曰瑩。”又卷五十三引顾野王曰：“瑩谓摩饰玉使光明也。”又卷三十“磨瑩”下谓瑩亦作鎣。《广雅·释诂三》：“鎣，磨也。”疏证：“瑩与鎣通。”左思《招隐诗》：“前有寒泉井，聊可莹心神。”“会弁如星”释文谓“瑩音荣，徐又音营，又音瑩磨之瑩”。

“饰”是刷饰，又有洁净义。《说文》：“修，饰也。”段注：“饰即今之拭字，拂拭之则发其光采，故引伸为文饰。《女部》曰：妆者，饰也。用饰引伸之义。此云修饰也者，合本义引伸义而兼举之。不去其尘垢，不可谓之修。不加以缛采，不可谓之修。”《慧琳音义》卷一引《考声》：“饰，装饰也，修理清洁也。”又卷八“鎣饰”条引《集训》：“饰，清洁也。”

清洗跟明亮的语义关系，我们可以举《邶风·新台》“新台有洒”为例来加以说明。“洒”，读 sǎ，所卖切，是洗涤，扫洒；读 cuǐ，取猥切，鲜艳的样子，一曰高峻貌，传：“洒，高峻也。”《说文》：“洒，滌也。从水，西声。古文以为灑埽字。”“洒”，释文引《韩诗》作“漼”，音同，云“鲜貌”。“洒”先礼切 *sɯɯlʔ、思晋切 *sɯɯns、苏根切 *sɯɯn，俞敏先生拿“洒”对应藏文 bsil“洗”（俞敏 1989）。汉语“洒”有洗涤义，又有明亮、鲜洁义。比较罗马尼亚语 spalat“洗过的，干净的”。张元干《水调歌头》：“万里碧空如洗，寒浸十分明月。”是“洗”状其明爽。《新台》第一章“新台有泚，河水瀰瀰”，传：“泚，鲜明貌。”《说文》：“泚，清也。从水，此声。”“泚”是水清澈，清澈和鲜明、明亮义，语义有关联。《说文》引诗作“玼”：“玼，新玉色鲜也。从王，此声。诗曰：新台有玼。”又：“漼，新也。从水，辠声。”“泚玼”千礼切 *sheeʔ，“漼漼”七罪切 *shluulʔ。“有洒”就该读作 sǎ，鲜艳明亮，是从洒扫发展而来的。

濯是洗涤，《大雅·泂酌》："可以濯罍。"传："濯，滌也。"又光明貌，《大雅·崧高》："鉤膺濯濯。"传："濯濯，光明也。"《大雅·灵台》："麀鹿濯濯，白鳥翯翯。"传："濯濯，娱游也。翯翯，肥澤也。"笺云："鸟兽肥盛喜乐，言得其所。"孔疏申之曰："娱乐游戏，亦由肥泽故也，二者互相足。"肥泽，现在说"肥白"，翯正是这个意思，《说文》："翯，鸟白肥泽貌。从羽，高声。诗云：白鸟翯翯。"段玉裁注："《白部》曰：皠，鸟之白也。何晏赋：皠皠白鸟。翯与皠音义皆同。贾谊书作皜皜，《孟子》作鹤鹤，赵注与毛传合。"《小尔雅·广诂》："縞，白也。"王力先生说，縞皞暤皎皦翯颢皠鹤皓晧，是同源字（王力《同源字典》205页）。"鹤"得名于白，同族词还有"皠"（鸟之白）、"㩁"（白牛）、"騅"（马白额），说见杨树达《释"皠"》（《积微居小学述林》）、张永言《词汇学简论》（28页）。"濯濯"后世指清朗（《世说新语·容止》"濯濯如春月柳"），亦由白濯发展而来。

比较训诂，在传统训诂的基础上，引进了汉藏比较、词义比较，所使用的材料大为拓展。底下是《周南·卷耳》的注释，采用的就是比较训诂的理念。

二 《樛木》注释

《樛木》三章，每章四句。诗序谓"《樛木》后妃逮下也。言能逮下而无嫉妬之心焉"，《诗经原始》驳之，"然诗词并无乐德意，而何以见其无嫉妒心耶"？方氏推断，诗"似于夫妇为近"。班昭谓诗只是"安乐之象也"（《文选·幽通赋》李善注引），不局限于夫妻，较接近原诗。刘克谓"窃详诗辞，与大小雅相近，歌咏其福禄耳"（《诗说》卷一，续修四库全书本），后来学者大多接受这一说法，如崔东壁说，玩其词义，颇与《南有嘉鱼》《南山有台》之诗相类，或为群臣颂祷其君（《读风偶识》）。今人傅斯年先生也说《樛木》是祝福之词，《小雅》中这一类甚多（傅斯年 2019）。祝祷之说，庶几近之。

（一）南有樛木，葛藟纍之。乐只君子，福履绥之

1. 南。"南" *nuum，传以"南土"释之，大概是指南方地区。《大

雅·崧高》："往近王舅，南土是保。"疏谓："当于南方之土，于是安居之矣。""南土"泛指南部地区，故《左传·昭公九年》："巴、濮、楚、邓，吾南土也；肃慎、燕、亳，吾北土也。"笺云："南土，谓荆扬之域。"本诗之南，康成以荆扬当之，《毛诗会笺》谓南国在江汉荆州，南土则岐周之地。也与郑笺同义。孔疏申之曰："诸言南山者，皆据其国内，故传云周南山、曹南山也。今此《樛木》言南，不必己国。何者，以兴必取象，以兴后妃上下之盛，宜取木之盛者。"《鲁颂·泮水》："大赂南金。"传："南谓荆扬也。"尽管"南"可泛指荆州、扬州，但仍没有确切可信的理由说此诗"南"就是荆扬。

此诗的"南"，当是泛指本国南方，或指某地的南面。《诗集传》曰："南，南山也。"其说是也。《说文》："南，艸木至南方有枝任也。从宋，羊声。"段注谓原文脱误，当作"南，任也。艸木至南方有枝任也。"段注："有枝任，谓夏时艸木畼楙丁壮，有所枝挌任载也。""任"段注以负载释之，当是任养义，《白虎通义·五行》："南方者何？任方也，万物怀任也。"负载与怀孕的语义关系，参见拙著《比较词义探索》（黄树先 2012）"担负与怀孕"条。南方温润向阳，故孔疏谓："木盛莫如南土，故言南土也。"段注又引《汉书·律历志》："大阳者南方，南，任也，阳气任养物，于时为夏。"其他语言，南方常跟中午共用一个词，也取当阳之义，法语 midi"中午，正午；南，朝南"；意大利语 meriggio"正午，中午；南面"。保加利亚语 пладне"晌午；午饭；南方"。当阳之地，植被丰富，枝叶亦繁茂，故诗恒以南当之。传："南土之葛藟茂盛。"其言得之。郝敬说，木莫盛于南土，南方阳明，故美多比南；北方幽暗，故刺多比北（《毛诗原解》《毛诗序说》，续修四库全书本）。其说是也。

南方当阳，跟人体的前面亦有语义关联。《广雅·释器》："腩，脯也。""腩" ＊nuumʔ 或与"南"有语义关联。英语 belly"腹部，肚子；（物体的）前部，前面（区别于背面或侧面）"。参见本书"北"字讨论。藏文 lho"南"，疑跟汉语"臾"同源，"臾" ＊lo 是腹部，西夏语 lo"胃"（李范文、韩小忙 2005：76）。参见拙文《"臾"字形义考》（黄树先 2015）。

2. 樛木。传："木下曲曰樛。"高本汉说，"樛朻摎缪觓"是同源字，可知这个词的词根有"弯曲缠绕的意思"（高本汉 2012：14）。"樛"jiū，居蚪切＊ruuw，《说文》："樛，下句曰樛。从木，翏声。"段本删除樛篆，只保留朻，段注："樛即朻也，一字而形声不同。""摎" *krɯɯɯw，《说文》："摎，缚杀也。"段注："引申之，凡绳帛等物二股互交皆得曰摎，曰绞，亦曰纠。""缪"，交缠一起，《说文》："缪，枲之十絜也。一曰绸缪也。从糸，翏声。"段注："绸缪犹缠绵也。"纠缠义，《集韵》居虯切，音 *krɯw。"缪"又有欺骗、谬误义，《晋书·李熹传》："侵剥百姓，以缪惑朝士。"此谓欺骗。《汉书·于定国传》："何以错缪至是。"谬误义通作"谬"，《说文》："谬，狂者之妄言也。从言，翏声。"段注："古差缪多用从糸之字，与此谬义别。"段说不确。"缪"的欺骗、谬误义，靡幼切，音 *mrɯws。弯曲跟欺骗、谬误有语义联系，比较英语 curve"曲线，弯；骗人的把戏，欺骗"；gaff"（弯齿）鱼叉；（肉铺）挂钩；欺骗，诡计"。印尼语 pembelit"缠绕物；骗子"；belit"卷，缠卷，缠绕，盘绕；欺骗"。错误与欺骗共用一个词，如英语 delusion"错觉，误会；欺骗；上当，受骗"；false"不正确的，错误的；假的；骗人的"。

《说文》别立《丩部》，共收录 3 字。《丩部》统摄语义相同的三个字，其用意跟立《句部》相同。《句部》单独立部，段玉裁有详细的讨论。"丩" *krɯw，《说文》："丩，相纠缭也。象形。一曰瓜瓠结丩起。"段注："谓瓜瓠之縢，缘物缠结而上，如《诗》言：南有樛木，甘瓠纍之。"又"茻" *krɯw："艸之相丩者。从茻丩，丩亦声。""纠" *krɯwʔ，《说文》："绳三合也。从糸丩。丩亦声。"

从"丩"得声的字，还有"朻觓"等字，大抵也有弯曲、缠绕等义。"朻" *kɯw，《说文》："朻，高木下曲也。从木丩，丩亦声。"段注："樛即朻也，一字而形声不同。凡高木下句，垂枝必相纠缭，故曰从木丩。丩亦声。""觓" *grɯw。释文谓马融韩诗本并作朻，音同。臧琳《经义杂记》卷十三"樛木或作朻木"谓"马融韩诗本"当作"马融本韩诗"（续修四库全书 172 册，上海古籍出版社 2002 年版）。

《说文》："觓，角貌。"段注："《周颂》'有捄其角。'捄者，觓之假借字，俗作觩。"字或作"觩" *gu，《小雅·桑扈》："兕觥其觩。"《诗经》跟"角"有关系的还有另外两个字"捄" *gu、"俅" *gu，《周颂·良耜》："杀时犉牡，有捄其角。"疏："此有捄其角与兕觥其觩、角觥其觩，觩皆与角共文，故为角貌。"《周颂·丝衣》："载弁俅俅。"王力先生说，"樛（朻）觩觓捄虯虬龜"是同源字（王力 1982：228）。比较亲属语言：怒语（梅兰方言）tkru“角”，缅语 khruh～khyui“角”。藏缅语 *kruw（白保罗 1972：37），可能跟汉语这个系列有关系。包拟古拿汉语“捄”跟藏缅语比较：原始彝缅语 *kruw[1]“角”，汉语“捄” *gru，grju/gju“长曲如角”（Bodman 1980/1995：195）。从角发展出弯曲义，在语言里是很常见的语义演变。潘岳《射雉赋》：“奋劲骹以角槎，瞵悍目以旁睐。”徐爰注：“角，斜也。”参见拙著《比较词义探索》“角与弯曲”条（黄树先 2012）。

3. 葛藟。传：“南土之葛藟茂盛。”笺云：“木枝以下垂之故，故葛也、藟也，得纍而蔓之，而上下俱盛。”“葛藟”，《说文》别为二物，“葛，絺綌艸也。从艸，曷声。”又：“藟，艸也。从艸，畾声。诗曰：莫莫葛藟。一曰秬鬯。”又有“櫐”，“櫐，櫐木也。从木，藟声。”字亦作“欙”，见《中山经》。段注：“按欙者，櫐之省。其物在艸木之间，近于艸者则为艸部之藟，诗之藟也；近于木者则为《木部》之櫐，《释木》之山欙、虎欙也。”段玉裁说《诗经》七言葛藟；郑笺分葛、藟为二物，与许合；戴震《诗补注》说葛藟犹言葛藤。施向东先生说，藏文 vkhri-shing“藤，缠绕大树而长的藤”。藏文 shing 义为“树”，是类名，vkhri 即葛藟。字根辅音和介音分离而成为双音节连绵词（施向东 2000：139）。跟戴震的说法相同。马瑞辰竭力维护葛藟为一物，即今之野葡萄（《传笺通释》48—49 页）。

“葛藟”当是二物，均为蔓生藤茎植物，故二物连用。胡承珙谓藟本藤生，与葛相似，唯其似葛，故经传多以葛藟连言（《毛诗后笺》）。“葛” *kaad，为藤生植物，皮茎可制作衣物，《说文》谓之“絺綌艸也”。“葛”本是植物，其皮茎可纺织制作衣物，所为衣物名“褐” *gaad，《谷梁传·昭公八年》范宁注：“葛，或为褐。”朱骏声说文通训定声亦谓“葛，假借为褐。”“葛褐”，声母清浊交替，是原料跟衣物的语义关系。葛褐二字并非单纯的同音假借。英语 vine“藤本植物；藤蔓；（一套）衣服，（尤其指）时髦或颓废的衣着”。意大利语 pellccia“毛皮，兽皮；皮子；皮衣，裘”。

4. 纍。“纍”，是动词，藤蔓蔓延攀援。释文：“纍，力追反，缠绕也。本又作虆。”动词义当来自名词“藟” *rulʔ。“藟”本是藤本植物，见《说文》。又特指藤茎，《广雅·释草》：“藟，藤也。”疏证：“藟似葛，故古人以葛藟并称”，又谓：“案藟之言纍也，藤之言縢也，缠蔓林树，故谓之藟，亦谓之藤。”《毛氏传疏》引刘向《九叹》注：“虆，缘也。”陈奂谓虆是茂盛义。其说不确。《诗义会通》谓：“言木下曲，则葛藟缘之以致其高。”其说是也。藤蔓可发展出攀援义，英语 vine “藤蔓”，动词“爬藤，长成藤蔓状”。“葛藟”如果是一个词，就不好解释“葛褐”的语义关系，也不好解释名词“藟”与动词“纍”的语义关系。

“纍”又指绳索，《说文》：“纍，缀得理也。一曰大索也。从糸，畾声。”《广雅·释器》：“纍，绳索也。”藤蔓可以制作绳索，是原料与成品的关系，英语 hemp “大麻，大麻纤维；绞索”。藤蔓跟绳索形状亦相似，如罗马尼亚语 curmei “绳头；（用椴树皮等做的）劣质绳索；嫩葡萄藤”。“缀得理”是动词，段注：“缀者，合箸也。合箸得其理，则有条不紊，是曰纍。”字或作“累”“缧”，（《孟子》：“系累其子弟。”《论语·公冶长》：“虽在缧绁之中，非其罪也。”比较意大利语 ritorta “柳条，柳条绳；（古）（捆犯人用的）绳子”。绳子跟捆绑的语义关系，比较英语 rope “绳索；绞索”，动词“用绳子捆”。

附带讨论“欙”字。《说文》：“欙，山行所乘者。从木，纍声。《虞书》曰：予乘四载。水行乘舟，陆行乘车，山行乘欙，泽行乘軓。”“欙”之形制及用法，解说多有分歧。段注引应劭说，谓“梮或作欙，为人所牵引也。欙与梮一物异名。梮自其盛载而言，欙自其輓引而言。纍，大索也。欙从纍。此声义之皆相倚者也。应释欙，韦释梮，皆是。兼二说而后全。《孟子》虆梩，赵云：虆，笼属。”“梮”下又谓：“此盖物重则舁之而又輓之，故曰欙。”山行之“欙”，形制虽不能确指，但以绳索为之，牵引上山，要为近之。比较英语 rope “绳索；（用绳子连在一起的）登上者行列”，动词“（登山者等）用绳子系在一起；（登山者）藉绳登山，藉绳爬下”。应劭说“欙”，“为人所牵引也”，应跟绳索有关。

5. 乐只君子。笺云：“妃妾以礼义相与和（合），又能以礼乐乐其君子，使为福禄所安。”释文：“只，之氏反，犹是也。”疏谓：“《南山有台》笺云：只之言是。则此只亦为是，此笺云乐其君子，犹言乐是君子矣。”是“乐只君子”，即“乐是（此）君子”，使此君子快乐欢愉。“乐只君子”，《左传·昭公十三年》引作“乐旨君子”，马瑞辰谓“只旨”均为语助（《传笺通释》49—50 页）。“只” ＊kljeʔ，“旨” ＊kjiʔ，“是” ＊djeʔ，三字音近，通借是没有问题的。具体用法有待进一步讨论。江藩《隶金文》卷四“释止”条谓“止”通“只”，《说文》“语已词也”（续修四库全书第173册）。

6. 福。“福”，《说文》：“福，备也。从示，畐声。”段注：“备者，百顺之名也。无所不顺者之谓备。”以“备”＊brɯgs为“福”＊pɯg命名之源，过于抽象宽泛。《周礼·膳夫》：“凡祭祀之致福者，受而膳之。”注：“致福，谓诸臣祭祀，进其馀肉，归胙于王。”《国语·晋语》二：“今夕君梦齐姜，必速祠而归福。”韦注：“福，胙肉也。”孙诒让正义：“据彼文，则致福归胙，酒肉两有。”“福”字见甲骨文。罗振玉谓字从两手奉尊于示前，即后世之“福”字。今以字形观之，“福”为奉尊之祭。致福乃致福酒，归胙则致祭肉，故“福”字从“酉”，“胙”字从“肉”（罗振玉《增订殷虚书契考释》）。从字形上看，罗说可从。从文献看，“福胙”对文有异，散则可通。“酒肉两有”，是为“福”，推而广之富贵寿考皆为“福”：《尚书·洪范》：“五福：一曰寿，二曰富，三曰康宁，四曰攸好德，五曰考终命。”印度尼西亚语enak－enakan“美味可口的食品；享福”；sedapan“美味的食品”，penyedap“调味品，使人舒服愉快的东西”。包拟古拿汉语“福”跟藏文phyugs“牲畜”比较（Bodman 1980/1995），待考。

7. 履。“履”，传：“履，禄。”疏谓：“《祭统》曰：福者，富也。大顺之显名。《孝经援神契》云：禄者，录也。取上所以敬录接下，下所以谨录事上。《尧典》曰：天禄永终。及此以乐君子，皆谓保王位为福禄。《天保》云：降尔遐福。天下普蒙，则下民遇善，时亦曰福禄。故《正月》云：民今之无禄。是福禄之言无定分矣。福履将之，毛以为福禄所大，郑以为福禄之所扶助。”“履”＊riʔ，“禄”＊roog，马瑞辰谓“履禄”二字双声，故履得训禄，即以履为禄之假借字；《大雅》“天被尔禄”，传：“禄，福也。”是禄与福对文则异，散文则通（《传笺通释》50页）。西周金文“福履”连文，《井叔采钟》从雨，从履，义为福禄（陈剑2008；蒋文2019）。

“履”训“禄”，语义演变路径不明。段玉裁说：“履本不训福，与福连文，则可训福矣。”（“戩”字注）“禄”，本指俸禄，《周礼·天府》：“若祭天之司民司禄。”注：“禄，谷也。”是作俸禄讲的“禄”，可能来自“谷”。《玄应音义》卷二十二“禄位”条，谓“禄”来自“鹿”。聊备一说。《说文》：“禄，福也。从示彔声。”段注：“《诗》言福禄多不别。《商颂》五篇，两言福，三言禄，大恉不殊。《释诂》、毛诗传皆曰：

禄，福也。此古义也。郑《既醉》笺始为分别之词。”段玉裁以为福履连用，故履有福禄义。严粲则认为可能来自履的行动义，“动罔不吉谓之福履，《易》称视履考祥，言行与吉会也”（《诗缉》），姚舜牧《重订诗经疑问》也持类似的看法。

严粲的意见值得注意。安徽大学藏战国竹简本，“福履”作“福礼”。履礼二字不是单纯的假借。我们曾讨论过履与礼的语义关系。行走可以发展出行为、举止义，《论语·公冶长》：“听其言而观其行。”汉语还说“品行”“德行”。“礼”为社会行为的准则、规范，其语源来自表示行走的“履”。《说文》：“禮，履也。”文献“履”“履”二字常通用，《周易》经文“履”字，马王堆帛书作“禮”（参见裘锡圭 2012；冯其庸、邓安生 2006）。“禮”后来发展出礼貌义，可比较“行迹”：“行迹”本指行为，中古文献里当世故、客气讲（《敦煌变文字义通释》）。英语 walk “走；处世，为人，行事，生活”，fare “过活；行走，旅行”。西班牙语 andar “行走；行为，举止；步态，走路的姿态”。意大利语 cammino “走路；举止，行为”。

8. 绥。传：“绥，安也。”释文：“绥音虽。”“绥”，《说文》“车中靶也”，段注：“《论语》曰：升车必正立执绥。周生烈曰：正立执绥，所以为安。按引申为凡安之称。”字“从糸，妥声”，段注：“妥字见礼经、《小雅》，许偶遗之，今已补于女部。毛公曰：妥，安坐也。绥以妥会意，即以妥形声。”

“绥”有下垂义，《礼记·曲礼下》：“执天子之器则上衡，国君则平衡，大夫则绥衡，士则提之。”下垂义通作“妥”。“妥”又指坐下，《小雅·楚茨》：“以妥以侑。”传：“妥，安坐也。”坐下、弯曲可发展出退让、屈服、投降诸义，拙著《比较词义探索》“坐与挫败”条讲坐与屈服、挫败的语义联系。汉语“挫”字来自“坐”，比较印度尼西亚语 lutut “膝，膝盖”，berlutut “跪下；求饶，投降”。

“绥”是古老的词语，郑张先生说，“绥” *snul 从“妥” *nhool 得声，退军为绥，与气馁而却的“馁” *nuuls 同源，藏文 nur、snur 也是退让、挪移义（nud 为后移退却）（郑张尚芳《上古音系》）。坐（跪）发展出屈服、退让，就是绥安、绥靖。“绥”，早期有坐（跪）义，也当睡觉讲，包拟古的比较：藏文 rnal “静止，安稳，心静”；mnal “睡”，nyal-ba “躺，睡”，snyol-ba “放下，使睡”。汉语“妥” *snol:， hnwaj：/thua“平静，镇定”，李方桂先生构拟为 hnrx。还可以比较汉语“绥” *snyl，snjj/swi“安适，使之安静”（Bodman 1980/1995：84）。

“绥”来自原始汉藏语，是坐（跪）、睡，发展出安静、安宁义。汉语又有“夊” *sul，《齐风·南山》“雄狐绥绥”，《玉篇》引作“夊夊”。

（二）南有樛木，葛藟荒之。乐只君子，福履将之

9. 荒。传：“荒，奄。”《说文》：“荒，芜也。从艸，㠩声。一曰艸掩地也。”段注：“《周南》《鲁颂》毛郑皆曰：荒，奄也。此艸掩地引伸之义也。”又：“㡛，一曰㡛，隔也。读若荒。”段注：“诗曰：葛藟荒之。传曰：荒，掩也。隔之义谓网其上而盖之，即诗所谓荒之也。”黄淬伯谓荒与幠一声之转，《说文》：“幠，覆也。”此例以韵言为鱼阳对转，以声言为喉唇纽变（《覈诂》）。荒幠古可通用，段玉裁亦谓荒幠通用，正如亡无通用（谎字注）。“荒” *hmaaŋ，“幠” *hmaa，二字大概只是韵尾不同。荒幠的掩盖义，殆来自语言里表示草的两个词语。我们曾讨论汉语“木”字的来源，推测“木” *moog 对应藏缅语的 *mrak（白保罗 1972：149），列普查语 muk“野草，垃圾”，米里语 pomuk“灰尘”，缅语 ah-muik“垃圾，灰尘”。藏缅语 *mu·k（白保罗 1972：363）。汉语同源异形形式还有“莽” *maaŋʔ，《方言》卷三：“苏，芥，草也。江淮南楚之间曰苏，自关西或曰草，或曰芥，南楚江湘之间谓之莽。”《说文》作“茻”：“众草也。”裘锡圭先生说，据《说文》，“茻”是草莽之“莽”的本字，在已发现的古文字里，“茻”只用为偏旁，而且意义似与“艸”无别（裘锡圭 1990：134）。于省吾先生说，“莽”已见于甲骨文、金文（于省吾《甲骨文字释林》“释［木犬木］”，中华书局 1979 年版，404 页）。“莽”字《广韵》又莫补、莫厚切，古音分别是 *maaʔ、*mooʔ。上古汉语的 *-ʔ< *-q，而 *-q 可以跟 *-g、*-ŋ 尾交替。郑张先生说，有些汉语的上声-ʔ 在兄弟语里还是塞尾。“莽”对缅文 mrak“草”（郑张尚芳 2003：210）。在自然语言里，草可以发展出茂盛、芜杂、荒芜义。汉语“莽、木”可对应南岛语系的印度尼西亚语-mak 指灌木、杂草：semak（=semak－semak）“灌木，矮树”；menyemak“长满灌木，杂草丛生”。“莽、木”发展出“荒、幠芜”。芜，荒芜，《说文》：“芜，薉也。从艸，无声。”王先谦说，荒芜是一声之转。荒芜与草掩地，两训相成，草多则荒芜，而所掩覆者大（《诗三家义集疏》）。

10. 将。传："将，大也。"笺云："此章申殷勤之意。将犹扶助也。"《说文》："牂，扶也。从手，爿声。"段注："古诗：好事相扶将。当作扶牂，字之假借也。凡云将顺其美，当作牂顺。诗：百两将之。传曰：将，送也。天不我将。笺云：将犹养也。皆于牂义为近。玉篇曰：牂今作将。擵同。"马瑞辰说，凡诗训将为助者同此（《传笺通释》50页）。高本汉赞成毛传，把"将"解释为大。

（三）南有樛木，葛藟縈之。乐只君子，福履成之

11. 縈。传："縈，旋也。"释文："縈，乌营反。《说文》作藀。"《说文》："藀，艸旋皃也。从艸，荣声。诗曰：葛虆藀之。"段注："藀与縈音义同。""縈" ＊qweŋ 对应缅甸语 laŋ² "旋转"。释文谓《说文》作藀。《说文》："藀，艸旋貌也。从艸，荣声。"段注："藀与縈音义同。"

三　余论

比较训诂是传统训诂的更新，在传统训诂的基础上，添加新的材料跟思路。比较训诂包括三个部分：传统训诂、汉藏比较、词义比较。需要强调的是，传统训诂、汉藏比较、词义比较，三者并非并列关系，轻重当有所区别。传统训诂是比较训诂的基础，是核心，比较训诂的目的是解读文献，传统训诂所使用的方法以及材料，依然是主体。从我们上面的《葛覃》解读来看，传统训诂的分量最大。比较训诂的第二大块是汉藏比较，这是仅次于传统训诂的一个部分。汉语是从原始汉藏语分化出来的，早期汉语的面貌，只有跟汉藏语进行比较，才有望得到圆满的解决。汉藏比较，其实就是研究早期汉语，所以汉藏比较跟传统训诂关系最为密切。词义比较是比较训诂的第三大块，词义比较是用词义发展的普遍规律来印证汉语词义的演变，启发我们更好地梳理词义的发展，运用这些规律来释读文献。词义比较是外部材料，在三个部分里，处于最外围。比较词义带来了词义演变的模式，启发我们更好地理解原文。像《诗经》这样的经典文献，每一个字词的解释，差不多都有不同的理解。词义比较可以在诸家不同的解释中，作出较为合理的抉择。人类思维模式大致相同，语义演变也有大体一致的倾向性，运用词义比较可以从中选择出较为恰当的意见。拙文《词义比较与词义抉择》专门讨论这个问题，此不赘述。

参考文献

1. 白保罗：《汉藏语言概论》，1972 年原版，罗美珍、乐赛月译，中国社科院民族语研究 1984 年版。

2. 包拟古：《原始汉语与汉藏语》，潘悟云等译，中华书局 1995 年版。

3. 陈剑：《金文字词零释》，载《古文字学论稿》，安徽大学出版社 2008 年版。

4. 崔述：《读风偶识》，载《崔东壁遗书》，上海古籍出版社 1983 年版。

5. 冯其庸、邓安生：《通假字汇释》，北京大学出版社 2006 年版。

6. 傅斯年：《诗经讲义稿》，上海古籍出版社 2019 年版。

7. 高本汉：《诗经注释》，董同龢译，中西书局 2012 年版。

8. 郝敬：《毛诗原解》，续修四库全书本，上海古籍出版社 2002 年版。

9. 郝敬 ：《毛诗序说》，续修四库全书本，上海古籍出版社 2002 年版。

10. 胡承珙：《毛诗后笺》，黄山书社 1999 年版。

11. 黄淬伯：《诗经覈诂》，中华书局 2012 年版。

12. 黄树先：《比较词义探索》，巴蜀书社 2012 年版。

13. 黄树先：《“臾”字形义考》，《语文研究》2015 年第 1 期。

14. 黄树先：《比较词义再探》，巴蜀书社 2015 年版。

15. 黄树先、钱萌萌：《段王学术风格略论》，《广西师范大学学报》（社会科学版）2018 年第 5 期。

16. 江藩：《隶金文》，续修四库全书，上海古籍出版社 2002 年版。

17. 蒋礼鸿：《敦煌变文字义通释》（增补定本），上海古籍出版社 1997 年版。

18. 蒋文：《先秦秦汉出土文献与诗经文本的校勘和解读》，中西书局 2019 年版。

19. 李范文、韩小忙：《同义研究》，载《西夏研究》第 1 辑，中国社会科学出版社 2005 年版。

20. 刘克：《诗说》，续修四库全书本，上海古籍出版社 2002 年版。

21. 马瑞辰：《毛诗传笺通释》，中华书局 2004 年版。

22. 裘锡圭：《文字学概要》，商务印书馆 1990 年版。

23. 裘锡圭：《应侯视工簋补释》，载《裘锡圭学术文集》第 3 册，复旦大学出版社 2012 年版。

24. 施向东：《汉语和藏语同源体系的比较研究》，华语教育出版社 2000 年版。

25. 孙诒让：《周礼正义》，中华书局 1987 年版。

26. 吴闿生：《诗义会通》，中华书局 1959 年版。

27. 王力：《新训诂学》，《开明书店二十周年纪念文集》，1947 年原版，中华书局 1985 年影印本。

28. 王力：《中国语言学史》，山西人民出版社 1981 年版。

29. 王力：《同源字典》，商务印书馆 1982 年版。

30. 王力等：《王力古汉语字典》，中华书局 2000 年版。

31. 王先谦：《诗三家义集疏》，中华书局 1987 年版。

32. 严粲：《诗缉》，续修四库全书本，上海古籍出版社 2002 年版。

33. 姚舜牧：《重订诗经疑问》，续修四库全书本，上海古籍出版社 2002 年版。

34. 于省吾：《甲骨文字释林》，中华书局 1979 年版。

35. 俞敏：《汉藏同源字谱稿》，《民族语文》1989 年第 2—3 期。

36. 臧琳：《经义杂记》，续修四库全书，上海古籍出版社 2002 年版。

37. 郑张尚芳：《上古音系》，上海教育出版社 2003 年版/2013 年第二版。

38. 竹添光鸿：《毛诗会笺》，凤凰出版社 2012 年版。

“新郎官”考源*

汤传扬

（中国社会科学院语言研究所/辞书编纂研究中心）

摘　要：关于“新郎官”的来源，学界主要有三种观点：一是由称呼中下级官员演变而来；二是在“新郎”后加一“官”字，暗含着中国礼制中的一个重要文化现象——摄盛；三是“新郎”和“新官人”的合璧。通过考察历史文献，观点一、三不能成立，观点二合乎情理且有语言学的依据。

关键词：新郎官；考源；新郎；新官人；尊称

《现代汉语词典》（第6—7版）同时收录了“新郎”“新郎官”，两者的理性意义相同，均表示“结婚时的男子”。在语体色彩上，“新郎官”比“新郎”更具俚俗色彩。关于“新郎官”的形成，目前主要有三种观点。

1. 由称呼中下级官员演变而来。王虎（2013）认为：“到了唐代，六品以下的官员统统称为‘郎’了……也就是说，老百姓把那些身居‘郎’职的人都称为‘郎君’或‘郎官’。”“实行科举考试后，男子中了进士，就有了做官的资格，新录取的进士往往被分配到中央官署里任‘校书郎’‘秘书郎’等，所以，人们把新科进士称为‘新郎官’。正像称呼宰相的‘相公’一词流传到民间成了尊称一样，‘郎官’也由称呼中下级官员演

* 基金项目：国家社科基金重大项目“近代汉语常用词词库与常用词历史演变研究”（项目编号11&ZD125）；江苏省社科基金重点项目“基于汉语史语料库建设实践的中古汉语分词标准研究”（项目编号19YYA001）；中国社会科学院语言研究所一般项目“字词关系与《现代汉语词典》的编纂”（项目编号YB21－13）。本文写作与修改过程中承蒙杜翔研究员、浙江大学博士生戴佳文提供中肯的建议和意见，在此一并致谢！文中谬误，概由本人负责。

变成人们对其他职业人的敬称。”刘绍义（2014）补充道：“洞房花烛是人们一生中的大事，与金榜题名具有同样重要的地位，还有‘小登科’的美称，既然新登科的进士可以称为‘新郎官’，作为结婚新人的男子被称为‘新郎官’也就是顺理成章的事了。”

2. 在“新郎”后加一“官”字。杨鸿飞（2018）认为：“多出的一个‘官’字，暗含着中国礼制中的一个重要文化现象——摄盛。”“摄盛是指在举行一些特定的仪式时，地位较低的人越级使用比自己地位高的人的仪制。”“通过摄盛的方式赋予新婚男士官职，在中国早期的礼制中是约定俗成的。”“明、清时期以法律的形式允许新婚男士‘假九品服’，士‘得视九品官’，从而让新婚男士在亲迎当日做了一次‘真正’的官，故明、清时期用‘新郎官’代指新婚男士变得愈加合理和普遍。”

3. “新郎”和“新官人”的合璧。游汝杰（2019：62）指出：“杭州话还有一种官话和吴语的合璧词。‘合璧词’……指一个双音节合成词的两个语素分别来自不同的语言或方言。”根据其举的例子，表示“结婚时的男子”，北京话称“新郎”，嘉兴、湖州、绍兴称“新官人”，杭州话中的“新郎官”是官话和吴语合璧词。

以上几种观点或从官制，或从礼制，或从语言共时平面出发来阐释“新郎官”的形成，似乎都有一定的道理。但他们都缺少对历史文献中“新郎官”“新郎”等词进行考察。上述观点孰是孰非，需要通过考察历史文献予以甄别。

一 “新郎官”的产生时代和地域分布

“新郎官”产生于何时？调查文献，在明代的语料中见有“新郎官”的用例，但仅有1例。明程敏政《送于尹之官乌程》：“延祐初科名进士，乌程百里新郎官。”“新郎官”与“名进士”对文。例中的“新郎官”义为“新进士”，而非“结婚时的男子”。我们将之记作“新郎官1”。表“结婚时的男子”义的“新郎官”始见于清代，我们将之记作“新郎官2”。例如：

（1）新娘子见天明了，忙起身著衣裳，忙忙碌碌……新郎官到此时，爬不起，在床上翻着身打呵欠。（清唐英《灯月闲情十七种·

转天心卷下》第 29 出“丐婚”）

（2）不想到了夜间，那新郎官至诚得很。（清曹去晶《姑妄言》第 6 回）

（3）那老鼠掉在滚热的汤里，吓了一惊，把碗跳翻，爬起就从新郎官身上跳了下去，把簇新的大红缎补服都弄油了。（清吴敬梓《儒林外史》第 10 回）

（4）张妈妈各处找寻新郎官，没处找。（清浦琳《清风闸》第 13 回）

（5）相宜二位，同新郎官，我们吃几大杯，回来送房，还要大闹新人。（清檀园主人《雅观楼》第 6 回）

（6）到了他们那里，新郎官迎接新人。（清石玉昆《小五义》第 118 回）

（7）德氏一看，见是新郎官来此谢亲，连忙陪进屋去，先令其向上叩头，拜见先岳。（清冷佛《春阿氏》第 14 回）

（8）不料新郎官进得门来，贝夫人见他面目不扬，身材短小。（清张春帆《九尾龟》第 49 回）

以上例（1）—（8）大抵按照时代先后进行排列。考察例句作者的籍贯如下：唐英，辽宁沈阳人；曹去晶，辽宁朝阳人；吴敬梓，安徽全椒人；浦琳，江苏扬州人；檀园主人，江苏扬州人；石玉昆，北方满族人；冷佛，北京人；张春帆，江苏常州人。由此可见，“新郎官”在南、北方籍贯作家的笔下均有使用。

观点一将表“结婚时的男子”义的“新郎官 2”与表“新进士”义的“新郎官 1”联系起来，认为前者来源于后者。但这一观点得不到历史文献的支撑。首先，表“新进士”义的“新郎官 1”使用频率很低，这使得其不太可能引申出其他义位。其次，表示“新进士”义，基本用“新郎君”而不是“新郎官”。例如：

（9）顷年举子皆不及此里，惟新郎君恣游于一春。（唐孙棨《北里志·郑合敬先辈》）

（10）薛监晚年厄于宦途，尝策羸赴朝，值新进士榜下，缀行而出。时进士团所由辈数十人，见逢行李萧条，前导曰：“回避新郎

君！”（唐王定保《慈恩寺题名游赏赋咏杂纪》）

（11）云龙山下试春衣，放鹤亭前送落晖。一色杏花红十里，新郎君去马如飞。（北宋苏轼《送蜀人张师厚赴殿试二首》）南宋王十朋注曰：“新及第者谓之新郎君。”

（12）别有尧阶试罢。新郎君、成行如画。（北宋柳永《乐章集·初柳新》）

（13）会试放榜次日，新郎君并集于其中官厅内。（明沈德符《万历野获篇》卷二十四“射所”）

在现代汉语方言中，“新郎官”的地域分布情况如何？据《现代汉语方言大词典》（2002：4962），中原官话（徐州、西宁）、西南官话（武汉、柳州）、兰银官话（银川）、吴语（丹阳、宁波、金华）、徽语（绩溪）、赣语（南昌）等地均用“新郎官”。据《汉语方言大词典》（2020：5807）“新郎官”条义项①〈名〉新郎。中原官话、兰银官话、江淮官话、西南官话、徽语、吴语、湘语、赣语、闽语。由此可见，“新郎官”在南北均有分布。观点三阐述的是杭州话中“新郎官”的形成。该说让人产生两点疑问：①如果说杭州话中的“新郎官”是官话词和吴语词的合璧的话，那么其他方言中的“新郎官”是如何产生的？②“新郎”和“新官人”的合璧恐怕应该是“新郎官人”而非“新郎官”。“新郎”“新官人”在现代汉语中分别是通语词、吴语词。它们在历史上产生于何时？通行范围又是怎样的？以下考察它们在历史文献中的使用情况。

二 “新郎”与“新官人”

考察文献，表“结婚时的男子”义的“新郎”至晚在五代时期已见，如五代何光远《鉴戒录》卷8“非告勒”：“晚亲文笔，未识风骚，谬学滑稽，语多讥诮。因聘女，自为内相，醉酬新郎催妆之诗。”“新郎”在宋代的用例如：

（14）眉上放开春色，眼前怜取新郎。（北宋陈师道《清平乐》）

（15）大夫曰：“吾欲纳婿，令子作媒可乎？”媪曰：“固所愿也。”乃视生曰：“此非新郎乎？”大夫曰：“然。”（北宋李献民《云斋广录》卷7“无鬼论”）

（16）觅五十方娶，有庆之者曰：“处士新郎，燕尔安乎？”（宋龙衮《江南野史》卷6）

（17）行参诸亲之礼毕，女复倒行，执同心结，牵新郎回房，讲交拜礼，再坐床。（南宋吴自牧《梦粱录》卷20“嫁娶”）

（18）新郎石在西峰半山之中道，面东昂立，势高五丈，天然人形，与东峰新妇石相望。（南宋潜说友《咸淳临安志》卷26“新郎新妇石”）

“新郎”一词的出现，离不开“郎”词义的发展。俞理明（1999）对“郎”的词义发展作了系统的考察：“六朝时期，‘郎’的大多数用例指称年轻的贵家子弟……在后来的词义发展中（唐代）……强调‘郎’的年轻、男性义，可作一般年轻小辈或年轻同辈男子的敬称，不限用于贵族男子。”“新郎”正是在“郎”的这一语义基础上添加语素“新”而成。

调查元代文献，“新郎”在北方系语料《元刊杂剧三十种》、南方系语料《琵琶记》《荆钗记》《白兔记》中均有用例。明代，“新郎”在山东方言作品《金瓶梅词话》、江淮方言作品《水浒传》《西游记》、南方官话作品《初刻拍案惊奇》《二刻拍案惊奇》、吴方言背景作品《型世言》等中均有用例。清代，“新郎”在山东方言作品《醒世姻缘传》《聊斋俚曲集》、江淮方言作品《儒林外史》、河南方言作品《歧路灯》、北京官话作品《春阿氏》《儿女英雄传》等中均有用例。由此可见，“新郎”一词是南北通行的通语词。

《明清吴语词典》（2003：675）收录“新官人”条，举了出自《贪欣误》《吴歌甲集》《九尾狐》等吴方言背景作品或吴语作品中的例证。《近代汉语词典》（2015：2333）“新官人”条举了《水浒传》（一百二十回本）、《荆钗记》中的例证。在百回本《水浒传》中只见“新郎”，未见“新官人”。但在一百二十回本《水浒传》增补的王庆故事中见有1例“新官人”。一百二十回本《水浒传》最早由袁无涯刊刻。袁无涯，生活于苏州一带。据俞为民、洪振宁（2012：前言1）考辨：“《荆钗记》的作者柯丹邱应是宋元时期苏州敬先书会中的书会才人。”

调查“汉籍全文检索系统（四）”“中国基本古籍库”，“新官人”在明清的用例还有如下一些：

（19）不移时，家僮报新官人已到。瞿天民引入中堂，拜见岳丈。（明方汝浩《禅真后史》第8回）

（20）［外］新官人请到书房中去香汤沐浴，换套新衣服。［小生揖白］多谢岳父大人抬举。（明沈璟《博笑记》卷下）

（21）我想新官人不过有病冲喜，料勿同床个。（明张大复《快活三》卷上）

（22）请新娘子出轿，新官人卷帘。（清邹式金《杂剧三集·双合欢》）

（23）（旦即入介）（杂急上报介）新官人到门了。（生盛服从人上）虽非科第天边客，也是嫦娥月里人。（清孔尚任《桃花扇》第6出）

（24）四更里才过又听得五鼓催……新官人还在那里悉悉索索、唧唧哝哝还要做个三顾茅庐不肯回也。（清唐英《灯月闲情十七种·转天心卷下》第29出“丐婚”）

考作者籍贯或生平经历：方汝浩，寓居杭州；沈璟，苏州吴江人；张大复，苏州昆山人；邹式金，无锡人；孔尚任，山东曲阜人；唐英，辽宁沈阳人，曾在江西任职。以上作家大多在吴语区。

《桃花扇》的情况较为复杂，作者虽是北方人，但据李蓝、张赪（1995）：“《桃花扇》是当时最为流行的南戏——昆山腔，依惯例，南戏的宾白是使用苏州话。”在词汇方面，李蓝、张赪（1995）已揭示出：“《桃花扇》中不用（北方官话区）表‘羞臊’义‘臊’，所用的三个‘臊脾’都是‘快活’义……这是当时一个流行于东南方言区的词语。”董偲（2017）指出：“（《桃花扇》中的）‘老白相’也使用了吴语或者说苏州话中的意义，指玩过很多地方的人或游荡无业的人。”据《现代汉语方言大词典》（2002：4962）“新官人”条：“苏州　新郎。”《汉语方言大词典》（2020：5806—5807）“新官人”条：“新郎。吴语。上海。江苏苏州。江苏无锡、常州、常熟、江阴、宜兴、吴江盛泽黎里。浙江宁波。浙江嘉兴、湖州双林、余姚。”

综上所述，“新郎”在元明清时期为通语词，“新官人”在明清以来的通行范围大抵是吴语区。如此一来，合璧说无法解释诸多方言中存在“新郎官”这一语言事实。

另外，如果“新郎”与“新官人”合璧，也应该是“新郎官人”。如《明清吴语词典》（2003：675）就收录有“新郎官人”，其所举的例证是《伏虎韬》第16出：“啥勾临时做亲卵子转筋？阿晓得我是无卵子个新郎官人嘘？”在汉语词汇史上，存在类似的合璧现象。江蓝生（2008）将之概括为“同义词的叠加和词形的整合”，具体来说是“说话人从心理词库中提取两个意义相同或相近的词语，通过成分删减后整合为一个新的词项”。她将这类现象细分为三类。其中，第二类与本文关系最为紧密。第二类是“两词同义，前一语素相同，省略后词相同语素，省缩为三音词：AB+AC→ABC”，举的例证有：自己+自个儿→自己个儿、一块儿+一堆儿→一块堆儿、家伙+家什→家伙事儿（器具；用具。“什”音变为去声）。除此之外，还可以举：大家+大伙儿→大家伙儿。

反过来说，“新郎官人”有没有可能是“新郎”与“官人”的叠加呢？我们认为不太可能。这是因为“新郎官人”在历史文献中的用例很少，目前只见上面所举这1例，且具有吴语色彩。而“新郎”“官人”均是通语词，如果两者有叠加，其使用范围应该更大些。

三 “官”为尊称形式

观点二从“礼制”的角度阐述“新郎”后加一“官”字。以下我们从语言学角度加以分析论证。《说文·𠂤部》：“官，吏事君也。”《书·武成》：“建官惟贤，位事惟能。”《周易·系辞下》：“百官以治，万民以察。”“官”的“官员；官吏”义从古至今都是常用义。在汉语词汇史上，“官”可以是对君主、尊长的敬称，如《宋书·戴法兴传》：“外间云：‘宫中有两天子，官是一人，戴法兴是一人。’”《南史·袁君正传》：“年数岁，父疾，昼夜不眠，专侍左右。家人劝令暂卧，答曰：‘官既未差，眠亦不安。’”清沈涛《铜熨斗斋随笔》卷8“官”：“古人呼官，犹今人呼爷也。史传中门生故吏、臧获婢妾辄呼其主为官。梁武陵王纪、河东王誉皆呼元帝为七官，纪为元帝之弟，誉为元帝之侄，乃尊之之词，非轻之之词也。宋齐诸史近臣每呼天子为官。”“官”还可以是对普通人的尊称，如《警世通言·白娘子永镇雷峰塔》：“小乙官，着了雨，不知要何处上岸？”由“官”组成的复合词也有表示尊称的，如“看官”“客官”。南宋罗烨《醉翁谈录·小说引子》：“举断模按，师表规模，靠敷演令看官清耳”。元王实甫《西厢记》第一本第一折：“客官从何来？小生西洛至此，闻上刹幽雅清爽，一来瞻仰佛像，二来拜谒长老。”①

在现代汉语方言中，“官”也有表尊称的用法。据《现代汉语方言大词典》（2002：2431）“官”条：崇明 ❷用在“大、小”后带某种尊称意：大～面称女婿，相当于北京话的“姑爷”｜新小～新郎｜小～小孩子。苏州 苏州一带对儿童的尊称，不论男女都称官。有的用排行，如大官、二官、三官。有的另起小名，如玉官、金官、芳官。如果不知道儿童的小名和排行，可泛称阿官。广州 ❷旧时对少爷的尊称：大～｜二～。《汉语方言大词典》（2020：234）“大老官”条：❸〈名〉旧时对别人家主人的尊称。吴语。上海。

与之相似的还有“官人”一词。“官人”也有“官员；官吏”义，如《左传·哀公三年》：“百官官备，府库慎守，官人肃给。”《荀子·强国》：“士大夫益爵，官人益秩，庶人益禄。”杨倞注：“官人，群吏也。”后来，“官人”也可以是对男子的尊称。南宋吴自牧《梦粱录》卷十三：“张官人诸史子文籍铺”“傅官人刷牙铺”“徐官人幞头铺”“李官人双行解毒丸”。清赵翼《陔余丛考》卷三十七：“唐以前唯有官者方称官人，至宋已为时俗通称，明代以后遍及士庶、奴仆称主及尊长呼幼，皆可称某官人。”

“新郎”在晚唐五代已见，用“官”表对普通人的尊称在宋元也见。为何在清代才出现“新郎官”？我们认为这与观点二所提到的明清时期的礼制不无关系。语言是社会的产物，像“新郎官”这样的文化词更是如此。

综上所述，通过考察历史文献，我们认为观点一、观点三不能成立，观点二是合乎情理的。

---

① 检索北京大学 CCL 现代汉语语料库，“新郎官”也有写作“新郎倌”的，后者是后起的、不规范的形式。《咬文嚼字》2008 年第 9 期《是“新郎官”，还是“新郎倌”？》、屠林明（2018）等均已指出。据笔者调查，“倌”在明清时期可以指在酒店、饭馆等行业中服杂役的人，常见的构词有“店倌”“酒倌”“堂倌”等。作为尊称，偶见“看倌”“小倌”。

参考文献

1. 白维国等：《近代汉语词典》，上海教育出版社 2015 年版。

2. 董偲：《〈桃花扇〉俗语词研究》，《河北科技师范学院学报》（社会科学版）2017 年第 1 期。

3. ［日］宫田一郎、石汝杰：《明清吴语词典》，上海辞书出版社 2003 年版。

4. 江蓝生：《概念叠加与构式整合——肯定否定不对称的解释》，《中国语文》2008 年第 6 期。

5. 李蓝、张赪：《“臊皮”“燥脾（胃）”辨析》，《中国语文》1995 年第 2 期。

6. 李荣：《现代汉语方言大词典》，江苏教育出版社 2002 年版。

7. 刘绍义：《“新郎官”原是公务员》，《意林》（少年版）2014 年第 19 期。

8. 屠林明：《“倌”，还是“官”?》，《语文学习》2018 年第 10 期。

9. 王虎：《“新郎官”最初指什么》，《人才资源开发》2013 年第 2 期。

10. 许宝华、［日］宫田一郎：《汉语方言大词典》（修订本），中华书局 2020 年版。

11. 杨鸿飞：《婚礼与摄盛——从“新郎官”说起》，《光明日报》2018 年 6 月 15 日第 14 版。

12. 游汝杰：《吴语方言学》，上海教育出版社 2019 年版。

13. 俞理明：《说“郎”》，《中国语文》1999 年第 6 期。

14. 俞为民、洪振宁：《南戏大典 · 剧本编 · 荆钗记》，黄山书社 2011 年版。

普通话和方言的介词悬空
——从上古到现代汉语

肖　琳[1]　［法］贝罗贝[2]

（1. 法国社会科学高等研究院；2. 法国国家科学研究中心）

摘　要：介词悬空“Preposition stranding”，即一种介词后面不出现宾语的句法结构。相较正式书面语，这种句法现象更常在口语体中使用。英语有介词悬空现象（通常出现在句末），也常见于其他日耳曼（Germanic）语言或方言中，或一些尼日尔—刚果（Niger - Congo）语系语言中，但在普通话中几乎不存在。然而，我们可以在方言中见到悬空（“hanging”，“dangling”）的介词，如在（河北省）张家口方言中。具体可参见宗守云（2019）、郭锐（2009）、张谊生（2009）等人的研究著作。也有不少人认为，介词悬空在上古汉语中更为普遍（尤其是介词“以”和“为”的情况），在中古汉语中也是如此，只是比例较少。但是，目前学界对中古汉语介词悬空现象的系统研究很少，不论是中古早期（Early Medieval，即魏晋南北朝时期）还是中古晚期（Late Medieval，即唐宋时期）。中古汉语介词“以”和“为”（伴随格、工具格、处所格、夺格、向格、予格，等标记）已经渐渐被其他介词所取代，参见刘丹青（2017）。本文试图填补这一研究空缺，并说明上古（先秦）汉语到中古及后来的近代（Modern Chinese）和现代汉语（Contemporary Chinese），经历了【多介词悬空】>【少介词悬空】的类型演变。①

关键词：介词悬空；上古汉语；中古汉语；方言

---

① 本文采用《汉语语言与语言学百科》（*Encyclopedia of Chinese Language and Linguistics*, 2017）中 A. Peyraube 编写的汉语史分期，它的检验标准是语法标准，而不是语音标准。该汉语史分期详见文末。

一 导言

介词悬空“Preposition stranding”（也作介词孤立“orphaned”），即一种介词后面不出现宾语的句法结构。相较正式书面语，这种句法现象更常在口语体中使用。英语有介词悬空现象（通常出现在句末），也常见于其他日耳曼语言或方言中，或一些尼日尔—刚果语系语言中，但在普通话中几乎不存在，详见黄正德（1988）。在英语不同句法结构中，皆有介词悬空的经典用例：

（1） Who are you talking to?

译文：你在跟谁说话？（疑问句）

（2） This is the guy I told you about.

译文：这就是我跟你说的那个家伙。（关系从句）

（3） This new bed looks as if it has already been slept in.

译文：这个新床看起来有人已经睡过了。（被动句）

这种现象在现代罗曼（Romance）语系中十分罕见（拉丁语除外），但我们仍然可以在广泛使用的口语语体（colloquial register）中找到介词悬空的例子，如法语：

（4） Tu as vu cette fille récemment ? Oui，hier，j'ai encore dîné avec.

译文：你最近见过这个女孩儿吗？是，昨天我还和她吃饭了。

以上四个例子中，句末介词均不带宾语。

关于汉语中介词悬空现象，我们通常认为普通话中是没有的，但可以在各种当代方言中找到悬空（“hanging”，“dangling”）的介词。也有学者认为，介词悬空在上古汉语中更为普遍（尤其是介词“以”和“为”的情况），在中古汉语中也是如此，只是比例较少。然而，目前学界对早期汉语介词悬空现象的系统研究很少。本文试图填补这一研究空缺，并说明上古（先秦）汉语到中古及后来的近代（Modern Chinese）和现代汉语（Contemporary Chinese），经历了【多介词悬空】>【少介词悬空】的类型演变。

二 上古和中古汉语

上古汉语的介词“以”和“为”的悬空现象较为显著。中古时期仍有其他后面不出现宾语的介词，是因为这个时期古代汉语最常用的介词“以”（前及物宾语标记、工具格标记）和“于”（伴随格、工具格、处所格、夺格、向格、予格标记等）正渐渐不再使用并开始被其他介词取代（参见刘丹青 2017）。

（一）上古汉语

上古汉语中，尤其是晚期上古（Late Archaic，公元前 5—2 世纪），也就是典型的文言文中，“于”和“以”是最常见的介词。实际上，它们在甲骨文（公元前 13—11 世纪）中已经出现，参见 Peyraube（1988，1994）和 Djamouri（2009）。王力先生（1962—1964，1979）的研究已经表明，这两个最常见的介词“于”和“以”有相反的倾向。在“于”字介词短语（PP 即“于+NP”）中，介词“于”可以删除但需要保留宾语，而在“以”字介词短语（PP 即“以+NP”）中，介词“以”的宾语可以删除，但需要保留介词。介词“以”不带宾语的现象构成了明显的介词悬空。我们可以判定被删除的“以”的宾语几乎都是第三人称代词或指示代词“之”。晚期上古时期，另一种容易形成介词悬空的介词是“为”。举例：

（5）不敢以告人（诗经·国风·唐风）
（6）请以遗之（左转·隐公元年）
（7）……必以分人（左传·庄公十年）

我们对以上例子加入了现代汉语译文，以表明它们均涉及“以”后不出现宾语的介词悬空现象。我们甚至可以拟构“以”的第三人称代词宾语，与上文形成回指关系。

其实存在另一种解析，即“以”不是介词，而是目的连词，或者只是一个附着语素（clitic），见 Djamouri & Paul（2021）。

我们认为，这里涉及予格结构（dative constructions），或双宾语结构（double - object constructions）引出直接宾语和间接宾语。当介词“以”引入直接宾语时，介词悬空的情况非常常见。当该介词“以”做工具格（instrumental）介词时，介词悬空的情况比较少见，但并不是不存在。

还有一些有趣的情况，那就是双宾语结构中，直接宾语和间接宾语同时隐现，这就出现了“以 +V”的形式。特别是当删除的介词宾语为第三人称代词“之”时，不论“之”指代［+有生］（［+Animated］）还是［-有生］（［- Animated］）的宾语，见下例：

（8）子路行以告（论语·微子）

这里，我们要把“以告”理解为［以之告之］“把这个告诉他”的拟构模式。

还有伴随格介词“与”的介词悬空例子，见下：

（9）可与言而不与之言，失人（论语·卫灵公）

（When）a man may be spoken with，not to speak to him is to err in reference to the man.（译文选自 James Legge 1935/1983：297）

在最后这个例子中，第一个介词“与”的宾语是不存在的，而这个隐现的宾语，在第二个介词“与”后面以“之”的形式清楚地表达出来。这代表了另一种介词悬空的情况，即介词的宾语不出现，随后在下文而不是上文的语境中表达。

（10）尝试与来（庄子·应帝王）

（11）有争气者，勿与辩也（荀子·劝学）

应该注意的是，上古汉语阶段的介词悬空现象限于书面语或文言体，而不是白话甚至口语。这和我们将要看到的当代方言中的介词悬空现象恰恰相反。

(二) 中古汉语

从汉代至整个中古晚期（7—13 世纪中叶），介词悬空现象仍然存在，甚至更常见。虽然上古汉语遗留介词在这一时期几乎都是宾语严格紧跟其后，但我们能在司马迁的《史记》（约公元前 90 年）中发现些许介词悬空用例。后汉的佛经译本中也同样存在不少用例，到中古早期（3—6 世纪）介词悬空现象只增不减。这是因为上古汉语的介词（特别是“于”和“以”）逐渐被新的介词取代，而这些新的介词允许介词悬空现象。见例句：

（12）欲呼张良与俱去（《史记·项羽本纪》）

（13）为具牛酒饭食（诸少孙，《西门豹治邺》，公元前 1 世纪）［选自王力，1979］

（14）世雄愿为解此意（支娄迦谶，《般舟三昧经》，2 世纪）

（15）今我堕恶处为无有疑（安世高，《道地经》，2 世纪）

（16）……辄与俱（《世说新语·赏誉》114，5 世纪）

（17）愿为市鞍马，从此替爷征（《木兰诗》，5 世纪）

以上各例句中，被省略的无疑是第三人称代词“之”。例（17）中被省略的“之”在这里指代的是一个抽象名词：“之”＝“原因”→“为此原因”。

我们在《杂宝藏经》（5 世纪）中也发现“与”和“为”的介词悬空用例，同样的还有介词“共”、“从”和“向”后省略宾语的用例。

（18）割十聚落，与作福封（《杂宝藏经 4·罽夷罗夫妇自卖设会现获报缘第六十五》）

（19）王寻妻之，为立宫室（《杂宝藏经 2·波斯匿王丑女赖提缘第二十》）

（20）世尊长夜慈心怜愍，柔软共语（《杂宝藏经 2·提婆达多欲毁伤佛因缘第二十七》）

（21）时辟支佛，诣瓦师家，从乞瓦钵（《杂宝藏经 7·恶生王得五百钵缘第百四》）

（22）嫌所生母，所为非理，不向拜跪（《杂宝藏经 1 · 十奢王缘第一》）

这些例子显示，中古早期时介词悬空现象仍然存在。而到中古晚期时，汉语介词省略宾语现象已经少见，几乎没有了。仍有个别介词悬空用例，但显然属于上古汉语的遗留，见下例：

（23）愿以闻于官（柳宗元《童区寄传》，8 世纪）

这里中古晚期的最后一个例子，实际上是采用了上古汉语遗留介词“以”作双宾语结构中的直接宾语标记。那么为什么介词“以”还可出现悬空现象？这可能是因为，沿用至当代汉语的特殊宾语标记“把”在那时才刚出现，不是强制性的。不管怎么说，这些罕见的中古晚期的例子代表纯正的古代汉语（可追溯到上古晚期）。它们已经完全不能代表当时的白话。

中古晚期以后，近代汉语和现代汉语几乎没有介词悬空现象，这种情形一直持续到当代汉语时期。

三 当代汉语

（一）普通话

若说普通话中从来没有介词悬空现象，如学者黄正德（1988）、郭锐（2009）或张谊生（2009）所主张的那样，我们认为这个观点值得进一步讨论。

以下例（24）和例（26）中，当然不可能出现介词悬空；缺少“谁”的例（25）和缺少“她”的例（27）是不合语法的。[①]

（24）你在跟谁说话？

① 我们在此检验了上文例（1）和例（4）的中文翻译，发现英语介词悬空例（1）和法语介词悬空例（4）在普通话中不可能。

(25) *你在跟说话?

(26) 你最近见过这个女孩儿吗?

见过，我昨儿还跟她吃饭了

(27) 你最近见过这个女孩儿吗?

*见过，我昨儿还跟吃饭了

在以下例（28）和例（29）中，整个介宾结构完全被省略。①

(28) 这是我跟你说过的那个家伙

(29) 这个新床看起来好像有人已经睡过了

被动语态用例（29）中，介宾结构的缺失很容易解释，因为汉语中动词“睡”可以被认为是“可及物可不及物”动词（ambitransitive verb, Dixon，1991：286 sq.），所以“睡”可以不需要介词引出宾语，特别是当 NP 后跟方位词充当介词宾语的时候。“sleep in bed”中文既可说“睡床上”，也可说“睡在床上”。至于关系从句例（28），情况比较复杂，但取决于汉语中关系从句的成分构成。(见朱德熙 1983)

还有一些情况下，工具格介词“用”和予格介词“给”的用例可能被归为介词悬空的现象，例如：

(30) 这把刀我用来切菜（选自郭锐，2009）

(31) 这把刀我切菜用，那把刀我切肉用

(32) 他给修不给?（= 他给你修不给?）

但是，正如郭锐（2009）所建议的那样，我们处理的不是一个 PP 和一个动词（V）的简单句，而是一个两个动词（VP1 +VP2）并存于同一句子中的连动结构。这种论述无疑是更可取的。换句话说，在这些例子中，“用”应该被认为是动词“用”，而不是介词“用”（“with”），“给”应该是致使动词“给”（“let”），而不是予格/受益格介词“给”（“to，for”）。事实上，动词“用”变成介词的语法化过程可能并没有完

① 同样，这里例（28）和例（29）是前文例（2）和例（3）的对应的中文表述。

全实现，还有其他动介词也是如此。众所周知，动词“给”已经被多语法化（poly-grammaticalized）为致使动词和予格/受益格介词（见 Chappell 和 Peyraube 2011）。综上，以上例子是一种动词悬空（verb stranding）现象，从跨语言学角度，这种现象比介词悬空要常见得多。

（二）其他汉语族语言（Sinitic languages）

至此，毫无疑问，我们能在一些汉语族语言中发现介词悬空的现象。近十几年来，安徽（胡德明 2006）、湖南（丁家勇 2009）、陕西（张邱林 2013）等省的方言中经常有类似介词悬空的例子，但这些例子似乎难以令人信服，因为我们总是很难确定用例涉及的是一个真的介词，而不是动词，这大概是汉语方言中永恒的问题。然而，宗守云（2019）对河北张家口方言中介词悬空的研究表明，至少介词“跟”的悬空现象十分常见。如以下例（33）中，人们不用犹豫就能知道“跟”是介词还是动词。不言而喻，这个“跟”应该被认为是介词，它不可能是动词“跟”。但作者补充说，要确保这句话成立，上下文须在某处表明：两个对话者习惯于每天一起吃饭。

（33）你今儿不跟吃饭了？（=你今儿不跟我/这儿吃饭了？）

下例（34）中也是如此，意思是：两位对话者习惯在一起调琴弦。

（34）那以后，一到下午她就主动找我要跟调弦

这类介词悬空的情况，特别是当介词后删除的宾语曾出现在之前的语境中，尤其是还被话题化了（topicalized）的情况，更为常见。举例：

（35）你尽量跟叔叔们说说……我说我跟说说

除介词“跟”外，其他介词在张家口方言中也可能出现悬空现象，特别是处置介词“把”、伴随格介词“和”、夺格介词“从”等。举例：

（36）写了两封信，把寄走了

处置介词“把”后面没有任何对象（因此这种情况不能看作区别性宾语标记“把”），但“把”的宾语（两封信）在句子的前一部分已经被提及。

（37）爸爸去北京，小李也和去了

伴随格介词“和”后面没有任何宾语，但在句子的第一部分也提到了这个介词的所指对象（爸爸）。

（38）他不在饭馆儿了，早从出来了

该句介词“从”后不带任何宾语，但所指对象（饭馆儿）在上半句中已经提到。

张家口方言中的这些例子，在普通话中是绝对不允许的。当然，这些介词悬空现象的出现也有条件限制。第一，不是所有的介词都容许出现介词悬空。第二，宗守云（2019）也曾审慎地指出，当语体风格更为口语化、通俗化时，介词后比较容易删除宾语。第三，大多数介词悬空的例子中，介词宾语对象由代词充当。第四，当介词宾语是 NP 时，它不能是一个抽象名词，它应该是一个指代具体内容的名词，就像上面例子中的“信”或“饭馆儿”。

宗守云（2019）提出的其他条件却值得讨论，比如说，与单音节介词相比，双音节介词更容易形成介词悬空。另外，宗守云提到“虚化程度低的介词，更接近动词，就更容易悬空；虚化程度高的介词，不容易悬空”。我们认为这是有争议的观点。如果说弱语法化（weak grammaticalisation）或虚化动词“用”容易省略其后宾语，我们无法解释强语法化（strong grammaticalisation）介词“跟”“把”“和”“从”的介词悬空现象，特别是夺格介词“从”。

有一点是确定的：与古汉语或中古汉语的介词悬空不一样的是，张家口方言中的介词悬空现象仅出现在口语语体。

四 讨论、结论与未来议题

上古汉语中无疑存在着介词悬空现象，这是比较常见的。后来，随着语言的发展，中古晚期以后，介词悬空现象基本上已经消失，经历了【多介词悬空】>【少介词悬空】的类型演变。

今天，普通话中已经不存在介词悬空现象，或者说非常罕见，但值得注意的是，它仍然存在于不同的方言中，而这些方言并不集中分布在同一地域，因此不构成一个语言区域（linguistic area）。那么如何解释这种不同方言中存在的介词悬空现象呢？

我们认为，通过语言接触的外部借代（external borrowing）假说有些牵强附会，找不到可靠的借代来源。在无法通过语言接触而借词的情况下，仍然存在着一种内部发展（internal developement）的假设，甚至是一种对古汉语曾有结构存留（maintenance）的假设，而这种结构在几乎所有其他的汉语族语言中都已消失。

要解决这个问题，就要知道介词悬空现象是否一直存在在其被发现的语言中（如张家口话）。这显然是不可能的（缺少张家口话早期口语语料）。因此，我们只能认为介词悬空现象是一种相对较新的句法现象，尽管它可以追溯至十多年前，甚至更久远。那么，在这种推理下，我们不倾向将介词悬空现象判定为句法结构留存（preservation of a structure），而是“功能更新”（exaptation）。功能更新指给一个已经废弃甚至完全消失的旧形式赋予一个具有不同特征的新存在，见 Peyraube（2015）。

不管是哪种情况，本文所做的初步历时性研究值得深化，特别是对中古晚期以及接下来的近代汉语和现代汉语时期，即从 14 世纪中叶至今。

如果功能更新假设成立，近代汉语中介词悬空现象可能确实比上个阶段（中古晚期）出现频率高。这将证明一些当代汉语方言保留了这些形式。但这一假说无疑是难证实的，因为那些认为真实反映当时的口语材料往往是引起质疑的，不论从类型学还是方言学的角度来看，要准确地识别它们更是十分困难。

还有一种可能性就是：古代汉语介词悬空现象和当代汉语方言中的介词悬空现象，二者互不相关。它们只是分别发生在各自语言体系中，基于语义—语用（semantic - pragmatic）发展的相关语言省略现象（ellipsis phenomena）。将来的议题可以探讨这种介词悬空现象是否进入其他当代汉语方言，乃至向普通话发展。

综上假设均值得更深入的研究和求证。

缩略语

NP = Noun Phrase 名词短语

PP = Prepositional Phrase 介词短语

V = Verb 动词

VP = Verb Phrase 动词短语

汉语史分期

前上古汉语（甲骨文时期）（Pre - Archaic Period，公元前 14—前 11 世纪）

上古早期（Early Archaic Period，公元前 10—前 6 世纪）

上古晚期（Late Archaic Period，公元前 5—前 2 世纪）

前中古汉语（Pre - Medieval Period，公元前 2—2 世纪）

中古早期（Early Medieval Period，3—6 世纪）

中古晚期（Late Medieval Period，7—13 世纪）

前近代汉语（Pre - Modern，1250—1400 年）

近代汉语（Modern，15—18 世纪）

现代汉语（Contemporary，19 世纪至今）

参考文献

1. 丁加勇：《隆回湘语的“N +担+VP”处置式》，《汉语学报》2009 年第 4 期。

2. 郭锐：《现代汉语和古代汉语中的介词悬空和介词删除》，《中国语言学》2009 年第 2 辑。

3. 胡德明：《安徽芜湖清水话中的“无宾把字句”》，《中国语文》

2006 年第 4 期。

4. 黄正德：《汉语正反问句的模组语法》，《中国语文》1988 年第 4 期。

5. 刘丹青：《语法调查研究手册》（第 2 版），上海教育出版社 2017 年版。

6. 王力：《古代汉语》，中华书局 1962—1964 年版。

7. 王力：《古代汉语常识》，人民教育出版社 1979 年版。

8. 宗守云：《介词悬空：张家口方言的显赫句法结构》，《中国语文》2019 年第 5 期。

9. 张谊生：《介词悬空的方式与后果、动因和作用》，《语言科学》2009 年第 3 期。

10. 张邱林：《陕县方言的几种介词语法现象》，刘丹青主编《汉语方言语法研究的新视角》，上海教育出版社 2013 年版。

11. 朱德熙：《自指和转指——汉语名词化标记“的、者、所、之”的语法功能和语义功能》，《方言》1983 年第 1 期。

12. Chappell H. & A. Peyraube. Grammaticalization in Sinitic Languages. H. Narrog & B. Heine eds. *The Oxford Handbook of Grammaticalization*. Oxford：Oxford University Press，2011.

13. Dixon Robert M. W. *A New Approach to English Grammar*，*On Semantic Principles*. Oxford：Clarendon Press，1991.

14. Djamouri，Redouane（罗端）：《从甲骨、金文看“以”字语法化的过程》，《中国语文》2009 年第 1 期。

15. Djamouri，Redouane & Waltraud Paul. Clitic pronouns in Archaic Chinese. *Journal of Historical Linguistics*，2021.

16. Legge，James. 1935/1983. *The Chinese Classics*. Taipei：Southern Materials Center，INC. 297.

17. Peyraube，Alain. *Syntaxe diachronique du chinois - Evolution des constructions datives du 14ème siècle avant J. - C. au 18ème siècle*. Paris：Collège de France，1988.

18. Peyraube，Alain. On the history of Chinese Locative prepositions. *Zhongguo jingnei yuyan ji yuyanxue*（*Chinese Languages and Linguistics*）1994.

19. Peyraube，Alain. Syntactic and Semantic Change in Chinese. *Newcastle & Northumbria Working Papers in Linguistics.* 2015.

20. Sybesma，Rint *et al.* ed. *Encyclopedia of Chinese Language and Linguistics.* Leiden：Brill. Vol. III. 2017.

存续性语义特征视角下的语法化*

——基于“一概”“一律”“一般”“一样”的分析

张福通

（南京大学文学院）

摘　要：作为输入端的语法化项的语义特征会影响后续的语法化路径和输出端词语的功能表现。名词“一概”“一律”具有总括性特征，它们的语法化路径是“名词>形容词>范围副词”。数量短语“一般”、数名短语“一样”强调分类，它们的语法化路径则是“数量短语>形容词>助词”或“数名短语>形容词>助词”。这是“一概”“一律”与“一般”“一样”在源结构语义特征影响下的路径对立。“一概”具有［+整体］特征，“一律”具有［+同质］特征，前者可以出现于不区分成员性质的句子中，而后者则更多地见于具有分配性意义的语境中。“一般”具有［+整体］特征，“一样”则兼具［+同质］［+摹状］特征，因此，“一般”多表示类属性相同，“一样”更趋于表示对等性相同。这是在源结构语义特征影响下“一概”与“一律”“一般”与“一样”的功能对立。

关键词：名词；语法化；语义特征

* 本文是国家社会科学基金青年项目“近代汉语名词语法化研究”（项目号18CYY043）的阶段性成果。史文磊老师通读全文并是正良多，关于“同质性”的思考得自与叶述冕先生的私人交流，在此一并致以谢忱。文中或有错讹，概由作者负责。

一 引言

现代汉语的“一概”主要用作范围副词，“一律”则既可以作范围副词、也可以作形容词，如（参吕叔湘等 1999：605－607）：

（1）不分好坏，一概都要。

（2）千篇一律。

（3）所发文件会后一律收回。

例（1）的“一概”作副词，它主要搭配动词，也可以搭配形容词（不常用）。例（2）的“一律”作形容词，表示“同样，没有差别”（相同义），主要作谓语，不能修饰名词。例（3）是副词“一律”，与副词“一概”类似，它也主要搭配动词，很少与形容词搭配。

即使同为副词，“一概”“一律”也存在区别，吕叔湘等（1999：605）就指出：“‘一概’和‘一律’用于通知、规定时，概括事物，可以通用；概括人，常用‘一律’。”

“一般”主要用作形容词，既可以表示相同义（形容词 a），也可以表示“普通，通常”义（形容词 b）；“一样”也用作形容词，表示相同，如（参吕叔湘等 1999：600、609－610）：

（4）他和你一般大。

（5）这是一般情况，特殊情况不在此例。

（6）这两句话没有什么不一样的地方。

例（4）是相同义“一般”，主要修饰形容词。例（5）的“一般”表示“普通，通常”义，可以修饰名词、动词，也可以单独作谓语。例（6），“一样”也表示相同，它比形容词 a“一般”的使用范围更广些，可以修饰名词、动词、形容词，也可以单独作谓语。

此外，由于“一般”“一样”可以后附于名词或短语，形成“名词/短语+一般”“名词/短语+一样”的结构式，它们整个地作定语、状语或谓语等，功能与“似的”相近，故也有论著单独处理成助词（北京大学中文系 1955、1957 级语言班，1982：461、474－475；侯学超 1998：625、645－646；王自强，1998：237、245 等），如（参北京大学中文系 1955、1957 级语言班 1982：461、474）：

（7）波浪一般的麦田。

（8）他率领战士们，向那烟雾滚滚的左翼阵地上，飞一样地跑去了！（《保卫延安》528）

“波浪一般”整个地作定语，“飞一样”整个地作状语，“一般”“一样”应视作助词。

同时，“一般”“一样”也有区别。就助词、形容词用法而言，“‘一般’多用于书面语，‘一样’口语、书面语都用”（北京大学中文系 1955、1957 级语言班 1982：461）。就形容词用法而言，“‘和……一般’的使用范围没有‘和……一样’广，后者能够独立做谓语，如‘他的性格和他父亲一样’不大说成‘他的性格和他父亲一般’”（北京大学中文系 1955、1957 级语言班 1982：461）。

结合文献材料等看，“一概”在近代汉语时期也曾有过形容词用法。也就是说，在近代汉语中，“一概”“一律”“一般”“一样”都可以用为表示相同义的形容词，且都可以用作谓语，如：

（9）万方声一概，吾道竟何之？（杜甫《秦州杂诗》之四）

（10）近世学者，雷同一律。（赵与时《宾退录》卷 7）

（11）牧主曰：“信知佛法与王法一般。”（《五灯会元》卷 11《风穴延沼禅师》）

（12）城郭山川都一样，那得个般清气。（《全宋词》郭应祥《念奴娇》）

例（9），“一概”用作谓语，表示各地鼓角之声相同。例（10），“雷同”与“一律”同义，表示“同样”。例（11），指佛法和王法是一样的。例（12），指城郭山川都相同。

总之，归纳这四组词语，可以得出以下主要的区别：一是“一概”“一律”这类兼具形容词、副词用法的是一组，“一般”“一样”

这种兼具形容词、助词用法的又是一组，它们两组之间存在区别。二是同为副词的“一概”“一律”、同为助词的“一般”“一样”又各自存在区别。

本文的研究就以这两类区别为切入点，以期梳理两个大的问题：一是论证“一概”“一律”“一般”“一样”的形容词用法等是从名词或名词短语语法化而来。二是先结合名词或名词短语的既有语义来分析“一概”等的区别性特征，归纳“一概”与“一律”、“一般”与“一样”的对立性的语义特征；再结合语义来整体分析“一概”“一律”与“一般”“一样”语法化路径等的区别。

二 “一概”等的语法化

谭翠、郑贤章（2006），刘红妮（2008a）、陈勇（2008）等都探讨过“一概”“一律”的词汇化与语法化问题，刘红妮（2008b、2008c）则重点考察“一概”的词汇化与语法化。盛新华、魏春妮（2011）总结了“一样”的词汇化与语法化，姚尧（2015）、胡承佼（2015）、陈勇（2017）则分析了“一般”的词汇化与语法化。我们考察后认为，已有研究对于“一般”语法化的讨论争议较小，“一概”“一律”“一样”的语法化都还有继续讨论的余地。由于篇幅较长，故将相关论述分散在对“一概”等语法化路径梳理的章节中。以下分别论述“一概”“一律”“一样”的语法化路径，最后转述和讨论“一般”语法化的相关问题。

（一）词汇化与语法化的关系

在进一步分析之前，有必要先简要厘清词汇化和语法化的关系。通常认为，“词汇化”是指“一个短语或由句法决定的其他语言单位在语言的发展演变中其自身变成一个稳固词项的过程”（王灿龙 2005）。“语法化”则是“词项和结构式在特定语境中承担语法功能，而且，一旦语法化，还会持续发展出新的语法功能。”（Hopper & Traugott 2003：18）从命名和定义看，二者并不相同。

不过，通过 Brinton & Traugott（2005）的讨论不难看出，词汇化与语法化的界限并非泾渭分明的，在具体案例上容易存在争议。如 Lehmann

（1995［1982］：87、2015：93）认为“*-ly*”“*-mente*”的演变涉及“名词语法化”（grammaticalizations of noun），但也有学者将它们置于词汇化框架内。Hopper & Traugott（1993：7）把“*a basket full > cupful > hopeful*”视为“词汇性斜坡”（cline of lexicality），但它们也可以看作语法化的问题。（Brinton & Traugott 2005：64）

应该说，这是一个问题的一体两面。以“*a basket full > cupful > hopeful*”为例，如果关注“词汇性”问题（Brinton & Traugott 2005：94），“*a basket full*”这类表述形式只是部分固化的短语，可以演变为不可分析的单纯词形式（如“*hopeful*”）。但如果关注的是“语法性”问题（Brinton & Traugott 2005：92－93），“*full > -ful*”也可以视为语法化的案例。这与汉语“子”后缀的情况类似，“舟子>刀子>段子>耍子”，词汇性不断增强，可以看作词汇化的案例；但“舟子”的“子”意为“人”，“刀子”“段子”“耍子”的“子”属于词缀，“子”的语法性也在增强，这一演变进程又可以视作语法化的案例。这是就整体结构和组成成分词汇性、语法性对立来谈的。也有整体结构本身就有词汇性、语法性的对立的情况，比如，张谊生（2007）曾讨论“极其”的词汇化，张福通、张寒冰（2017）则讨论“尤其”的词汇化，它们都是从跨层结构演变而来。“极其贪虐”本来是［极［其贪虐］］式的动宾短语，此后才演变为［极其［贪虐］］式的偏正短语，“极其”也就由跨层结构演变为副词。“尤其豪”本来是副词“尤”修饰名词短语“其豪”，此后“尤其”演变为副词，结构关系就成了副词“尤其”修饰形容词“豪”。可以看出，从成词的角度看，“极其”“尤其”确实发生了词汇化。但就跨层结构到语法形式的角度看，它们又都是语法化的个案，彭睿（2007、2011、2020）等就把“极其”作为语法化的经典案例反复讨论。

关于汉语词汇化与语法化的关系问题，彭睿（2007）也指出，可以根据进入词库的输出项的词性来界定是词汇化还是语法化。

回到本文所要讨论的问题。以“一概”为例，“名词短语（‘一种器具’）>名词（‘同一种标准’）>形容词（‘相同，同样’）”属于词汇溶合性逐渐增强的情形，即短语到名词再到形容词的词汇化；但名词演变为形容词，也属于由主要范畴到其他范畴的演变，又可以作为语法化的个案①。为集中讨论相关话题，我们主要以语法化的视角来考虑四组词语的演变问题，只在短语等演变为名词、动词时使用“词汇化”这一术语。

（二）“一概”的语法化路径

刘红妮（2008c）指出：中古时期，“一种器具”义的短语“一概”演变为表示“同一种标准”义的短语“一概”；唐代时，“一概”演变为形容词和范围副词。其演变序列是“短语>形容词>范围副词”。

经考察，已有论著对“一概”语法化的梳理存在两个问题：（一）名词短语到形容词的演变之间，还存在名词“一概”这一阶段，已有论著并未述及。（二）“一概”在中古时期即演变为形容词和范围副词（例18—22），若以唐代为语法化的起始时间，则时间过晚。此外，“一概”语法化所面临的歧解性环境，也未见已有论著加以考察。

上古时期，“一概”只是临时性的偏正短语，如：

（13）同糅玉石兮，一概而相量。（《楚辞·九章·怀沙》）

例（13），指把美玉和石头混在一起，用“同一种量器物时刮平斗斛的器具”来称量。

中古汉语时期，“一概”凝结成词，表示“同一种标准”，如：

（14）诸吏各敬尔位，孤推一概之平。功之宜赏，于疏必与；罪之宜戮，在亲不赦。（《曹植集》卷8《黄初五年令》）

（15）万殊之类，不可以一概断之，正如此也久矣。（《抱朴子内篇·论仙》）

（16）愚心之所非者，不可以一概论；辄条列其事。（《晋书·刘毅传》）

例（14）指下属官吏都敬于职守的话，那发布诏令者“我”就会按

① 一般认为，就词类而言，名词、动词是人类语言的主要范畴，其他词类则属于中间范畴或次要范畴（Hopper & Traugott 2003：107）。我们所说的“主要范畴到其他范畴的演变”，主要指名词、动词等演变为其他词类且意义更加不透明或者虚化的情况。

照同一标准对待。例（15）指各种不同的现象、事物不能用同一种标准判断。例（16）指“我”不同意的事情不能用同一标准论断。

刘红妮（2008a）等认为这里的“一概”还是短语。我们认为，此处“一概”已经成为名词。“同一种标准”这一意义虽然是从短语“一概”（“一种器具”）发展而来，但它无法单纯从短语“一概”的构成成分或造词法模式推断出来，内部组构性丧失，已经独立成词（Kastovsky 1982：164－165，Brinton & Traugott 2005：95－96）。“概”基本也只在搭配“一”的时候才能被解读出“标准”义，也就是说，它更可能是一个语素，而不是一个单音词。因此，“同一种标准”义的“一概”应看作名词。

名词“一概”是语法化的输入端，当它出现在歧解性环境①的时候，就容易发生语法化。例如：

（17）各从其志，不可一概而言也。（《抱朴子内篇·释滞》）

这类结构应该源于“不可以一概而言也”，由于有时可以不用介词，而存在出现歧解的可能。“不可一概而言”既可以理解为不可以采用同一种标准来评价，也可以理解为不可以同样地评价。受此影响，它进而演变为相同义形容词，如：

（18）夫瞻视不能接物，则衮龙与素褐同价矣；聪鉴不足相涉，则俊民与庸夫一概矣。（《抱朴子外篇·擢才》）

（19）至于涂山歌于候人，始为南音；有娀谣于飞燕，始为北声；夏甲叹于东阳，东音以发；殷整思于西河，西音以兴；音声推移，亦不一概矣。（《增订文心雕龙校注·乐府》）

（20）故知二字虽通，不可一概。［（隋）灌顶《大般涅槃经玄义》］

① 歧解性环境是推动语法化的重要因素，这类环境往往基于特定的“框架”，因此又可以具体分为“语法化项歧解”和“框架关系歧解”（彭睿，2020：67）。“一概”“一律”的语法化主要是语法化项歧解，但也伴随着框架关系歧解；“一般”“一样”的语法化则主要起于框架关系歧解。歧解性环境又被称为“桥梁环境（bridging context）”（Heine，2002：84－85）、“临界环境（critical context）”（Diewald，2002：104－114）或“语用推理环境”，参彭睿（2020：41－65）。

例（18），指鉴别能力不足以应对的话，才俊和平庸的人就没有区别了。例（19），指各地音声的变迁并不一样。例（20），指两个字虽然相通，但不能同等（视之）。

此后，形容词“一概”也出现歧解性环境，如：

（21）蕴藉礼容，抑扬文史，一概险夷，忘怀忧喜。（《汉魏南北朝墓志汇编·北魏·魏故假节辅国将军东豫州刺史元公墓志铭》）

例（21）有两种理解：（一）前后文都是述宾短语，[$_{VP}$ 蕴藉 [$_{NP}$ 礼容]]、[$_{VP}$ 抑扬 [$_{NP}$ 文史]]、[$_{VP}$ 一概 [$_{NP}$ 险夷]]、[$_{VP}$ 忘怀 [$_{NP}$ 忧喜]]属于对文，“一概险夷”意为“把危险和安全同等（看待）”。（二）“一概险夷，忘怀忧喜”是一个句子，全句意为“（对于）全部危险和安全，都表现出忘怀忧愁和喜悦的平常心态”。

正是在此类语境下，“一概”发生重新分析，并进而演变为统括性范围副词，表示没有例外，如：

（22）由自知情深，在物无竞，身名之外，一概可蔑。（《南齐书·刘彪传》）

（23）浊世清名一概休，古今翻覆賸堪愁。（《韩偓集系年校注》卷3《过汉口》）

（24）按山川展拓基垌，顺冈阜增添爽垲，形胜并皆换旧，规模一概从新。（《全唐文》卷130钱镠《新建风山灵德王庙记》）

例（22），指身名之外（的事）全都可以蔑弃。例（23），指混浊的世道、好的名声都可以罢休了。例（24），指风山灵德王庙的规格等全都从新。

综合来看，“一概”的整体演变序列是“数名短语（‘一种量具’）>名词（‘同一种标准’）>形容词（‘同样，没有差别’）>副词（‘没有例外’）”，以名词为输入端，它的语法化路径可归纳如下：

名词>形容词>副词

（三）“一律”的语法化路径

刘红妮（2008a）认为“一律”在宋代演变为形容词，明代时才发展为范围副词。它的演变序列也是“短语>形容词>范围副词”。

与“一概”类似，“一律”也存在名词这一演变阶段。同时，它的语法化也受到歧解性环境的推动。因此，仔细分析语料，我们认为，关于“一律”的语法化路径的描述还可以更加细致、准确一些。在语法化路径的归纳和例证分析等方面本部分与此前研究也就有所不同。

“一律”可以表示“同一种音律、格套”等，如：

（25）异音者不可听以一律，异形者不可合于一体。（《淮南子·说林》）

（26）清角之调，唯宫商及徵，与律相应，余四声非正者皆浊，一律哨吹令清，假而用之，其例一也。（《宋书·律历志上》）

这点上各家观点基本一致，此时“一律”还只是短语。

唐代时，“一律”逐渐有了词汇化的倾向，表示“同一种风格、标准”等，如：

（27）惟古于词必己出，降而不能乃剽贼。后皆指前公相袭，从汉迄今用一律。（《韩愈文集汇校笺注》卷24《南阳樊绍述墓志铭》）

例（27）可以与前后文对照，《南阳樊绍述墓志铭》言：“樊绍述既卒，且葬，愈将铭之，从其家求书，得书号《魁纪公》者三十卷，曰《樊子》者又三十卷，《春秋集传》十五卷，表、笺、状、策、书、序、传、记、纪、志、说、论、今文、赞、铭，凡二百九十一篇，道路所遇及器物门里杂铭二百二十，赋十，诗七百一十九。曰：多矣哉！古未尝有也。然而必出于己，不袭蹈前人一言一句，又何其难也！”樊绍述著述颇丰，有诗有文，但很少蹈袭前人格套。对比下来，韩愈认为时人“后皆指前公相袭，从汉迄今用一律”。“一律”即“同一种格套、标准”。

这类用法在宋代更加习见，“一律”最终凝结为表示“同一种风格、标准”的名词。由于这类用法字典辞书未加收释，学者往往一并归结为形容词。我们在此将多举一些例证加以辨析。这类“一律”的用例如：

（28）官酤私酿同一律，竟识吾家新酝否。（曾几《茶山集》卷《匽瓮酒》）

（29）谈天用一律，呻讯厌重复。（《黄庭坚诗集注》卷8《次韵冕仲考进士试卷》）

（30）人心如其面，难以一律揆。（《淮海集笺注》卷5《徐仲车食于学官，吏或以为不可，欲罢去之，太守不听，礼遇如初，感之而作》）

（31）六经陷邪说，诸儒共一律。（《杨万里集笺校》附录2《补遗·寿陈右司》）

以上4个例子，“一律”都是用作宾语，不宜把它看作形容词。例（28），“一律”作动词“同”的宾语，表示官方和私家酿造的酒共用同一种标准。例（29），“一律”作动词“用”的宾语，表示高谈阔论采用同一种风格。《黄庭坚诗集注》卷8《博士王扬休碾密云龙同事十三人饮之戏作》有“棘围深锁武成宫，谈天进士雕虚空”句，小注：“国朝试进士，多在武成王庙。熙丰间，进士高谈性命，溺于虚无。元祐初，其习犹在。”（294页）可证当时进士大多喜欢空谈，且风格类似，故“谈天用一律”。例（30），“一律”作介词“以”宾语，指人心和相貌相似，不能用一个标准揆度。例（31），“一律”作动词“共”宾语，指六经陷入邪说，诸儒共用同一个标准。

当“一律”不作宾语时，则容易进入歧解性环境，如：

（32）今程试文字，千人一律，考官亦厌之，未必得也。（《苏轼文集》卷49《与王庠书》）

例（32），“一律”用作谓语，既可以理解为表示“同一种风格”的名词，也可以理解为表示相同义的形容词。

此后，“一律”即演变为相同义形容词，如：

（33）从今一字休思索，千古文人一律愚。（《刘克庄集笺校》卷26《仲晦昆仲求近稿戏答二首》其二）

（34）近世学者，雷同一律，发言盈庭，岂善学前辈者哉。（《陆九渊集》卷19《荆国王文公祠堂记》）

（35）若不得那些清高之意来缘饰遮盖，则其从衡诡谲，殆与陈平辈一律耳。（《朱子语类》卷135《历代二》）

例（33），指千古文人都同样地愚蠢。例（34），“雷同”“一律”对举，其意思不言而喻。例（35），指大概与陈平这类人一样。

当形容词“一律”用作状语时，则出现歧解性环境，如：

（36）两雄一律盗汉家，嗜好亦若肩相差。（《苏轼诗集》卷26《鳆鱼行》）

（37）诸贤惮生语，一律爱软媚。（《全宋诗》五迈《简复斋陈寺丞子表夫知丞并呈真西山》）

例（36），指王莽、曹操同样盗取汉王朝的权力，且同样爱好吃鳆鱼。不过，“两雄一律盗汉家”也可以理解为王莽、曹操都盗取了汉王朝的权力。例（37），指那些贤者都不喜欢耿直的话，而同样地喜欢阿谀奉承的话。但这两句也可以理解为那些贤者全都喜欢阿谀奉承的话。在这类语境下，“一律”就容易重新分析为范围副词。

明清时期，“一律”演变为范围副词，如：

（38）商功父赋性慷慨，将着贾家之物作为己财，一律挥霍。（《二刻拍案惊奇》卷20）

（39）一路风声传播，群贼破胆，走者走，降者降，到得仲池水师驶到皖江，早一律肃清。（《花月痕》第47回）

（40）叫管家们一律穿着簇新的大褂，装作细崽模样，以供奔走。（《官场现形记》第7回）

这类“一律”不仅用于白话小说中，在偏文言的公文中也有不少用例，如：

(41) 必于康熙二十五年桃汛之前，一律告竣，以防上流异涨，有裨河防，良非浅鲜矣。[（清）傅泽洪《行水金鉴》卷50《河水》]

(42) 今酌拟无论何处驻防，俱一律赏俸一年。[（清）阿桂《军需则例》户部卷1]

(43) 一经大兵乘胜长驱，就近抽安，一律齐备。[（清）阿桂《平定两金川方略》卷95]

要之，“一律”的整体演变序列也是“短语>名词>形容词>范围副词”。与“一概”类似，它的语法化路径也可以归纳如下：

名词>形容词>副词

（四）“一样”的语法化路径

盛新华、魏春妮（2011）认为“一样”在宋代才开始连用，它的演变始于南宋时期，在《朱子语类》中，它由数量短语演变为形容词；元末明初，在《老乞大》这类文献中，它又演变为表示比拟的助词。其演变序列是“数量短语>形容词>助词”。

经考察，从语义关联、语义传承层面看，“一样”在唐代就已经连用并发展为数名短语，而它发展为形容词的时间则可以上推至北宋时期。同时，相关演变也存在歧解性环境的问题。故本部分重新讨论“一样”的语法化问题。

唐五代时期，“一样”作为“数词+名词”类的短语，表示“（同）一种样式”，它较早见于文言文献中，如：

(44) 两京市诸行，自有正铺者，不得于铺前更造偏铺，各听用寻常一样偏厢。(《唐会要》卷86《市》)

(45) 其诸军职掌，有先用火焰绯幡处，宜各依一样，送付诸道，准此改换，先用赤色宜停。(《唐会要》卷32《乘车杂记》)

例（44）是唐中宗景龙元年（公元707年）十一月发布的敕文，指长安、洛阳两京市的各类商行，有主店铺的不得在店铺前再建造偏铺，只允许采用寻常同一类样式的偏厢。① 例（45）是唐玄宗天宝十载（751年）七月发布的敕文，要求火焰绯幡应改为赤黄色，“各依一样”即指各自依据同一种样式的旗帜。

此后，名词短语“一样”又可以用于白话诗等俗文学文献，如：

（46）泣露千般草，吟风一样松。此时迷径处，形问影何从。（《寒山诗注·可笑寒山道》）

（47）新衫一样殿头黄，银带排方獭尾长。（王建《宫词一百首》之十六）

（48）乱后江边寺，堪怀二律师。几番新弟子，一样旧威仪。（《全唐诗》卷839齐己《寄怀江西征岷二律师》）

例（46），“吟风一样松”指风吹同一样式的松树。例（47），“新衫一样殿头黄”指新衫是同一样式，都是殿头黄这种类型。例（48），“一

① “偏铺”指在店铺前建造的房间，这容易“破坏城市的防御功能，以及侵损公众利益”。但“偏厢”“是在商铺两边、不侵占公共空地来扩展铺面，是被允许的”。（参包伟民2018：70）“偏铺”和“偏厢”应都属于“浮造”的屋舍。汪维辉师（待刊）释“浮造”为“临时建造”。张福通（2019：16）释为“额外建造”，结合城市坊市结构可进一步加以申说。一般来说，住宅、店铺的占地面积是相对固定的，应该有官方制定的额度，这属于私家用地。住宅、店铺前后往往正对着主要道路，如果在这类场所浮造屋舍（如建造偏铺）很可能会影响通行等。因此，唐宋公文会明文规定处罚措施，如“诸坊市街曲，有侵街打墙，接檐造舍等，先处分一切不许，并令毁拆，宜委李勉常加勾当。如有犯者，科违敕罪，兼须重罚”（《唐会要》卷86《街巷》）。“伏见诸街铺近日多被杂人及百姓、诸军诸使官健起造舍屋，侵占禁街，切虑停止奸人，难为分别。今除先有敕文，百姓及诸街铺守捉官健等舍屋外，余杂人及诸军诸使官健舍屋，并令除拆，所冀禁街整肃，以绝奸民。”（《唐会要》卷86《街巷》）“大中三年六月，右巡使奏：‘义成军节度使韦让，前任宫苑使日，故违敕文，于怀真坊西南角亭子西侵街造舍九间。’敕旨：‘韦让侵街造舍，颇越旧章，宜令毁拆。’”（《唐会要》卷86《街巷》）“若搭盖浮造，遮栏宫屋及妨碍众行出入道路者，各杖一百，许告赏钱五十贯。”［（宋）李焘《续资治通鉴长编》卷518“哲宗”］不过，如果城市本身就极为空旷或浮造屋舍并没有妨碍到通行等，还是会适度鼓励，如“都市之内，屋宇未多，闻浮造之人，常须更出地课，将期招葺，宜有指挥。应诸坊于公私地内浮造屋宇，每月地课，不得更有收征。”［（宋）宋敏求编《唐大诏令集》卷5《改元天复赦》］“诸路有僦房廊为浮造檐厦侵官地者，则会其丈尺，令输钱，谓之曰‘白地钱’。”（《宋九朝编年备要》卷28）应该来说，“偏厢”置于店铺两侧，如果只是“寻常一样偏厢”，面积也不会很大，不至于妨碍主路通行等。

样”指同一样式的威仪。例（46）、例（48），“一样”分别与“千般”“几番”对仗，表面上看它们都应处理成数量结构，其实这是“借对”，属于诗歌中特有的修辞手法。看似采用的是数量结构的形式，但却是借义为对。“一样”都表示同一种样式，“样”属于名词。

在同一时期，“一样”出现歧解性环境，这类歧解主要是框架关系歧解。如：

（49）一样金盘五千面，红酥点出牡丹花。（王建《宫词一百首》之四九）

框架关系歧解是指“一样+N”既可以视为“数名短语+名词”类的结构，也可以视为“形容词+名词”类的结构。例（49），“一样金盘五千面”可以指同一样式的金盘有五千面，也可以指同样的金盘有五千面。

这类例子中，“一样”都表示同质性（Križ and Chemla 2015），加之“样”有摹状义，故数名短语“一样”在北宋时期逐渐演变为形容词，如：

（50）人间天上，一样风光，我与君知。（《全宋词》毛滂《诉衷情·七夕》）

（51）此言“洒扫应对”与“精义入神”是一样道理。（《朱子语类》卷49《论语三十一》）

（52）一样金章紫服，一样朱颜绿发，翁季俨相望。（《全宋词》魏了翁《水调歌头·张致政生日》）

例中“一样”主要作定语。例（50），指人间天上都是同样的风光。毛滂是北宋时人，此词或可反映出当时语言的实际使用情况。例（51），指“洒扫应对”与“精义入神”道理是一样的。例（52），指同样的“金章紫服”、同样的“朱颜绿发”。

形容词“一样”也可以作谓语（例53）、状语（例54—55）等，例如：

（53）二与后人作标牓，凡圣悟迷皆一样。[（宋）赜藏主《古

尊宿语录》卷27《舒州龙门（清远）佛眼和尚语录》］

（54）万里江山一样平，要津把断底时节。［（宋）赜藏主《古尊宿语录》卷41《云峰（文）悦禅师初住翠岩语录》］

（55）问娘鼎鼎修何行，一样都生及第儿。［《全宋词》魏了翁《鹧鸪天·叔母生日》］

例（53），“凡圣悟迷皆一样”指对于普通人、圣人来说，顿悟、迷茫都是一样的。例（54），“万里江山一样平”指万里江山同样被白雪所平整覆盖。《古尊宿语录》是南宋赜藏主所编集的禅宗语录，汇编自中唐至南宋前期南岳怀让一系几十家“尊宿”的语录，大多是照录前代语录。“舒州龙门佛眼和尚”“云峰悦禅师”都是北宋时人，所述应代表当时的语言情况。例（55），“一样都生及第儿”指生的孩子同样，都是能够金榜题名的。

“一样”可以用于“与……一样”这类平比句，如：

（56）因仍与苟且一样字。因仍，犹因循；苟且，是事恁地做。（《朱子语类》卷22《论语四》）

（57）“六言、六蔽、五美”等话，虽其意亦是，然皆不与圣人常时言语一样。（《朱子语类》卷47《论语二十九》）

例子中对比项分别是“因仍”“苟且”，“‘六言、六蔽、五美’等话”“圣人常时言语”，它们都用在“与……一样”的结构式里。

受此类推，元明时期，“一样”也可以用于比拟句中，与“如/似/像”搭配，如：

（58）怎么这个画中美人和这女儿如一个模儿脱的一样。（《元曲选·玉箫女两世姻缘》）

（59）话说子牙在岐山布斗，刮三日大风，凛凛似朔风一样。（《封神演义》第39回）

（60）这双眼，活像庙中小鬼一样。［（明）周清原《西湖二集》卷15］

例（58）为太田辰夫（2003［1958］：319）所引，应是较早的例证。当然，由于现存元曲的情况比较复杂，《元曲选》并不能完全代表元代语言的实际面貌（参张福通、李旭平 2019：脚注 4），故将助词“一样”的出现时间定为元末明初较为稳妥。至于盛新华、魏春妮（2011）所举《老乞大》的例子却不能视为元末明初的例证。该文所举例如“这马牛行一样慢慢的走”，出自《老乞大新释》，而《古本老乞大》《老乞大谚解》都作“这马牛行花塔步”（李泰洙 2003：164）。《老乞大新释》刊刻于清代（李泰洙，2003：8—11），无法作为元末明初的语料进行使用。

同一时期，“一样”也可以单独使用，从而固化为表示比拟的助词，如：

（61）即拔一根毫毛，吹口仙气，变作个包袱一样。（《西游记》第 41 回）

（62）但见这两个道士：冰一般冷，石一样坚。俨焉两个皮囊，块然一双宝体。（《二刻拍案惊奇》卷 36）

（63）人家都是好养，偏有这东西，是灯草一样脆的！（《金瓶梅词话》第 53 回）

三例意思都比较明确。所需补说者，例（63）出自万历本系统，崇祯本系统无此句。《万历野获编》卷 25《词曲》“金瓶梅”条言：“然原本实少五十三回至五十七回，遍觅不得。有陋儒补以入刻，无论肤浅鄙俚，时作吴语，即前后血脉亦绝不贯串，一见知其赝作矣。”可知第 53 回并非原作，但仍应代表明代时语。

总之，“一样”的语法化路径应归纳如下：

数名短语>形容词>助词

（五）“一般”的语法化路径

1.“一般”的语法化

姚尧（2015）、胡承佼（2015）等对“一般”的语法化加以重点分析。姚尧（2015）谈道：“从唐代到清代，‘一般’由数量短语词汇化为形容词，语义演变路径为‘一种>同样>普通’，此后在谓语位置上‘一般’又经历了语法化，能参与到‘X（如/似/像）Y一般’比拟式中，充当比拟助词。”

至于为什么由相同义的“一般”演变为“普通，通常”义的“一般”，姚尧（2015）、胡承佼（2015）的分析大同小异。他们都认为当事物在与其他事物相比具有类同性、没有特别之处的语境下就容易发生这类演变。

我们基本接受已有论著对“一般”语法化路径和演变时间节点的论断。为了便于与其他三组语法化路径进行对比，故简要转述如下①。

唐代时，“般”用作量词，“一般”表示“一种”，如：

（64）道士长赵归真奏云：“有一般仙药，此国全无，但于土蕃国有此药，臣请自向土蕃采此药。”（《入唐求法巡礼行记》卷4）

（65）世有一般人，不恶又不善。不识主人翁，随客处处转。（《寒山诗注·世有一般人》）

数量短语“一般”后来出现歧解性环境，如：

（66）似把剪刀裁别恨，两人分得一般愁。（《全唐诗》卷496姚合《惜别》）

该例的“一概”姚尧（2015）处理成形容词，我们认为还可以作两解。“两人分得一般愁”既可以是两个人都分得某一种忧愁，也可以理解为两个人分得同样的忧愁。因此，唐五代时，“一般”即演变为形容词a，表示相同义，如：

（67）太子闻之：“世人总还如此，为复只遮一人？”其人云：“世人并皆一般。”（《敦煌变文校注·悉达太子修道因缘》）

（68）师因闽王封柑橘各一颗，遣使送至，柬问：“既是一般颜色，为甚名字不同？”（《五灯会元》卷7）

① 例（64）—（80）参考姚尧（2015），我们核对引例原文后对具体字词稍加改动。

例（67）指世人都是一样的。例（68）指既然柑橘是一样的颜色，为什么名字却不同。

形容词“一般”可以用于平比句，如：

（69）王侯凡庶一般，死相亦无二种。（《敦煌变文校注·八相变（一）》）

（70）相公对僧等近坐，问：“那国有寒否?”留学僧答云：“夏热冬寒。”相公道：“共此间一般。”（《入唐求法巡礼行记》卷1）

通过类推机制，它也可以用于比拟句，如：

（71）我今知汝，最教聪明，无瑕玼似童子一般，有行解与维摩无异。（《敦煌变文校注·维摩诘经讲经文（四）》）

（72）果既将成，大事圆办，始得记位兜率，独尊超乎群品。亦如树果一般，方为称断。（《祖堂集》卷12《禾山和尚》）

此时，“一般”已经向助词演变。晚唐五代时期，“一般”又可以不与“如/似/像”等搭配，从而固化为表示比拟的助词，如：

（73）大人才见两僧生佛一般，礼拜曰……（《祖堂集》卷14《江西马祖》）

（74）死汉中有活底，一个半个，铁橛子一般，踏着实地。（《碧岩录》卷8）

此后，作为助词的“一般”又发展为“般”，如：

（75）晓山眉样绿，秋水镜般明。（《辛弃疾集编年笺注》卷9《临江仙·再用韵，送祐之弟归浮梁》）

（76）倦来睡思酒般醲，晓起东园看晓风。（《杨万里集笺校》卷36《人日后归自郡城》）

宋代时，“一般”还演变为形容词b，表示“普通，通常”义，如：

（77）一般人看画，只见得是画一般；识底人看，便见得它精神妙处，知得它用心苦也。（《朱子语类》卷19《论语一》）

（78）彼不知孝弟便是仁，却把孝弟作一般善人，且如此过，却昏了。（《朱子语类》卷20《论语二》）

胡承佼（2015）指出："至于形容词'一般'的'普通/通常'义，是其在'一样/同样'义的基础上词义进一步引申的结果。形容词'一般'最初意在表达不同对象之间在某方面'一样/同样'，具有类同性，而如果该方面的类同性不仅仅局限于个别对象或个别情况，而是大多数对象或大多数情况下都是如此，那自然也就很'普通'、很'通常'。"这一判断极为准确。作为形容词a的"一般"通过类推机制，所搭配的词语有所扩展，意义更加不透明，从而演变为形容词b，形容词b还可以作状语，这是它功能上的扩展。如：

（79）李三哥他不知道，只要靠着问那内臣借，一般也是五分行利。（《金瓶梅词话》第45回）

（80）斋一般还是他受，只教他请黄真人做高功就是了。（《金瓶梅词话》第65回）

由形容词a到形容词b更多的是意义层面的变化，这一演变从词类范畴、语法功能等方面来看都不适于作为语法化的典型案例，因此，我们主要关注助词"一般"的这条演变脉络。

综上，本文认为"一般"的语法化路径可归纳如下：

数量短语>形容词a>助词

2. "般"的来源问题

关于"一般"的语法化，还有需要补充说明的内容。关于量词"般"的来源，学者多语焉不详。曹芳宇（2010：199）指出："《说文》：'班，分瑞玉。'瑞玉用作古代的信物，'班'就是将瑞玉中分为二，引申为将同类事物分开，分成几个部分。所以，将具有相同性质的人群分为几个部分时，也称'班'。""般"通"班"，它的分类义即从此而来。

曹说大致可从。不过，“般”与“班”未必是通假关系，而只是同一词选用了不同词形，详情我们将另文探讨。本文仅简要谈一下“班”的这类用法。

明清时期，“班”这一词形也可以用于表示“种，类”义，如：

（81）起初王员外已有八九分不悦，又被赵昂这班言语一说，凑成一十二分，气得哑口无言。（《醒世恒言》卷20）

（82）房德本来是个贫士，这般华服，从不曾着体，如今忽地焕然一新，不觉移动其念，把众人那班说话，细细一味，转觉有理。（《醒世恒言》卷30）

（83）所以一见了卞福，犹如见了亲人一般，求他救济，又见说出那班言语，便信以为真，更不疑惑。（《醒世恒言》卷36）

例中“这班”“那班”都是这种、那种的意思。

“一班”“一班儿”也可以表示相同义①，如：

（84）古来静治得清闲，我愧真常也一班。（《苏轼文集编年笺注》附录一《苏轼诗集》卷29《九日袁公济有诗次其韵》）

（85）听信那媒婆子猴儿娼妇的话，把我说到你们这里来，原说是我女婿合我一班大的。（《白雪遗音·婆媳顶嘴》）

（86）一半是有情儿，一半是无情鬼，一班儿形骸发齿，一班儿胎卵毛皮。［（清）万玉卿《潇湘怨·醒玉》］

我们推测，由于“一般”行用已久，故“一班”未能取代“一般”这一词形，同时也没进一步用于表示具有比拟义的助词。

3. 是否存在表总括义的“一般”

志村良治（1995：70）、姚尧（2015）等认为“一般”又发展出总括义，如：

（87）忽见一人，四体极甚羸劣，形容瘦损，喘息不安。两面人

① 例（84）的“一班”又作“一斑”，应只是文献传写讹误的问题，作“一班”更妥当。

扶，千般疼痛，兼有药椀在于头边，百味饮食将来，一般都不向口。（《敦煌变文校注·八相变（一）》）

（88）甘甜美味与儿餐，苦涩一般母自吃。（《敦煌变文校注·父母恩重经讲经文（二）》）

（89）一般虽则不如，再现保知取胜。（《敦煌变文校注·降魔变文》）

结合用例看，这一判断似可商榷。例（87），“百味饮食将来，一般都不向口”的意思极为明确，就是各式各样的食物拿上来，（任何）一种都吃不进去。例（88），“甘甜”和“苦涩”对仗严格，“美味”和“一般”“与儿餐”和“母自吃”则是宽泛的相对为文。其中“美味”与“一般”较有迷惑性，但其实还是名词短语的对仗，“一般”应理解为“一种”。全句意思是，甘甜的美味都拿给孩子吃，不好吃的（那）一种就由母亲自己吃。例（89），前后文是：“六师见宝山摧倒，愤气冲天，更发嗔心，重奏王曰：‘然我神通变现，无有尽期，一般虽则不如，再现保知取胜。’劳度叉忽于众里化出一头水牛。”此部分讲舍利弗和六师斗法，六师化出的宝山被舍利弗化出的金刚用宝杵敲得粉碎。六师心有不甘，于是说他们的神通无限，（刚才的）一种虽然不如舍利弗，但还有其他神通，再现出神通的话肯定会取胜。因此，“一般”仍然是数量短语。黄征、张涌泉（1997：582）的注释就极为准确：“一般：一种，一项。”

三 “一概”等的语义差异

虽然都经历过相同义形容词这一演变阶段，但“一概”“一律”“一般”“一样”这四组词语在组合关系、语法功能、语法化路径等方面都显示出很大不同。我们不拟对此作全面论述，仅以四组词语的部分语义特征为切入点，来考察它们语法化路径的不同以及功能区别。需要说明的是，语法化过程伴随着语义漂白等过程，某些语义特征会逐渐消失或发生变化，但某些语义特征却会伴随着语法化的始终。这类语义特征的存在，属于语法化的“保持原则”（Persistence，见 Hopper 1991，本文取沈家煊 1994 的译名）。Hopper（1991）认为当实词语法化为虚词等时，语法化的输出端仍然部分保留原来的实词意义和句法分布限制等①。也有学者称为“早期意义的存留”（Bybee，Perkins & Pagliuca 1994：15－17）。Hopper（1991）关注的主要是词汇意义的存留问题。也有学者注意到抽象意义的存留现象（Herlin 1997：81－83；Bybee et al. 1994：17；Salminen 2002）。本文所谈的语义特征兼具词汇语义和抽象意义，它们源于名词或名词短语等，而留存在形容词、副词、助词等功能中。在接受“保持原则”的基础上，我们根据几组词语不同用法之间的共性归纳具有存续性的语义特征（刘永耕 2006 有类似讨论，称为“义素传承”）。

（一）以点推面一：“一概”与“一律”语义区别的归纳

下面先归纳总结“一概”“一律”副词用法的区别，然后讨论其他用法的情况。关于副词“一概”“一律”语义区别的讨论众多，为免挂一漏万，以下详细转引，然后再加以归纳。

吕叔湘等（1999：605）指出：“‘一概’和‘一律’用于通知、规定时，概括事物，可以通用；概括人，常用‘一律’。”

刘建东、任海波（2006）认为：“在语义和语用上，‘一概’和‘一律’都表示适用于全体，没有例外，‘一律’主要表示主观规定性，而‘一概’主要表示客观陈述性。”

路炜（2007）指出：“概括不同性质的事物，多用‘一概’，相同性质的事物，多用‘一律’。……‘一律’侧重强调动作行为的整齐性、一致性，这时一般不用‘一概’。”

张传霞（2007）强调：“‘一律’除概括人或事物的全部范围时，还强调动作行为情况的一致性，而‘一概’仅是侧重于概括人或事物的范围，因此有些句子中两者不能互换。”

陈建（2007）认为：“‘一概’和‘一律’在意义上的差别是由两者概括的不同对象及不同的概括方式造成的。概括的对象侧重于人时就应使用‘一律’，而罗列多个客观对象时，‘一概’就使用得较为频繁了。”

---

① 原文如下：“When a form undergoes grammaticalization from a lexical to a grammatical function，so long as it is grammatically viable some traces of its original lexical meaning tend to adhere to it，and details of its lexical history may be reflected in constraints on its grammatical distribution.”（Hopper 1991）

刘红妮（2008a）：“因为‘一律’图形的成员基本上同质的，而‘一概’图形的成员基本是异质的，所以即使在都突显背景的整体‘全部’时，如果还要强调内部成员的同质性，就要用‘一律’；而要强调内部成员的异质性时，则要用‘一概’。”

杨洋（2008）：“‘一概’必须要求其所总括的对象作为一个整体来被陈述，而不是分别被陈述。”“需要每个个体一一去和谓词相作用的情况下，只能用‘一律’不能用‘一概’，也就是说，‘一律’隐藏有一一遍尝的含义。”

陈勇（2008）：“‘一律’强调个体性，隐含‘各’和‘每’的意思，并表示个体对规约的服从性，不可违背性；而‘一概’强调整体性，表示从整体上对人或事物进行概述和解释，因此不同性质的人或事物一般多用‘一概’，相同人或事物多用‘一律’。‘一律’还可以强调动作、行为、情况的一致性。”

王丽香（2010）：“‘一概’的语义功能是‘凸显整体，隐没个性’。”

杨欣烨（2013）认为，“一概”“一律”都有［+总括性］［+排他性］［+隐性否定］的语义特征，“一概”还有［+整体性］的特征，而“一律”则没有这类特征。

总结下来，从吕叔湘等（1999：605）开始就注意到副词“一概”“一律”的［+总括］特征；刘建东、任海波（2006）认为“一概”有客观陈述性，“一律”有主观规定性；路炜（2007）、张传霞（2007）、刘红妮（2008a）、杨洋（2008）、陈勇（2008）都注意到“一律”强调个体的同质性；张传霞（2007）、刘红妮（2008a）、杨洋（2008）、陈勇（2008）、王丽香（2010）、杨欣烨（2013）都注意到“一概”的［+整体］特征。

已有研究对副词“一概”“一律”语义区别的总结已经非常完备，副词“一概”“一律”的部分语义区别也可以应用到名词、形容词“一概”“一律”上面。事实上，刘红妮（2008a）、陈勇（2008）等也是这么对形容词“一概”“一律”进行操作的。

（二）以点推面二：“一般”与“一样”的语义区别

关于助词“一般”“一样”的语义区别，胡承佼（2015）的观察非常细腻，他指出：“虽然都是以 Y 比拟描摹 X，但……‘一般’侧重的是

X、Y 基本类似，‘一样’侧重的是 X、Y 极近等似。”

结合程度语义学的分析来看，表示比拟的助词“一般”“一样”的语义区别会更加直观，“一般”等处于一个上端封闭型“相似度”量级结构中（Cresswell 1976；Kennedy 1999、2007；Kennedy & McNally 2005；Morzycki 2016：109－147 等）：

0（完全不同）——d_a（一般）——d_b（一样）——1（完全相同）

$0<d\leqslant 1$，其中，$d_a\leqslant d_b$，$d_b\leqslant 1$

量级结构的上端是比较确定的，即在具体维度上（如大小、重量、颜色等），所比对的人、事、物完全相同（1）。理论上来说，也有完全不同（0），但实际上似乎无法操作，我们无法确证到什么程度才是完全不同。以重量维度为例，都是 30 斤属于完全相同，但多少斤属于完全不同呢？这就没有一个准确答案。“一般”“一样”都应在“0”—“1”这个区间内。“一样”强调同质性，带有摹状意味，非常近于“1”。当说 X 完全像 Y 一样时，则很可能已经达到了“1”这一端点，故“一样”可以处理成“$d_b\leqslant 1$”。“一般”不强调同质，并不注重是否完全相同，故在相似度层面往往低于“一样”。由于它又并不排斥完全相同的可能，故可以处理成“$d_a\leqslant d_b$”。不过，“一般”“一样”的下限不好确定。

常理上来说，应该有一个中间点（0.5），既相似、又不相似，或者说一半相似、一半不相似，“一般”“一样”都要高于这个中间点。但正和完全不同（0）无法确定一样，中间点也无法确定。不过，我们说“一般”“一样”在相似这个区间内（0.5—1），相信母语者大都应该可以接受，至于 0.5 的具体取值则具有模糊性。

前文指出，就形容词用法而言，“‘和……一般’的使用范围没有‘和……一样’广，后者能够独立做谓语，如‘他的性格和他父亲一样’不大说成‘他的性格和他父亲一般’”（北京大学中文系 1955、1957 级语言班 1982：461）。综合考察“一般”“一样”的各类用法后，这一区别也可以得到解释，它们其实与助词“一般”“一样”的量级结构类似。由于“一样”强调同质性，带有摹状意味，在比对标准极为确定的语境下，就趋于使用“一样”，而很少使用“一般”，如：

（90）a. 它们的颜色一样，都是红色。

b. ＊它们的颜色一般，都是红色。

（91）a. 它们的重量一样，都是 30 斤。

b. ＊它们的重量一般，都是 30 斤。

当然，这类区别在数名短语“一样”与数名短语、数量短语“一般”或“一班”那里已有所体现，此处就不再赘述。

（三）“一概”“一律”“一般”“一样”的存续性语义特征

结合前文对“一概”“一律”“一般”“一样”语义区别的分析，我们可以得出包含这四组词语语义特征的区别性表格（见表 1）：

表 1　　存续性语义特征

语义特征	总括	分类	整体	同质	摹状
一概	+	−	+	−	−
一律	+	−	−	+	−
一般	−	+	+	−	−
一样	−	+	−	+	+

结合例（14）—（24）来看，不同用法的“一概”呈现出明显的［+总括］［+整体］特征。如“诸吏各敬尔位，孤推一概之平”（例 14）、“则俊民与庸夫一概矣”（例 18）、“形胜并皆换旧，规模一概从新”（例 24）都体现出总括的意思，且不注重个体是否同质。例（14），虽然说“功之宜赏，于疏必与；罪之宜戮，在亲不赦”，但具体赏罚轻重，可以允许有个体差异。例（18），由于鉴别能力不足，才不足以识别才俊和庸人，更不用说去关注他们细致的区别。例（24）只是讲明“风山灵德王庙”的程式全都从新，并不关注具体细节。

结合例（27）—（43）来看，“一律”呈现出［+总括］［+同质］特征。表示“同一种风格、标准”的名词“一律”由“音律”“诗律”等义发展而来。“音律”“诗律”本身有一定的规制，个体或类别之间的区分度较高。例（28），官方和私家酿造的酒共用同一种标准，也就很难识别出个体的差异性，因此才有“竟识吾家新酝否”的疑问。例（35），原文是在评价张良，朱子就此引出个体异同，如果张良没有“为君报仇”“凡事放退一步”等意，则他跟陈平这类人就一样了，从而证明二者并非同质。例（40），“叫管家们一律穿着簇新的大褂，装作细崽模样，以供奔走”则更为明确，强调管家们的整齐划一，所要求的内容细化到每个个体。

结合例（64）—（80）来看，“一般”呈现出［+分类］［+整体］特征。例（65），“世有一般人，不恶又不善”，既指出所指称的人在某个维度的类属，也称说他们的整体特点。例（68），“既是一般颜色”也是对柑橘在颜色这个维度进行限定并加以分类。例（74），“死汉”为“禅林用语。指执着于空寂之处，因而失去自由运作之人。亦即指槁木死灰之徒”（慈怡 2004：2470）。“铁橛子一般”是就僵化、不自如这个维度将他们跟铁橛子分成一类。

结合例（46）—（63）来看，“一样”在具体维度内带有［+分类］［+同质］［+摹状］等特征。例（46），“吟风一样松”是就树的材质类型维度来谈，材质差异应该很小。例（51），就所言说的道理这一维度谈，“洒扫应对”与“精义入神”是同类型的。例（62），原文两个道士分别由黄金、白银化成，一个是金人、一个是银人，“约重有千百来斤”。所以，就坚硬度的维度来说，两个道士与石头一样。

（四）对于“一概”等语法化问题的思考

“一概”等的语法化主要是由“语法化项歧解”推动的，往往存在一个多义（polysemy）阶段，同时兼具源义和目标义两种解读方式（参 Wilkins 1981、1996；Sweetser 1990；Evans & Wilkins 2000 等）。由于多义性是它们语法化的重要助推力，因此，对语义特征的分析就有利于观察“一概”等的语法化路径以及后续问题。

“一概”“一律”都带有［+总括］特征，这影响到“名词>形容词>范围副词”的整体路径，并主要通过“语法化项歧解”实现。在歧解性环境 A（例 17）、B（例 32）中，名词“一概”（“同一种标准”）、“一律”（“同一种风格、标准”）的意义泛化，既可以是在标准、风格等维度的“等同”，也可以是总括“全体”的“等同”这个特点，它们因之演变为形容词。在后续的歧解性环境 C（例 21）、D（例 36—37）中，形容词“一概”“一律”的意义进一步泛化，既可以凸显“全体”的“等同”，也可以凸显对“全体”成员在性状、动作等方面的总括性操作，因而发展为范围副词。由于名词、形容词“一概”强调整体性等同，不关注个体是否同质，故“一概”很难出现在具有分配性意义的语境中，如（参吕叔湘等 1999：605；杨洋 2008）：

（92）＊演出回来的同志一概休息两天。

（93）＊每个人胸前一概佩戴着白底红字的校徽。

例（92），“演出回来的同志休息两天”是针对每一个个体做的同样的安排，故难以与“一概”搭配。例（93），“每个人”已经明确指出他们具有分配性的意义，所有人都整齐划一地佩戴着白底红字的校徽，因此也无法与“一概”搭配。

名词、形容词“一律”注重个体的同质性，故可以出现在具有分配性意义的语境，如：

（94）演出回来的同志一律休息两天。

（95）每个人胸前一律佩戴着白底红字的校徽。

但“一律”无法出现于强调整体操作的语境中，这点正好与“一概”相反，如：

（96）＊水、电、煤气、暖气、电话、电视、家具乃至锅碗瓢盆，一律齐全。

（97）水、电、煤气、暖气、电话、电视、家具乃至锅碗瓢盆，一概齐全。

杨洋（2008）指出：“‘一概’之前总括的事物是作为一个整体来被‘一概’后面的谓词陈述的，不能单独拿出来被陈述。”这一观察极为准确。“一概”不关注“水”“电”“煤气”“暖气”“电话”“电视”等是否同质，因此可以作整体性处理。但“一律”关注所总括对象的内部一致性，因此像例（96）这样的句子就很难被接受。

“一般”“一样”都具有［+分类］特征，这也影响到它们各自的语法化路径。在歧解性环境 E（例 66）、F（例 49）中，数量名短语“一般+N”、“数名+名”短语“一样+N”的意义发生泛化，既可以表示类属（“同一类事物”），也可以表示等同（“同样的事物”），这是“框架关系歧解”为主、“语法化项歧解”为辅而共同进行作用的结果。由形容词发展为表示比拟的助词，并非受歧解性环境推动的结果，而是形容词“一般”“一样”组合关系扩展的结果。助词“一般”“一样”的区别非常细微，主要体现于程度层面，比如：

(98) 我们看到，不少编导总喜欢在情节上刻意追求，或在形式上极力模仿，却偏偏忽略了在人物性格上下功夫。因而他的人物是干巴的，呆板的。虽然此人与彼人的面貌各异，但秉性却像一个模子里浇出来的一样，无气血，无个性，无感情，无独立的意志，无自己的思想，既不能感染人，也没有令人神往的力量。(《人民日报》1996 年 4 月 7 日)

(99)??? 但秉性却像一个模子里浇出来的一般。

“一个模子里浇出来的一样”重在摹状，说明编导刻画的那些人物在秉性上完全没有区别。这类意思很少用“一般”加以表达。

此外，“一般”能够发展出“普通，通常”义，也与它的语义特征有关，它不注重个体的同质性特征，因此才容易由相同义泛化。“一样”注重个体的同质性特征，在判断层面就容易绝对化，较难演变出“普通，通常”义。

四 结语

“一概”“一律”“一般”“一样”都曾经历相同义形容词这一语法化阶段，而它们的输入端和后续演变以及具体功能等却又有很大差别。值得关注的焦点就是影响这些同异表现的因素。基于此，我们先分别梳理这四组词语的语法化路径，认为“一概”“一律”的语法化路径是“名词>形容词>范围副词”，“一般”“一样”的语法化路径分别是“数量短语>形容词>助词”和“数名短语>形容词>助词”。之所以在语法化路径和功能方面存在区别，一个重要原因就是伴随语法化的语义特征并不相同。名词、形容词“一概”“一律”重在表示总括，这影响到它们到范围副词的语法化；而数量短语/数名短语、形容词“一般”“一样”重在表示分类，这影响到它们到助词的语法化。“一概”“一律”之间又有语义区别，“一概”具有［+整体］的特征，而“一律”具有［+同质］的特征，这是它们具体所在语境有所差别的原因。“一般”“一样”之间也有区别，“一般”注重整体性视角，而“一样”则兼具［+同质］［+摹状］的特征。

通过分析“一概”“一律”“一般”“一样”在语法化路径与语义特征方面的关系，本文旨在阐述以下观点：名词或名词短语本来的语义特征对它们的后续语法化有一定的制约作用。重视语法化输入端的研究，有利于对整个语法化路径的深入研究，也有利于对在某些演变环节功能类似的两组或多组词语进行对比研究。

参考文献

1. 包伟民：《以历史思维看唐宋城市史》，载刘伟主编《中华文明十二讲》，上海交通大学出版社 2018 年版。

2. 北京大学中文系 1955、1957 级语言班：《现代汉语虚词例释》，商务印书馆 1982 年版。

3. 曹芳宇：《隋唐五代量词研究》，南开大学博士学位论文，2010 年。

4. 柴芃：《十八班的实质及意义》，《文史》2018 年第 3 辑。

5. 陈建：《副词“一律”“一概”和“都”的辨析》，《现代语文》2007 年第 5 期。

6. 陈勇：《从“一律”和“一概”的语法化历程探求近义副词的异同及原因》，陕西师范大学硕士学位论文，2008 年。

7. 陈勇：《汉语“一般”的词汇化与语法化历程考探》，《上海对外经贸大学学报》2017 年第 3 期。

8. 慈怡：《佛光大辞典》，北京图书馆出版社 2004 年版。

9. 侯学超：《现代汉语虚词词典》，北京大学出版社 1998 年版。

10. 胡承佼：《“一般”的助词化及其主观描摹功能》，《汉语学习》2015 年第 2 期。

11. 黄征、张涌泉：《敦煌变文校注》，中华书局 1997 年版。

12. ［韩］李泰洙：《〈老乞大〉四种版本语言研究》，语文出版社2003年版。

13. 刘红妮：《“一律”与“一概”的词汇化、语法化比较初探》，《玉林师范学院学报》（哲学社会科学版）2008年第1期（2008a）。

14. 刘红妮：《“一+N”的词汇化与语法化——以“一概”的个案研究为例》，《湛江师范学院学报》（哲学社会科学版）2008年第1期（2008b）。

15. 刘红妮：《“一概”的词汇化、语法化以及认知阐释》，《忻州师范学院学报》2008年第3期（2008c）。

16. 刘建东、任海波：《“一律”与“一概”的对比分析》，《桂林师范高等专科学校学报》2006年第3期。

17. 刘霜华：《谈谈“一概”与“一律”的差异》，《湘潮（下半月）》2008年第9期。

18. 路炜：《范围副词“一概”和“一律”的用法辨析》，《科教文汇》2007年第10期。

19. 吕叔湘等：《现代汉语八百词》（增订本），商务印书馆1999年版。

20. 彭睿：《构式语法化的机制和后果：以“从而”“以及”和“极其”的演变为例》，《汉语学报》2007年第3期。

21. 彭睿：《框架、常项和层次——非结构语法化机制再探》，《当代语言学》2011年第4期。

22. 彭睿：《语法化理论的汉语视角》，北京大学出版社2020年版。

23. 沈家煊：《语法化研究综观》，《外语教学与研究》1994年第4期。

24. 盛新华、魏春妮：《词汇化语法化的标准及其理据——以“一样”为例》，《湘潭大学学报》（哲学社会科学版）2011年第1期。

25. ［日］太田辰夫：《中国语历史文法》（修订译本），北京大学出版社2003年版。

26. 谭翠、郑贤章：《副词“一概”、“一律”的产生和发展》，《淮阴师范学院学报》（哲学社会科学版）2006年第3期。

27. 王灿龙：《词汇化二例——兼谈词汇化和语法化的关系》，《当代语言学》2005年第3期。

28. 王丽香：《“一概”的语义功能及句法制约》，《语言研究》2010年第2期。

29. 王自强：《现代汉语虚词词典》，上海辞书出版社1998年版。

30. 汪维辉：《词汇的语体差异及其分析——以一篇五代公文为例》，《汉语史学报》待刊。

31. 杨欣烨：《试从三个层面看“一律”和“一概”的异同》，《现代语文》2013年第15期。

32. 杨洋：《“一概”与“一律”辨析》，《安徽文学（下半月）》2008年第1期。

33. 姚尧：《“一般”的词汇化与语法化——兼谈“X如Y一般”类比拟式的来源》，《语文研究》2015年第1期。

34. 张传霞：《谈谈“一概”与“一律”》，《今日湖北》（理论版）2007年第5期。

35. 张福通、李旭平：《“数+量+之/的+名”的历时语义演变》，《语言暨语言学》2019年第3期。

36. 张福通、张寒冰：《语体变换、语用原则推动下的词汇化——以“尤其”为例》，《语言科学》2017年第1期。

37. 张美兰：《〈祖堂集〉语法研究》，商务印书馆2003年版。

38. 张谊生：《从间接的跨层连用到典型的程度副词——“极其”词汇化和副词化的演化历程和成熟标志》，《古汉语研究》2007年第4期。

39. ［日］志村良治：《中国中世语法史研究》，中华书局1995年版。

40. Brinton，Laurel J. & Elizabeth Closs Traugott.：*Lexicalization and Language Change*. Cambridge，UK：Cambridge University Press，2005.

41. Bybee，Joan L.，Revere Perkins & William Pagliuca.：*The Evolution of Grammar. Tense*，*aspect and modality in the languages of the world*. Chicago/London：University of Chicago Press，1994.

42. Cresswell，Max J.：The semantics of degree. In Barbara Hall. Partee ed. *Montague Grammar*，New York：Academic Press，1976.

43. Diewald，Gabriele.：A model for relevant types of contexts in grammaticalization. In Ilse Wischer & Gabriele Diewald eds. *New Reflections on Grammaticalization*，Amsterdam/Philadelphia：John Benjamins，2002.

44. Evans，Nicholas. & David P. Wilkins.：In the Mind's Ear：The Se-

mantic Extensions of Perception Verbs in Australian Languages. *Language*, Vol. 76, No. 3, 2000.

45. Grice, Herbert Paul.: Logic and Conversation. In Peter Cole & Jerry L. Morgan eds. *Syntax and semantics* (*Volume* 3): *Speech Acts*, New York: Academic Press, 1975.

46. Harris, Alice Carmichael & Lyle Campbell.: *Historical Syntax in Cross-Linguistic Perspective*. Cambridge, UK: Cambridge University Press, 1995.

47. Heine, Bernd.: On the role of context in grammaticalization. In Ilse Wischer & Gabriele Diewald eds. *New Reflections on Grammaticalization*, Amsterdam/Philadelphia: John Benjamins, 2002.

48. Herlin, I.: *Suomen kielen koska – konjunktion merkitys ja merkityksenkehitys.* [*The conjunction koska 'while' in Finnish: meaning and the evolution of meaning*]. Helsinki: Suomalaisen Kirjallisuuden Seura, 1997.

49. Hopper, Paul J.: On Some Principles of Grammaticalization. In Elizabeth Closs Traugott & Bernd Heine eds. *Approaches to Grammaticalization* (*Volume* 1), Amsterdam/Philadelphia: John Benjamins, 1991.

50. Hopper, Paul J. & Elizabeth Closs Traugott.: *Grammaticalization.* Cambridge, UK: Cambridge University Press, 1993.

51. Hopper, Paul J. & Elizabeth Closs Traugott.: *Grammaticalization* (2*nd revised*). Cambridge, UK: Cambridge University Press, 2003.

52. Kastovsky, Dieter.: *Wortbildung und Semantik.* Düsseldorf: Pädagogischer Verlag Schwann-Bagel GmbH, 1982.

53. Kennedy, Christopher.: *Projecting the Adjective: The Syntax and Semantics of Gradability and Comparison.* New York: Garland Press, 1999.

54. Kennedy, Christopher.: Vagueness and grammar: the semantics of relative and absolute gradable adjectives, *Linguistics and Philosophy*, Vol. 30, No. 1, 2007.

55. Kennedy, Christopher. & Louise McNally.: Scale Structure, Degree Modification and the Semantics of Gradable Predicates. *Language*, Vol. 81, No. 2, 2005.

56. Lehmann, Christian.: *Thoughts on Grammaticalization* (1*st edition*).

München and Newcastle：LINCOM EUROPA，1995［1982］.

57. Lehmann，Christian.：*Thoughts on Grammaticalization*（*3rd edition*）. Berlin：Language Science Press，2015.

58. Morzycki，Marcin.：*Modification.* Cambridge，UK：Cambridge University Press，2016.

59. Salminen，Taru.：Retention of abstract meaning：The essive case and grammaticalization of polyphony in Finnish. In Ilse Wischer & Gabriele Diewald eds. *New Reflections on Grammaticalization*，Amsterdam/Philadelphia：John Benjamins，2002.

60. Sweetser，Eve.：*From etymology to pragmatics*：*metaphorical and cultural aspects of semantic structure.* Cambridge，UK：Cambridge University Press，1990.

61. Wilkins，David P.：*Towards a theory of semantic change.* Canberra：Australian National University honours thesis，1981.

62. Wilkins，David P.：Natural tendencies of semantic change and the search for cognates，In Mark Durie & Malcolm Ross eds. *The comparative method reviewed*，New York：Oxford University Press，1996.

汉语谓宾动词的语体适用性*

苗守艳

（临沂大学文学院）

摘　要：本文以汉语谓宾动词为考察对象，选取谈话、演说、科技、文艺语体语料为代表，运用计量方法考察谓宾动词的语体适用性。研究表明，谓宾动词的语体适用性不仅表现在数量差异上，还表现在其语义特征、宾语结构形式以及配置谓宾的能力上。谓宾动词的语体适用性受到人际关系、讯息内容及传播效果等诸多信息传播因素的制约。

关键词：谓宾动词；语体适用性；传播要素

近年来语体语法研究越来越受到关注，陶红印（1999）认为，以语体语法为核心的语法描写将成为语言研究的基本出发点。语体是一种类型的言语活动在实现过程中对实施者行为方式的要求，以及实现过程中语言形式上成格局的变异在语篇构成中的表现（刘大为 2013）。言语活动是信息传递过程，也就是说，语体是信息传递过程中语篇构成的变异性表现，是人们为适应不同的交际需要而形成，为社会交际服务的。

朱德熙（1982：122－124）指出谓宾动词是指带谓词或谓词性词组为宾语的动词。谓宾动词与其他类动词一样是语言中的核心词汇，是句子的中心。目前对谓宾动词的研究主要集中在句法语义方面，语用方面的研究相对较少。而吕叔湘先生（1961）早在 60 年代谈及汉语语法研究时就指出："语法研究包括结构的分析和用法的说明两方面。"因此，基于语料库考察汉语谓宾动词的语体适用性，挖掘谓宾动词的运用规律，这将有

* 本文得到了山东省社会科学规划研究基金项目（项目编号：21CYYJ04）、临沂大学博士科研启动基金项目（项目编号：20LUBK02）的资助。

助于全面系统地认识谓宾动词。

一　语料选择、研究方法及基本数据

每类语体即不同的范畴化，范畴的边界不清，语体之间的切分也不可能清晰，中间总有些模糊地带（蔡晖 2004），各类语体的特征也难免存在交叉、相互渗透现象。根据冯胜利（2010）“语体必两极对立而后成存”的理论，研究中自建语料库的语料以口语和书面语体为基础，细分出更小的语体类别。每种语体语料选取的字数不等，口语语体和书面语体语料共约 60 万字，其中口语语体语料约为 16 万字，分别为谈话体、演说体；书面语体语料约为 50 万字，分为事务、科技、政论、文艺四类语体，语料一部分选自兰开斯特汉语语料库，一部分选自著名作家作品和各类报刊。

已有关于语体语法的研究基本都是采用关键词检索方法，即从某个特定语料库中检索需要研究的目标结构或现象。本研究的对象是谓宾动词，属于句法功能性词类，无法使用确定关键词直接检索的方法，只能逐句阅读和检索相结合。调查中随机选取每类语体语料 2 万字，采用逐句阅读方式穷尽性标注谓宾动词；在此基础上再结合自动检索方法从语料中寻找谓宾动词的用例。

谓宾动词的数量并不多但语义类型却比较丰富，语义特征可概括为：内在情感、意志需求、思维认知、建议主张、允准判断、变化性（时间、空间）、指向性、抽象性等。认知语言学研究表明，语言表达和客观世界之间具有高度的相似性，语言的分类和世界分类密切相关。结合学界对谓宾动词的判定，谓宾动词分为现实类（存现、过程、关系、行为）、心理类（情感、意志、态度、思维）、言语类（言说、符指）三大类十小类。基于语料库对谓宾动词分类统计基本情况如表 1：

表 1　　口语语体中的谓宾动词分布统计

口语语体类别		语料来源	字数（字）	例数（例）	出现频次（%）
谈话语体	访谈录	杨澜访谈录	46614	256	0.55
	剧本	我爱我家	56718	151	0.27
		龙须沟	31125	63	0.20

续表

口语语体类别		语料来源	字数（字）	例数（例）	出现频次（%）
演说语体	演讲稿	演讲稿集锦	29537	102	0.35
合计			163994	572	0.35

由表1可知：在口语语体中，共572例谓宾动词用例，出现频次达到0.35%。谈话语体比演说语体中谓宾动词的数比更高一些，而访谈录和剧本中谓宾动词的数比也有很大不同，访谈录中谓宾动词的数比明显高于剧本。

表2　　　　书面语体中谓宾动词分布统计

类别	代表	语料来源	字数（字）	例数（例）	比率（%）
事务	官方公文｜法律文书	语料库-报告公文	48577	62	0.13
科技	科技读物｜实验报告	语料库-学术科技	31052	42	0.14
政论	社论｜时评｜新闻报道	人民日报｜中国青年报｜扬子晚报①；语料库-社论新闻报道｜新闻评论	62511	265	0.42
文艺	传记｜杂文｜小说｜诗歌｜散文	语料库-文艺语体；现当代名家经典作品②	363663	1586	0.44
合计			486174	1955	0.40

由表2可知：书面语体中谓宾动词出现频次为0.40%，在各细分语体中谓宾动词情况存在差异。政论语体和文艺语体中的谓宾动词出现频次较高，而事务语体和科技语体中的谓宾动词出现频次较低。

考察谓宾动词在书面与口语语体之间差异是研究语体适用性的基础。但从总体数据来看，在口语和书面语体中谓宾动词的数比并没有特别大的

① 报纸选自《人民日报》（2013年4月25日）、《中国青年报》（2013年4月26日）、《扬子晚报》（2013年4月25日）三家报纸的头版，计29511字，外加语料库中新闻报道和评论33000字。

② 中长篇小说选自《骆驼祥子》《大淖记事》《平凡世界》《芳菲之歌》4部小说的约前1万字，计40286字；短篇小说选自《小说选刊》的《成人礼》（2006年第4期）《羊兮羊兮》（2009年第11期）《小狗博美》（2006年第4期）《母亲和我们》（2006年第5期）和《小说界》（2013年第2期），计17976字。

差距，书面语体只是略高于口语语体。这要求我们更细致深入地考察各细分语体间的差异。

根据正式与非正式，典雅与俗白两极对立（冯胜利，2010）的标准，口语语体典型代表为谈话语体和演讲语体，故分别选择访谈录、演讲稿材料对谓宾动词的出现类型、个数及所带谓词性宾语数做统计。文艺语体和科技语体是两种并存而又相互对立的表达系统，是艺术语言与非艺术语言的对立，故分别以它们为代表，对其中出现的谓宾动词类型、数量及所带谓词性宾语数量做统计。

表 3　　各语体中谓宾动词的数量分布统计

类型		谈话语体		演讲语体		文艺语体		科技语体	
		动词	宾语	动词	宾语	动词	宾语	动词	宾语
现实类	存现	1	1	0	0	13	43	0	0
	过程	10	21	3	5	12	165	2	18
	关系	12	27	1	1	8	12	0	0
	行为	7	13	7	14	10	101	3	5
心理类	情感	11	43	2	3	11	55	0	0
	意志	19	87	8	21	23	286	1	4
	态度	15	25	7	8	21	121	0	0
	思维	20	132	10	32	21	278	5	9
言语类	言说	13	115	4	16	23	177	1	5
	符指	4	6	2	2	9	32	1	1
合计		112	470	44	102	151	1270	13	42

由表 3 可知：心理类谓宾动词数量最多。在谈话语体、演讲语体、文艺语体、科技语体中，心理类谓宾动词与谓宾动词的数比分别为 58.04%、61.36%、50.33%、46.15%。各语体中现实类谓宾动词数量最少，其中表存现的谓宾动词极少在谈话语体、演讲语体与科技语体中出现。在演讲语体、科技语体中存现类谓宾动词数量为零，其他现实类谓宾动词数量也不多，例如在演讲语体中，过程类谓宾动词有 8 例，关系类谓宾动词 1 例，存现动词 0 例，行为类谓宾动词最多，也仅有 14 例，约占全部用例 13.73%。总体看，各语义类型谓宾动词在各语体中总数量比的序列为心理类 > 言语类 > 现实类。

综上可知，在各语体中谓宾动词数量类型有明显差异，表现出明显的语体适用性。

二 谓宾动词的语体适用性表现

谓宾动词在不同语体中的数量差异，只是其语体适用性表面体现，在谓宾动词语义特征、谓词性宾语结构形式以及带宾能力等方面的差异才是语体适用性深层次的表现。

（一）谓宾动词语义特征的差异

语义特征方面的差异表现为动词语义类型在不同语体中各有所侧重。在口语语体中，谓宾动词运用主要以言语类动词为主，心理类动词次之。但访谈录和剧本中的谓宾动词又存在明显语义类型差异。在访谈录中，谓宾动词主要以［+言说］的言语类谓宾动词为主；在剧本中主要以［+感知］特征的心理类动词为主，其他语义类型的心理动词出现频次相对较低。在口语语体中现实类的谓宾动词极少，特别是［+行为］和［+存现］特征动词几乎没有出现。在演讲语体中，按照词频统计可以发现，使用频率最高谓宾动词主要集中在［+思维］特征的词语上。在书面语体各分类中，谓宾动词语义类型上的差异明显，在文艺语体中，心理类谓宾动词最多，约占总数 50.33%，其中以表［+意志性］［+态度性］［+思维性］谓宾动词为主；按照语义特征心理类谓宾动词的优选序列为：思维类 > 意志类 > 态度类 > 情感类。如果按照语义特征考察所有谓宾动词，各小类的优选序列则为：现实过程类 > 心理思维类 > 心理意志类 > 现实行为类 > 言语言说类 > 心理态度类 > 心理情感类 > 言语符指类 > 现实关系类。在科技语体中，谓宾动词主要为［+过程］和［+关系］的谓宾动词，心理类谓宾动词则局限在［+思维］词语上，而主观的［+情感］和［+态度］的谓宾动词没有出现。调查还发现在科技、政论、事务语体以及正式严肃的场合中比较常使用“加以、给以、给予、予以、进行、作”等现实类谓宾动词。总之，各语体中谓宾动词语义类型各有侧重。在谈话体中以心理类谓宾动词为主，演讲体中又以表行为现实类谓宾动词为主；在文艺语体中主要以表意志、思维等心理动词为主，科技语体中则以表关系判断的现实类谓宾动词为主。

（二）谓词性宾语结构形式的差异

谓宾动词的语体适用性还表现在不同语体中的谓宾动词所带宾语的句法结构形式存在差异，语言结构形式的不同实际上反映的是陈述性程度的差异。结构完整、零星语句整合成大句等语言形式都是逻辑思维发展表现（王力 1980：476－478）。相比主谓结构形式，其他形式的复杂度要低，指称性更高。在口语语体中，谓词性宾语以主谓结构形式为主，如《杨澜访谈录》256 例谓词性宾语中，主谓结构形式占了绝大多数，高达 140 例，约占 55%；述宾结构形式 43 例，约占 17%；状中结构形式 31 例，约占 12%。也就是说，在口语语体中，谓词性宾语表现陈述性程度主要以主谓结构完整为主。另外，主谓结构形式的宾语其各成分还常带有修饰性成分，如主语由指称性词语充当，往往带有定语修饰，如在“希望好的企业表现出来气概”中，“企业”带有修饰语“好的”，其陈述性自然更加强烈。在书面语体中，各句法结构形式的谓词性宾语分布较均衡，主谓结构约占 34%、动宾结构为 20.1%、状中结构为 12.9%。从数量看主谓结构形式宾语数不多，谓词性宾语陈述性主要是以句式严密的套叠句、复句来体现。谓词性宾语的结构主语不仅有指称性词语，还有陈述性词语，如“我们知道走到最近的有氧气的地方也要三个小时”。一句中，结构主语“走到最近的有氧气的地方”是述宾结构。谓宾动词后面不仅有主谓结构的简单句充当宾语，还有复句充当谓词性宾语的情况，但相比较书面语体，口语中复句形式用例相对较少，共 25 例，约占 9%。调查中还发现，以心理类、言说类动词引导的句子中可以出现多层套叠形式，直至以现实类动词终结。

（三）配置谓词性宾语能力的差异

谓宾动词主要功能是配置谓词性宾语，配置宾语能力差异主要表现在其支配谓词性宾语的数量和类别上。在口语语体中，现实类与言说类的谓宾动词数比相当，都少于心理动词，但按照带宾能力各类优选序列为心理类 > 言语类 > 现实类。按谓词性宾语的比率，可知口语各细分语体优选序列为：访谈录 > 演讲稿 > 剧本。在书面语体中，在文艺语体和科技语体中的频次数量呈现强烈对比，两语体中谓宾动词的带宾能力①分别为 8.41 和 3.23，两语体中谓宾动词的活跃度明显不同。按照谓宾动词配置能力，书面语体各小类优选序列为：文艺语体 > 政论语体 > 科技语体 > 事务语体。而在文艺语体内部的各细分语体中，谓宾动词配置宾语数量仍有差异，比率序列为：小说 > 散文 > 诗歌。在事务语体的不同体裁中，配置能力也存在数量差异，其比率序列为：新闻报道 > 社论 > 时评。事务语体中谓词性宾语主要分布在现实类的谓宾动词后面，而心理类和言语类的谓宾动词所带陈述类宾语数量极少；按照配置宾语能力，谓宾动词优选序列为：现实类 > 言语类 > 心理类。频率最高的谓宾动词分别为“进行、加强、促进”，均为表示现实类时空关系的词语；表示情感、态度等主观性强烈的谓宾动词没有出现。谓宾动词配置宾语的类型差异在前文已有所讨论，在此不再赘述。但调查发现在科技语体和事务语体中宾语主要是一些光杆谓词，而在政论语体和文艺语体中，类型则要丰富一些。

综上可知，谓宾动词语义特征、所带宾语句法结构形式及配置谓词性宾语能力在各语体中存在不均衡现象，表现出明显语体适用性。

三　谓宾动词语体适用性的制约因素

语体虽不等同文体，但为了实现信息传递目的，信息发送者往往要在句式、词语等多方面做最佳选择，传播活动很大程度上影响词语运用（谌东飚，2008）。文章从与语体密切相关的传播活动要素出发寻求深层制约谓宾动词运用的因素。

（一）人际关系制约谓宾动词分布数量

人际关系是制约谓宾动词语体适用性的主要因素。冯胜利、施春宏（2018）指出人际关系主要是指信息传播者和接受者之间的关系，人际的亲疏远近、高低上下是一种基本的社会性表现。陶红印（1999）认为口语涉及较近的人际关系，书面语涉及较远的人际关系。访谈录是接近日常

① 带宾语能力是指谓宾动词带陈述类宾语能力，数字表示的是谓宾动词数量和陈述类宾语数量的比率，如 3.31 表示关系类谓宾动词共出现 13 个，带 43 个陈述类宾语，两者比率为 1：3.31。

会话的口语语料，因面对面的交谈，信息在传递过程中有明确的信息源和接受者，并且两者之间可以实时互动，关系亲近。主观随意的语境为谓词性宾语的高频次出现提供了相应的条件；剧本中信息传递者和接受者属于表演性关系，随机性要差一些，谓宾动词的出现频次较少。而演讲是一种公开演说，要面对各种社会关系、各种利益、观点的分歧和争论，是一种完全意义上的辩论（王金玲 2007），但演讲者与听众之间是说服被说服的关系，既要做到语言生动，又要做到有哲理性，书面色彩浓厚，故谓宾动词的数比更接近书面语中谓宾动词的数比。在科技语体中，体现的是交际双方严肃庄重的关系，是一种权威与大众之间的关系，要求所用文章结构程式化、内容层次清晰，这使得谓宾动词数量较少而且表示过程的现实类动词占优势，主观性强烈的情感类、态度类谓宾动词都没有出现。在政论、事务语体中，交际双方是严肃正式的人际关系，词语选用上大多是以表示客观现实的为主，虽然心理类谓宾动词数量仍为最多，但使用频次较少。在文艺语体中，交际双方是一种公平自由性关系，谓宾动词运用自然更自由随意一些，类型也就丰富一些。总之，信息传播者和接受者要素所决定的人际关系在谓宾动词运用中发挥重要作用，影响其语体分布特征。

（二）传播效果制约谓宾动词语义特征

言语的本质是“私人定制”的，而言语的实现是“语境管辖”的（杨海明 2019），各类语体因要实现的传播效果不同，就要求有句式、用词上的差别。蔡文兰（1981）也曾指出“进行”在政论体、科技体、事务体的著述里以及在比较正式严肃的场合下出现频率较高，而在日常谈话和文学作品里却很少出现，一般不用于口语。访谈录以访谈者为主导地位，常以假借他人口吻进行询问事情探寻受访者鲜为人知的普通故事为目的，所以在访谈录中谓宾动词主要以言说动词为主。剧本是以表演为目的的谈话体，因要考虑观众欣赏要求，在对日常交际语言的再加工时要选择能准确生动、描绘性强的词语，所以词类就比演讲语体要丰富一些，心理类动词以及现实类动词数量就多一些。在书面语语体中，科技语体和事务语体是要让接受者直接感受到信息内容的客观、真实性，无须猜测和想象，所以一些表示心理类的词语尽量排除，主要以一些表示现实类的谓宾动词为主。在文艺语体中，不管是小说、杂文，还是传记，其最重要的文学价值就是能移情审美，语言往往饱含说话人（作者）的主观感情（王海峰 2009)。语言要求生动形象，富有感染力，不仅能够展示各种形象生动的人、物、态，且够准确展示心理世界、言说世界中的事、态、关系等。所以文章所使用的语词就具有多样性，所使用词语的陈述性尽可能发挥到极致，句子中的宾语也尽可能是陈述性质的，谓宾动词的数量相对就增多了。

(三) 讯息内容制约所带宾语结构形式

语言作为交际工具，任何语体都有精确表达的要求。张伯江(2007) 指出精确性是建立在对信息内容传播效果基础上的，任何一种语体因素的介入都会带来语言特征的相应变化。这在谓宾动词的运用上也不例外。口语传递信息过程中，讯息内容具有随意性和自发性，一般不需要事先准备，也无须考虑信息内容，以及与之匹配的语词和句式。据范晓(1998：156) 统计，口头语体里单句最多，约占总句数的 90%，单句又以短句为主，词数少，结构简单。这种句型特征不适用于谓宾动词多层套叠，这也是口语语体中谓词性宾语多为长单句的原因。在我们自建口语语料库中所搜集的大部分句子都是单句形式或省略句式，因演讲体比谈话体中讯息严谨一些，兼有书面语与口语一些特征，故谓宾动词的运用具有了两类语体的特征。

书面语中事务语体、科技语体都以传递客观现实世界信息为主，在句式方面都比较固定。汉语专门科技语体中大量使用中频词，句类单一，98.55%为陈述句（刘艳春、赵艺 2018)，例如在选取的 2009 年政府报告 3000 多字公文中有 126 个句子，这些句子都是一些联合词组充当句子成分，形成了长句，但句子主谓宾结构形式都很清晰，都是简单句。通常简单句一般只能表达一个事实，而谓词性宾语句往往都是描述两个不同事件，不利于谓宾动词运用。文艺语体中信息传递者在传播过程中会受到自身主观情感影响，并采用一些艺术手法实现传播效果，文艺语体信息内容以准确传情达意为准，更多艺术性和形象性。语言实际运用中不仅有简单句，还有很多长的单句，而且还可是复句形式，这为谓宾动词的存在提供了句式条件。由此可见，讯息内容也决定了谓宾动词的语体适用性。

综上可知，从信息传递角度来看，谓宾动词语体适用性的制约要素主要是参与者角色人际关系、传播效果和讯息内容，但这些因素又不是单一发生作用，是诸多因素协同运作的结果。

参考文献

1. 蔡晖：《认知语言学视野中的功能语体分类问题》，《外语学刊》2004 年第 6 期。

2. 蔡文兰：《“进行”带宾问题》，《汉语学习》1981 年第 3 期。

3. 谌东飚：《传播决定文体论——以中国古代散文文体为例》，《中国文学研究》2008 年第 1 期。

4. 范晓：《语体对句子选择情况的初步考察》，载《语体论》，安徽教育出版社 1998 年版。

5. 冯胜利：《论语体的机制及其语法属性》，《中国语文》2010 年第 5 期。

6. 冯胜利、施春宏：《论语体语法的基本原理、单位层级和语体系统》，《世界汉语教学》2018 年第 3 期。

7. 刘大为：《论语体与语体变量》，《当代修辞学》2013 年第 3 期。

8. 刘艳春、赵艺：《专门科技语体和通俗科技语体多特征对比研究》，《江汉学术》2018 年第 3 期。

9. 吕叔湘：《汉语研究工作者的当前任务》，《中国语文》1961 年第 4 期。

10. 陶红印：《试论语体分类的语法学意义》，《当代语言学》1999 年第 3 期。

11. 王海峰：《现代汉语离合词离析现象语体分布特征考察》，《语言文字应用》2009 年第 3 期。

12. 王金玲：《俄语演讲体裁的结构与语义功能》，《外语学刊》2007 年第 6 期。

13. 王力：《汉语史稿》，商务印书馆 1980 年版。

14. 杨海明：《论数字化时代汉语新兴高程度词——言语的私人定制、语境管辖与高程度表达的语体风格倾向》，《当代修辞学》2019 年第 5 期。

15. 张伯江：《语体差异和语法规律》，《修辞学习》2007 年第 2 期。

16. 朱德熙：《语法讲义》，商务印书馆 1982 年版。

基于具体方言点的“多咱”新解

耿　军

（西南大学国际学院）

摘　要：“多咱”一词在汉语官话方言中普遍存在，书写形式多样。一般认为存在“早晚—多早晚—多 zan（以拼音代替‘咱’作‘zan’））”的音变和发展路径，但根据怀远话这个具体方言点的情况来看，“早晚”与“X zan”或许并无音义上的必然联系，二者应当有各自发展路径。从怀远话“X zan”的构词、语音、语义的理据上来看，“zan”的本字或可暂作“寁”。

关键词：多咱；早晚；本字；寁

“多咱”一词在现代汉语方言，尤其是官话方言中普遍存在，可以写作“多咱”“多昝”“多喒”“多偺”“多昝”“多喒”“多偺”等，我们这里暂以不带声调的音节“zan”代替“多咱”的第二个音节。“多 zan”的常用义项主要有：①名词，表示早晚、随时；②代词，表示什么时候、多会儿；③副词，表示大概、恐怕等（许保华，［日］宫田一郎，1999）。与“多 zan”类似的词语还有“好 zan”“那 zan”“这 zan”等，本文以“X zan”表示。一般认为“多 zan”是由“早晚—多早晚—多 zan”的音变路径发展演变而来的，“zan”为“早晚”的合音词（吕叔湘 1985，李行健、［日］折敷濑兴 1987，李申 1992）。

各类辞书对“X zan”与“早晚”的解说已经比较详尽，但有时难免会有重叠、杂糅的情况，即把大方言区内不同方言点的材料当作同质材料使用，这样看似完备，实则可能会混淆了内部的区别，因此本文以具体的方言材料、笔者的乡谈、安徽怀远话（耿军 2007）为例来讨论“早晚”“X zan”及其相关问题，得出了一些不同的看法。

一 “zan”不是“早晚”的合音

怀远话中没有“多早晚”的表达形式，只有“早晚”与“X zan”两种形式，下面简要介绍它们的用法情况。

第一，怀远话中“早晚”可以做名词、代词和副词，具体意义和用法如下：

1. 早晚$_0$作时间名词，意思是“早晨和晚上”，如：

（1）早晚吃一次，就好了。

2. 早晚$_1$作疑问代词，后字一般读轻声，表示不确定的询问，意思是“什么时候”，如：

（2）你早晚来的？

3. 早晚$_2$作时间副词，意思是“迟早，终究”，如：

（3）你早晚要挨打。

第二，怀远话中“多 zan”有时也作“多 zan 子”，只能作指代时间的词，共有五种用法：

1. 表特定时间，意思是“什么时候”，如：

（4）你看看多 zan（子）了！

2. 表疑问，意思是“什么时候”，如：

（5）你多 zan 去北京？

3. 表任指，意思是“任何时候”，如：

（6）我看多 zan（子）都造（行、可以）。

4. 表特指，意思是“任何时候”，如：

（7）多 zan 想去多 zan 去。（不说“多 zan 子”）

5. 表不定指，意思是“过去某时”，如：

（8）我多 zan 还讲嘞，这孩子明天长大肯定有出息。（不说“多 zan 子”）

第三，除了“多 zan”以外，怀远话中还有如下几种“X zan”：
1. 好 zan（子），与“多 zan”1. —4. 的用法完全相同。
2. 哪 zan（子），与“好 zan”用法完全相同。
3. 那（$nə^{3ʔ}$）zan（子）（“那”发生入声化现象），名词，意思是“那个时候”，如：

（9）那 zan 子人都穷得很。

4. 这（$zə^{3ʔ}$）zan（子）（“这”发生入声化现象），名词，意思是“现在”，如：

（10）这 zan 子日子好过了。

5. 马 zan，时间副词，意思是“马上、立刻”，如：

（11）你等一时功夫，我马 zan 就到。

可见怀远话中“X zan”是较为常用的代指时间的表达类型。

通过比较可以发现，“早晚”“多 zan”的第二种用法基本相同，一般可以互换。除此之外，二者应没有共同之处，或者说关联不明显，具体理由如下：

第一，根据上述怀远话中“早晚”与“X zan”的功能及意义，可以看出“早晚”的发展路径大致为：“早+晚—早晚$_0$—早晚$_1$—早晚$_2$”，但我们找不到“早晚—X 早晚—X zan”这样的演变。没有中间的“X 早晚”（如“多早晚”），只有两头的“早晚”与“X zan”，于理不合。

第二，如果说“早晚”本身已演化出“何时”意，又何必再通过“X zan”重复表达呢。

第三，如果说“好 zan”“哪 zan”“那 zan”“这 zan”之类的“zan”与“早晚”有关联，勉强说得过去，但“马 zan”的“zan”与“早晚”实在很难联系在一起。

第四，元曲中存在一些“（这）早晚”与“多咱”连用的情况，如（语料来自 CCL）：

(12) 这早晚不见来回话，多咱是圆和了也。（关汉卿《杜蕊娘智赏金线池·第四折》，《全元戏曲·第一卷》）

(13) 这早晚王腊梅还不到房里歇息，多咱又和丁都管钩搭去了。（无名氏《争报恩三虎下山·第一折》，《全元戏曲·第六卷》）

(14) 那周瑜一口气气的撇然倒地，扶的回营去了。这早晚多咱死也。（无名氏《两军师隔江斗智·第四折》，《全元戏曲·第六卷》）

例（12）、例（13）“多咱”与“（这）早晚”分别用在两个小句中，例（14）二者甚至直接连用，这种情况很难说“早晚”与“zan”有必然关联。

因而，我们认为怀远话中“早晚”与“zan”本就不同，二者原是两种表达形式，有各自的发展路径①。

鉴于上述情况，我们自然有理由提出“zan”不是“早晚”的合音。而实际上从怀远话的语音规则来看，合音说的确存在着一定的缺陷，不能

① 审稿专家提出一个问题：合音词能否与源形式共现？由于历时文献的不足，我们无法排除这种可能。我们认为有这种可能性；另外还可能存在因历史层次不同而产生的叠置现象，江蓝生（2007）也指出有不同语音变体共存的现象。就目前所见怀远话材料而言，暂无法做历史层次的分析，故本文持来源不同说，但也不完全否定共存说和叠置说。

很好地解释“早晚—zan”的语音关系。

一般认为“zan”是“早晚”的合音，但是这种说法有一个不太好解释的地方。“晚”字，《广韵》无远切，元韵合口字。为什么“晚”作为一个古音合口的字，在与“早”合音的时候并没有遵循一般的合音规则成为合口，而变成了开口呢？反过来，分音说面临同样开合口的困境。假如一定要说是合音或分音，我们宁愿相信“zan”与“早 an”为语音分合关系，而不是“早晚”。江蓝生（2007）所揭示的“多昝晚：多昝”为不同语音变体共存的现象颇具说服力。但我们可以说“早晚—zan”的演变或许符合一定的语音演化条件，而实际未必能满足现实的语音规则。

怀远话乃至很多方言都可以提示我们，一般的合音词多遵循反切的基本原则，取上字声母，下字韵母，因此“早晚”的合音应该是“zuan”而不是“zan”。另外，怀远化平翘舌不分，zhuan = zuan（转 = 钻）、zhan = zan（展 = 攒），这就导致音节负荷增大，如果再出现 zuan = zan，那 zan 音节的负荷就更大了，虽符合语言经济的原则，但不符合语言区别功能的表达需求。因此怀远话中 zuan：zan 是严格区别的，所以怀远话中的“zan”绝不会是“早晚”的合音。

通过上述分析怀远话中“早晚”与“X zan”的意义与用法，我们得出以下观点：怀远话中“早晚”与“多 zan”用法多有不同，功能界限比较明显；“多 zan”是怀远话“X zan”的一种形式，其他还有“好 zan”“哪 zan”“那 zan”“这 zan”“那 zan”“马 zan”等；“早晚”与“zan”没有语音上的联系，“zan”不是“早晚”的合音。

二 “zan”当有其本字

根据上述分析比较，我们认为怀远话中“早晚”与“zan”是两个不相关的词语，某些形式的偶合并不能泯灭二者的界限，“zan”或为一个实际存在的词，其本字或可考。以下两条规则有助于我们锁定其本字。

首先，从语音上看，“zan”必须是一个开口上声字。

上文已经提到，从声韵拼合规则来看，怀远话中的“zan”应该是个开口字，而不应当是合口字。不再赘述。

另外，从怀远话连读变调的规则来看，“zan”应该是一个上声字。怀远话共有五个声调：阴平［˦˨˦］424，阳平［˦˥］45，上声［˨˩˧］213，去声［˥˨］52，入声［˧］3ʔ。其中两字组词语的变调多以前字变化为主，后字多数不变，因此，我们仅需考察两字组后字为上声的词语的变调规则。具体如下：

阴平+上声：前字变半阴平，后字不变，如“村长”变作“42+213”。

阳平+上声：两字皆不变，如“啤酒”仍作“45+213”。

上声+上声：前字变阳平，后字不变，如“洗澡”变作“45+213”。

去声+上声：两字皆不变，如“大雨”仍作“52+213”。

入声+上声：有两种情况，一是前后都不变，如“喝酒”，仍作“3ʔ+213”；二是前字不变，后字变阴平，如“十五”变作“3ʔ+424”。这两种情况没有特别明显的规律，这可能跟怀远话入声字处于消变的过程中有关。

怀远话“多 zɑn”读作［tuo ^{42} zɑn^{213}］；“好 zɑn”读作“［xɔ^{45} zɑn^{213}］”，“哪 zɑn”读作“nɑ^{45} zɑn^{213}”，“马 zɑn”读作“mɑ^{45} zɑn^{213}”；“那 zɑn”读作［nə^{3ʔ} zɑn^{424}］，“这 zɑn”读作［zə^{3ʔ} zɑn^{424}］。分别符合前字为阴平、上声、入声的变调规则。所以可以说从变调规则来看，怀远话中“zɑn”字应当是个开口上声字。

其次，从构词上看，“zɑn”应当是一个单音节形容词性的词语。

怀远话乃至许多官话方言中都存在 AB 式词语，A、B 一般是词性相同、词义相反的一对词语，有动词、形容词等。AB 式形容词多数又可以拆开，用于“多 A/多 B”“好 A/好 B”格式中。比如，“多长”“多短”，“好长”“好短”。怀远话中存在下面这样的例子：

表 1

	AB	多 A	多 B	好 A	好 B
	好坏	多好	多坏	好好	好坏
	多少	多多	多少	好多	好少
	大小	多大	多小	好大	好小
多/好 Y	长短	多长	多短	好长	好短
	高矮	多高	多矮	好高	好矮
	胖瘦	多胖	多瘦	好胖	好瘦
	久 B	多久	多 B	好久	好 B

表1各组基本都存在“多A：多B”“好A：好B”的对称，偏偏“久B”“多B”“好B”的“B”似乎缺位。如果我们假设“B”就作“zan”，与“久zan”中的“久”为一对反义词，是完全可以解释得通的。“久”显然为“缓慢”或“长久”的意思，根据构词规则，“久zan”中的“zan”必然为一个表“迅速”或“短时”意的形容词。

根据上述语音和构词两条规则，我们可以锁定怀远话中“X zan”的“zan”就应该是一个读开口上声的表“迅速”或“短时”意的形容词。但在怀远话中，我们找不到这样一个合适的词。通过检索辞书，我们发现了一个“寁”字，其音义都符合上述标准，或许可以算作“zan”的本字。

《尔雅·释诂第一》：“寁、骏、肃、亟、遄，速也。”《说文解字》：“寁，居之速也。子感切。”《广韵》：“寁，速也。”《古今韵会举要》：“子感切”：“寁，《说文》居之速也。”明杨慎《奇字韵》：“疌与寁同，速也。”段玉裁《说文解字注》：“寁：居之速也。止部：疌，疾也。疌为凡速之词，从宀则为居之速也。《郑风》‘不寁故也’。毛曰：寁，速也。用寁以言凡速耳。《周易》‘朋盍簪’。晁氏说之曰：簪，京本、蜀才本作撍。阴弘道案张揖《古今字诂》㨻作撍。《埤苍》云：撍，疾也。撍与簪同。王元叔谓即《诗》‘不寁’字，祖感反。玉裁按：㨻即寁，古宀广通用。盖古今字诂今字作㨻，古字作撍也。从宀，疌声。子感切。”

可见“寁”字自古就见于字书、辞书，其意义本为“速也”“疾也”，进而引申出“快速”“短暂”意，是很自然的。因此，我们认为根据怀远话“X zan”的构词以及音义特征，确定“zan”的本字为“寁”或是可行的。

另外还有一个比较特殊的现象：我们考察了包括上述《尔雅》《说文》《广韵》等在内的各类历代经典辞书、韵书，“寁”字从来都是收录其中的，且基本保留《诗经》《尔雅》本义，但偏偏在现代汉语普通话乃至很多方言中又多不见其踪影，这不得不说是非常奇怪的现象。我们假设“寁”字本义存于古籍，且渐失活力，尤其随着文言的取消而消亡，但其表达“疾速”“短暂”等常用义及其引申义一直在口语中使用，并固化在了“X zan”中保留下来，在唐宋以来的口语化文献中方才显露出来。

可惜的是怀远话自古并无文献记载，现在所见方言文献中凡有“X zan”者，“zan”又皆作“咱”“昝”“喒”等字。“X zan”这种格式显然是口语化的，在唐之前文言主导的时代这些东西是不可能有记录的，到了唐宋以来，口语化的文献才有反映，可是本源是什么，却无人深究了。正好有个“早晚”与之用法类似，于是就将二者等同起来。同时，又有“咱”“昝”“喒”之类的字作为“zan”的书面记录形式，所以自然就会想到“zan”可能是“早晚”的合音。

综上，学者多从书面文献中探寻“早晚”与“X zan”的来源与关系，颇多创见（江蓝生 1988；李文明 1989；谭耀炬 2002；卢志宁 2003）。但这样很可能导致现下辞书记录的“X zan”的音义存在异质材料并存的现象，自然很容易造成“X zan”与“X 早晚”有发展关系的假象，也很难将“zan”与“早晚”区分开来。根据怀远话这个具体方言点的情况来看，“早晚”与“X zan”并无音义上的必然联系，假设“zan”本作“寁”字，从构词、语音、语义各方面都能找到理据。

参考文献

1.（汉）许慎：《说文解字真本》，早稻田大学藏宋刻本。

2.（明）杨慎、董难：《奇字韵》，丛书集成初编本。

3.（清）段玉裁：《说文解字注》，上海书店 1992 年版。

4.（宋）陈彭年：《宋本广韵》，中国书店 1982 年版。

5.（宋）郑樵：《尔雅注》，文渊阁四库全书本。

6.（元）黄公绍、熊忠：《古今韵会举要》，中国国家图书馆藏元刻本。

7. 耿军：《安徽怀远方言音系》，《阜阳师范学院学报》2007 年第 5 期。

8. 江蓝生：《魏晋南北朝小说词语汇释》，语文出版社 1988 年版。

9. 江蓝生：《说语音羡余词》，《中国语言学集刊》2007 年第 2 卷第 1 期。

10. 李申：《金瓶梅方言俗语汇释》，北京师范大学出版社 1992 年版。

11. 李行健、［日］折敷濑兴：《现代汉语方言词语的研究与近代汉语词语的考释》，《中国语文》1987 年第 3 期。

12. 李文明：《多喒》，《中国语文》1989 年第 4 期。

13. 卢志宁：《近代汉语中的“早晚”与“多咱”》，硕士学位论文，河北大学，2003 年。

14. 吕叔湘：《近代汉语指代词》（江蓝生补），学林出版社 1985 年版。

15. 谭耀炬：《“早晚”一词将来义探源》，《语文研究》2002 年第 2 期。

16. 许宝华、［日］宫田一郎：《汉语方言大词典》，中华书局 1999 年版。

辽宁东港方言的D变韵

潘晓东

（1. 南京大学文学院　2. 河海大学社会科学研究院）

摘　要：汉语方言的D变韵主要是动词变韵，变韵方式是词根音节与某一后附成分合音。D变韵集中分布在豫北地区。辽宁东港方言也存在D变韵，其中的动词变韵主要表现完成、持续、终止点等语法意义。本文重点描写东港方言的动词变韵。

关键词：东港方言；D变韵；动词变韵

20世纪60年代以来，学者们注意到有一种能表示时态、处所等意义的变韵，这种变韵被称为D变韵。D变韵主要是动词变韵，动词通过变韵表示动词后缀的功能，比如，“买^{D}①点菜。”“大伙儿等^{D}你呢，快点！”“书搁^{D}桌上！”三个例句的动词变韵，分别表示动作的完成、持续及达到的终止点，相当于“买了”“等着”“搁在”。另外，学界一般认为，D变韵还包括地名姓氏变韵，如“李^{D}庄”相当于李家庄。最早对D变韵进行系统描写的是贺巍（1965、1982、1989），贺巍通过对获嘉方言的全面调查，概括了D变韵的分布范围，并详细分析了D变韵的语法功用。90年代以后，王森（1998）、赵清治（1998）、辛永芬（2006）、陈卫恒（2011）、张慧丽（2017）、李学军（2017）等进一步丰富了D变韵的研究内容。

D变韵主要分布在河南北部、山西南部等中原地区，据陈卫恒（2011：358）统计，西自陕西西安，东至河南开封，北至山西、河北以及北京地区，南至河南舞阳、南阳等区域都存在D变韵现象。李学军、郭蒙蒙（2021）指出，D变韵涵盖陕西、山西、河南、河北、山东、江苏六省，涉及中原官话、晋方言、冀鲁官话、胶辽官话四个方言区，该文

① D变韵采用贺巍的表示法，用上标“D”来表示，下同。

列举的胶辽官话方言区主要指山东的牟平县、烟台市、青岛市等。除了学界提及的上述地区之外，辽宁东港方言也有成系统的D变韵。

贺巍（1989：2）指出D变韵适用于小地名、处所词、动词、形容词、副词、象声词。辛永芬（2006：56）提出D变韵涉及的范围主要有动词、形容词、介词、副词和地名词。陈卫恒（2011：88）概括D变韵主要包括地名姓氏变韵和动词变韵两类：前者主要是“-家”或类似“-家”这样的地名常用字与前字合音的结果；后者是用变韵表示北京话“-了”“-着”“-的”等动词后缀的功能。东港方言的D变韵主要是动词变韵。

东港市地处中国海岸线最北端，属辽宁省丹东市下辖的一个县级市，位于丹东市西南部，旧称安东县。东港方言属胶辽官话。本文重点考察东港方言D变韵，主要是动词变韵。

一　东港方言的声韵调

（一）声母20个，包括零声母在内

p	布播白冰	pʰ	坡怕盆胖	m	墨买妹忙			f	放法浮奉
t	带等东地	tʰ	台同偷唐	n	耐拿农能	l	来乐路狼		
k	该贵故哥	kʰ	考看扣开					x	喊和婚后
tɕ	级举猪知	tɕʰ	亲缺尺出	ȵ	年你女宁			ɕ	相学石说
ts	崽择蒸站	tsʰ	醋从长船					s	三洒捎绳

Ø（ʋ）昂沿元软/外窝屋碗

说明：

1. 没有舌尖后音［tʂ、tʂʰ、ʂ、ʐ］。古知、庄、章组字多数读舌尖前音［ts、tsʰ、s］，少数读舌面音［tɕ、tɕʰ、ɕ］；日母字除个别读［l］声母，如“扔、辱”外，都读零声母。

2. 舌面前音［ȵ］，仅与齐齿呼、撮口呼韵母相拼。

3. ［u］开头的音节，无圆唇动作，上齿与下唇形成摩擦，［u］读作半元音［ʋ］。

（二）韵母36个

ɿ　思词翅是　i　逼题直池　u　部谱兔胡　y　鱼曲据须

a	大塔辣沙	ia	家夏掐牙	ua	花耍褂抓		
ɛ	赛待菜爱	iɛ	些借爷茄	uɛ	坏拐帅揣	yɛ	雪月觉瘸
ə	课合破夺	uə	国跺骡货				
e	雷梨碎腿	ue	盔灰贵水				
ɔ	包告造少	iɔ	腰教校桥				
əu	够透收搂	iəu	秋究袖丢				
an	山半端乱	iɛn	烟骗间咸	uan	拴换转官	yɛn	远卷劝宣
ən	根笨蹲论	in	音斤琴新	uən	棍捆魂春	yn	晕军裙熏
aŋ	帮行党浪	iaŋ	羊枪讲两	uaŋ	框装光霜		
əŋ	崩更碰声	iŋ	鹰灵轻型	uəŋ	嗡翁		
				uŋ	轰通聋洪	yŋ	永胸穷炅

ɚ（ɐ）儿二

说明：

1. 没有舌面后半高圆唇单元音［o］，古一等戈韵、末韵、铎韵、二等陌韵唇音字，韵母读［ə］。

2. 复元音韵母、带鼻音韵母总体趋于简化。带鼻音韵母的元音与鼻辅音发音动程均不完整，元音向鼻辅音快速滑动中，结尾部分弱化，鼻辅音［-n］［-ŋ］保留音色，缺少明显舌尖抵齿龈或舌根抵软腭动程。

3. 古祭韵、齐韵、支韵、脂韵、之韵、缉韵、质韵、职韵、锡韵来母字，韵母读［e］。

4. 古蟹摄合口二、三等、止摄合口三等、山摄合口一等、臻摄合口一、三等端系字、精系字，韵母丢［u］介音。

（三）声调

阴平［˧˩˨］312	妈趴中慌	上声［˨˩˧］213	苇海礼抢
阳平/去声［˦˨］42	孩害房放		

说明：

1. 阴平调调值，据宋学《辽宁语音说略》拟定为曲折调312，[①] 此为老派的发音，新派发音趋于简化，为降调53。

2. 阳平与去声同调。古次浊声母平声字一部分读阳平，一部分读阴

① 宋学：《辽宁语音说略》，《中国语文》1963年第2期。

平，少数读上声。

二　东港方言的D变韵

D变韵也是一种合音变韵，即词根单字和某一后附成分在语流中合为一个音。东港方言的D变韵主要是动词变韵，其表现形式为：词根音节韵母长且后收［ə］，不变调，总体上分三种情况：第一种，基本韵母为单韵母或复韵母（［ə］［uə］除外），韵母延长，后收［ə］。第二种，基本韵母为［ə］或［uə］，［ə］尾与［ə］合并，生成单纯长音节变音。第三种，基本韵母为鼻辅音韵母，丢掉韵尾，主要元音鼻化延长，后收［ə］。其中第三种情况常常伴随主要元音的改变，具体来说，基本韵母为［an］或［uan］时，主要元音变为［æ］；基本韵母为［iɛn］或［yɛn］时，主要元音变为［a］；基本韵母为［in］或［yn］时，加主要元音［ə］；基本韵母为［aŋ］、［iaŋ］或［uaŋ］时，主要元音变为［ʌ］；基本韵母为［əŋ］时，主要元音变为［ɤ］；基本韵母为［iŋ］或［yŋ］时，加主要元音［ɤ］。

在东港方言中，当动词表示“了$_1$”“着”“在”“到”等虚词意义的时候都发生变韵。一个动词可以跟不同的虚词组合表示不同的语法意义，但变韵形式是一样的，这里列举的是常用的动词与虚词组合用例。

D变韵	基本韵母	例子
ʅ：ə	ʅ	使^{D}sʅ：ə˨˦（使了）｜指^{D}tsʅ：ə˨˦（指着）｜试^{D}sʅ：ə˥˩（试着）｜跐^{D}tsʰʅ：ə˨˦（跐着）
i：ə	i	逼^{D}pi：ə˨˦（逼着）｜织^{D}tɕi：ə˨˦（织了）｜踢^{D}tʰi：ə˨˦（踢了）
u：ə	u	铺^{D}pʰu：ə˨˩˦（铺着/铺了）｜鼓^{D}ku：ə˨˦（鼓着）｜堵^{D}tu：ə˨˦（堵着）｜竖^{D}su：ə˥˩（竖着）
y：ə	y	锯^{D}tɕy：ə˥˩（锯了）｜住^{D}tɕy：ə˥˩（住着/住了）｜举^{D}tɕy：ə˨˦（举着/举了）
a：ə	a	把^{D}pa：ə˨˦（把着）｜趴^{D}pʰa：ə˨˩˦（趴着）｜插^{D}tsʰa：ə˨˦（插着）
ia：ə	ia	夹^{D}tɕia：ə˨˦（夹着）｜架^{D}tɕia：ə˥˩（架着）｜押^{D}ia：ə˨˦（押着）

ua：ə	ua	挂ᴰkua：ə˧（挂在）｜抓ᴰʦua：ə˨˦（抓着/抓了）
ɛ：ə	ɛ	带ᴰ tɛ：ə˧（带着）｜买ᴰmɛ：ə˨˦（买了）｜开ᴰkʰɛ：ə˦˨˦（开着/开了）｜栽ᴰʦɛ：ə˦˨˦（栽着/栽了）｜抬ᴰtʰɛ：ə˧（抬着/抬了）
iɛ：ə	iɛ	憋ᴰpiɛ：ə˨˦（憋着）｜别ᴰpiɛ：ə˧（别着）｜捏ᴰȵiɛ：ə˦˨˦（捏着）
uɛ：ə	uɛ	拽ᴰʦuɛ：ə˧（拽着/拽了）｜揣ᴰʦʰuɛ：ə˦˨˦（揣着/揣到）
yɛ：ə	yɛ	学ᴰɕyɛ：ə˧（学着/学了）｜缺ᴰʨʰyɛ：ə˨˦（缺了）
ə：	ə	抹ᴰmə：˨˦（抹了）｜搁ᴰkə：˨˦（搁在）｜塞ᴰsə：˨˦（塞了）
uə：	uə	托ᴰtʰuə：˨˦（托着）｜坐ᴰʦuə：˧（坐着）｜握ᴰʋə：˨˦（握着）
e：ə	e	披ᴰpʰe：ə˦˨˦（披着）｜陪ᴰpʰe：ə˧（陪着）｜推ᴰtʰe：ə˦˨˦（推着）
ue：ə	ue	跪ᴰkue：ə˧（跪着）｜追ᴰʦue：ə˦˨˦（追着）
ɔ：ə	ɔ	抱ᴰpɔ：ə˧（抱着）｜冒ᴰmɔ：ə˧（冒着）｜捎ᴰsɔ：ə˦˨˦（捎着/捎了）｜捞ᴰlɔ：ə˦˨˦（捞了）
iɔ：ə	iɔ	叼ᴰtiɔ：ə˦˨˦（叼着）｜挑ᴰtʰiɔ：ə˦˨˦（挑着）｜钓ᴰ tiɔ：ə˦˨˦（钓着、钓了）
əu：ə	əu	搂ᴰləu：ə˨˦（搂着）｜扣ᴰkʰəu：ə˧（扣着）｜守ᴰsəu：ə˨˦（守着）
iəu：ə	iəu	留ᴰliəu：ə˦˨˦（留着/留了）｜揪ᴰʨiəu：ə˦˨˦（揪着/揪了）
æ̃：ə	an	瞒ᴰmæ̃：ə˧（瞒着）｜看ᴰkʰæ̃：ə˦˨˦（看着）｜攒ᴰʦæ̃：ə˨˦（攒着）
iã：ə	iɛn	垫ᴰtiã：ə˧（垫着）｜腆ᴰtʰiã：ə˨˦（腆着）｜牵ᴰʨʰiã：ə˦˨˦（牵着）
uæ̃：ə	uan	关ᴰkuæ̃：ə˦˨˦（关着）｜拴ᴰsuæ̃：ə˦˨˦（拴在）｜穿ᴰʦʰuæ̃：ə˦˨˦（穿着）

yã：ə　　yɛn　　选[D]ɕyã：ə ˨˩˦（选了）｜圈[D]tɕyã：ə ˧˩˨（圈着）
ə̃：ə　　ən　　闷[D]mə̃：ə ˧˩˨（闷在）｜蹲[D]tə̃：ə（蹲着）˧˩˨｜枕[D]tsə̃：ə ˦（枕着）
iə̃：ə　　in　　抿[D]miə̃：ə ˨˩˦（抿着）｜亲[D]tɕʰiə̃：ə ˧˩˨（亲了）
uə̃：ə　　uən　　混[D]xuə̃：ə ˦（混着/混了）｜捆[D]kʰuə̃：ə ˨˩˦（捆着/捆了）
yə̃：ə　　yn　　训[D]ɕyə̃：ə ˦（训了）｜匀[D]yə̃：ə ˧˩˨（匀了）
ʌ̃：ə　　aŋ　　放[D]fʌ̃：ə ˦（放着）｜躺[D]tʰʌ̃：ə ˨˩˦（躺着）｜扛[D]kʰʌ̃：ə ˦（扛着）
iʌ̃：ə　　iaŋ　　抢[D]tɕʰiʌ̃：ə ˨˩˦（抢着/抢了）｜养[D] iʌ̃：ə ˨˩˦（养着/养了）
uʌ̃：ə　　uaŋ　　装[D]tsuʌ̃：ə ˧˩˨（装着）｜望[D]ʋʌ̃：ə ˧˩˨（望着）
ɤ̃：ə　　əŋ　　捧[D]pɤ̃：ə ˨˩˦（捧着）｜等[D]tɤ̃：ə ˨˩˦（等着）｜争[D]tsɤ̃：ə ˧˩˨（争着）
iɤ̃：ə　　iŋ　　顶[D]tiɤ̃：ə ˨˩˦（顶着）｜停[D]tʰiɤ̃：ə ˨˩˦（停了）｜擎[D]tɕʰiɤ̃：ə ˦（擎着）
ũ：ə　　uŋ　　供[D]kũ：ə ˦（供着）｜种[D]tsũ：ə ˦（种了）
yɤ̃：ə　　yŋ　　擤[D]ɕyɤ̃：ə ˨˩˦（擤了）

东港方言 36 个基本韵母，除了［ɚ］［uəŋ］两个韵母本身没有动词外，其他 34 个基本韵母都有动词变韵。

三　动词变韵的语法意义

贺巍（1989：55—74）将获嘉方言动词变韵概括为二十七种句式、五种功用。有三种是用动词变韵表示已然，一种是动词变韵相当于基本韵母加“了、得、着、到”等一些虚字，一种用动词变韵不表示已然或未然，也不相当于基本韵母加某虚字。辛永芬（2006：58—70）详细描写分析了浚县方言动词变韵，提出浚县方言的动词变韵可以概括为三大语法意义，即“完成体标记”“持续体标记”“终点格标记”。据陈宁（2006）描写，博山方言动词变韵大致有五种功用：相当于“了$_1$”；相当于“的”；相当于“得”和“着”；相当于“里”；相当于“到”。东港方言动词变韵功用跟上述地区相似，以下按“完成体标记”“持续体标记”

"终点格标记"分别描写。

1. 表示动作的完成或变化的实现，相当于普通话的动态助词"了$_1$"。如：

（1）我提前买[D]［mɛ：ə ˩˦］些菜回来。（我提前买了些菜回来。）

（2）赊[D]［ɕiɛ：ə ˨˩］条烟。（赊了一条烟。）

（3）将个媳妇收[D]［səu：ə ˨˩］好几万。（娶个媳妇收了好几万礼金。）

（4）种[D]［tsũ：ə ˦］三亩地。（种了三亩地。）

（5）牵[D]［tɕʰiã：ə ˨˩］头牛走了。（牵了头牛走了。）

东港方言中，表示动作的完成或变化的实现，除了用动词变韵，还可以用动词加"儿"的形式，二者可以自由转换。上述例句动词变韵可以转换为：买儿［mɛr ˩˦］、赊儿［ɕiɛr ˨˩］、收儿［səur ˨˩］、种儿［tsũr ˦］、牵儿［tɕʰiɛr ˨˩］。

2. 表示状态的持续或方式，相当于普通话的"-着"尾。东港方言中，动词变韵的这种意义最普遍。如：

（6）你老实坐[D]［tsuə：˦］拜动啊！（你老实坐着不要动啊！）

（7）懒个不像样儿，就知道躺[D]［tʰʌ̃：ə ˩˦］。（懒得不像样儿，就知道躺着。）

（8）这材料重要，你好好看[D]［kʰæ̃：ə ˨˩］啊。（这材料重要，你好好看着啊。）

（9）东西多，拿个包儿装[D]［tsuʌ̃：ə ˨˩］。（东西多，拿个包儿装着。）

（10）自行车坏了，只能推[D]［tʰe：ə ˨˩］走。（自行车坏了，只能推着走。）

东港方言有自成音节的动词后缀"着"，语音形式为［tə］，持续体标记的动词变韵可以跟动词加"着"的语音形式自由转换。如（6）至

（10）例句的动词变韵可以分别转换为：坐着［tsuə ˦］［tə］、躺着［tʰaŋ ˨˩˦］［tə］、看着［kʰan ˥˩］［tə］、装着［tsuaŋ ˥˩］［tə］、推着［tʰe ˥˩］［tə］。

（3）表示动作行为达到的终止点，相当于普通话动词后的“在”“到”，但与“在”“到”性质不同。变韵后，处所词语表示动作行为所达到的处所。如：

（11）风筝挂^{D}［kua：ə ˦］树上了。（风筝挂在树上了。）

（12）我把饭煺^{D}［tʰɤ：ə ˥˩］锅里就过来。（我把饭煺到锅里就过来。）

（13）饭粒儿粘^{D}［tsæ̃：ə ˥˩］裤^{Z}上了。（饭粒儿粘在裤子上了。）

（14）手机搁^{D}［kə：˨˩˦］桌^{Z}上了。（手机搁在桌子上了。）

（15）对联贴^{D}［tʰiɛ：ə ˨˩˦］门上了。（对联贴到门上了。）

东港方言中，表示终点格意义的动词变韵也可以跟动词加“儿”的形式自由转换。如（11）—（15）例句的动词变韵可以转换为：挂儿［kuar ˦］、煺儿［tʰə̃r ˥˩］、粘儿［tsɐr ˥˩］、搁儿［kər ˨˩˦］、贴儿［tʰiɛr ˨˩˦］。

东港方言中，有些动词的变韵形式可以表示不同的语法作用：当着眼于动作的持续时，作用是“着”，当着眼于动作的实现时，作用是“了”，当着眼于动作达到的终点时，作用是“到”。如：

（16）你不要拽^{D}［tsuɛ：ə ˦］我。（你不要拽着我。）

（17）他拽^{D}［tsuɛ：ə ˦］我一下。（他拽了我一下。）

（18）揣^{D}［tsʰuɛ：ə ˥˩］拜掉了。（揣着别掉了。）

（19）你快把钱揣^{D}［tsʰuɛ：ə ˥˩］兜儿里。（你快把钱揣到兜儿里。）

除了动词变韵，东港方言还有形容词变韵，如：凉^{D}［liʌ̃：ə ˥˩］（凉着）、光^{D}［kuʌ̃：ə ˥˩］（光着）、疼^{D}［tʰɤ：ə ˦］（疼了）、歪^{D}［ʋɛ：ə ˥˩］（歪着）等。此外，还有介词变韵如：跟^{D}［kə̃：ə ˥˩］（跟着）、挨^{D}

[ɛ: ə ˩˧]（挨着）等。

目前，D 变韵的研究已积累很多成果，但是对于 D 变韵后附成分的本字到底是什么，现在还不好下结论，还有待于进一步研究。东港方言 D 变韵的发现，进一步扩大了 D 变韵的分布范围，丰富了 D 变韵的材料。

参考文献

1. 陈宁：《山东博山方言的子变韵及相关问题》，《方言》2006 年第 4 期。

2. 陈卫恒：《音节与意义暨音系与词汇化、语法化、主观化的关联：豫北方言变音的理论研究》，北京语言大学出版社 2011 年版。

3. 宫钦第：《山东莱阳话的几种语音屈折形式》，《中国语文》2010 年第 2 期。

4. 贺巍：《获嘉方言韵母变化的功用举例》，《中国语文》1965 年第 4 期。

5. 贺巍：《获嘉方言韵母的分类》，《方言》1982 年第 1 期。

6. 贺巍：《获嘉方言研究》，商务印书馆 1989 年版。

7. 李学军：《豫北方言 D 变韵研究述评》，《殷都学刊》2017 年第 3 期。

8. 李学军、郭蒙蒙：《官话方言中的 D 变音类型》，《殷都学刊》2021 年第 1 期。

9. 辛永芬：《河南浚县方言的动词变韵》，《中国语文》2006 年第 1 期。

10. 辛永芬：《浚县方言语法研究》，中华书局 2006 年版。

11. 王福堂：《汉语方言语音的演变和层次》，语文出版社 1999 年版。

12. 王森：《郑州荥阳（广武）方言的变韵》，《中国语文》1998 年第 4 期。

13. 赵清治：《长葛方言的动词变韵》，《方言》1998 年第 1 期。

14. 张慧丽：《官话方言变韵研究》，北京师范大学出版社 2017 年版。

15. 张慧丽、潘海华：《动词变韵与事件结构的语法化》，《中国语文》2019 年第 1 期。

雷州方言“团”的功能及演变*

胡越余

（福建师范大学文学院）

摘　要：雷州方言的“团”处于语法化程度较高的阶段。在整理“团”的各项主要功能的基础上，从结构的角度出发，根据“团”依附的结构类型抽象语义域，从“量”的层面安排“团”的语义演变路径，重构语法演化的链条。重点阐发以下观点：其一，“团”的演化过程中，隐喻机制发挥了关键性的作用；其二，“X+团”结构的语义域推演遵循个体小量>数量、范围小量>性状小量>动作小量的序列，其中“表动作弱”是“团”的小称语义发展的最高阶段；其三，“团”的演化链条为：名词>小称后缀“$团_1$”>小称后缀“$团_3$”，而小称后缀“$团_1$”>小称后缀“$团_2$”>短时体貌助词“$团_4$”则是基于小称后缀“$团_1$”的语法化分支；其四，方言接触语境下，雷州方言“团”的功能分布，对于当地粤方言具有渗透性影响。

关键词：“团”；功能；演变；方言接触

“团”作为闽方言的特征词，历年来很受学界关注。当前成果可大致分为四类：一是“团”的语源追溯，如张惠英（2001）、郑张尚芳（2008）、庄初升（2020）等；二是“团”在闽语区的使用，包括语法功能与分布、音变的规律等，如黄丁华（1958）、温端政（1958）、梁玉璋（1989）、施其生（1997）、陈传佳（1997）、陈鸿迈（2002）、陈泽平

---

* 本研究得到《汉语史与汉藏语研究》匿名审稿人的诸多建设性修改建议，在此表达衷心感谢。本文语料采自雷州市记家镇宫长村，因雷州本土语法“同质性”很高，故径以“雷州方言”称呼。

（2011）、陈丽冰（2002、2012）等；三是“囝”语法化进程与机制的探讨，如徐瑞蓉（2000）、邵慧君、甘于恩（2002）、李如龙（2005）、曹逢甫（2006）、王媛媛（2006）、张静芬（2017）等；四是“囝”与其他小称后缀的比较，如陈忠敏（1999）、吴芳（2007）、张荣荣（2013）、崔山佳（2020）等。

闽方言“囝”的研究成果虽丰硕，但仍有未探及的地方。关于“囝”的语法化机制的讨论，徐瑞蓉（2000）用词义的引申与词义指称范围的扩大来概括“囝”的演变。李如龙（2005）认为“表小指爱”是语义演变的起点，持续推动语义的延伸。曹逢甫（2006）用“语法化轮回”理论来探讨“囝”的演化问题。张静芬（2017）认为“囝”的语义类别可分为四类：①表事物之小；②表特定的感情色彩；③表性状轻微；④表动作弱。严格来讲，这是“囝”的“小量”核心义素的语义域发生迁移的结果，而非“囝”本身的语义演变。目前的研究成果较少从“囝”后缀的构词域出发讨论其演变问题，故本文依据调查所得的方言语料，试图在描写、梳理雷州方言“囝”的各项主要功能的基础上，从结构的角度出发，根据“囝”依附的结构类型抽象语义域，从“量”的层面安排“囝”的语义演变路径，重构“囝”的语法演化链条，并分析方言接触语境下雷州方言“囝”的功能分布对于当地粤方言的渗透性影响。

闽南方言中，“囝”的语法化现象十分普遍，但各地的演化进程略有差异。李如龙（2005）曾就闽南方言各地“囝”的用法及语法化状况作了考察，认为以厦门方言为代表的闽南本土方言区的“囝”发展得最快，语法化更彻底。但鲜少有人关注到，雷州方言的“囝”也处于语法化程度较高的阶段。关于雷州方言“囝”的功能，周丽娜（2017）曾作了相关简介，但未对“囝”的语法化问题作深入探讨，这也是本文的考察重点。

根据语言的渐变原则，语法化的过程是一个演变连续统，在这一演化过程中，若不考虑受到其他因素影响而演化中断的情况，“持续性变化”应当贯穿始终。下文试图呈现的变化阶段只是其中的关键节点，各节点之间仍存在诸多细微的变化，不再一一说明。

一 “囝”的功能和分布

（一）“囝”的实义用法

“囝”，音［kia^{42}］，属雷州方言基本词汇，有很高的使用频率。从实义用法来看，“囝”早期的意义是“儿子”，后来发生了所指范围的泛化。下面结合方言语料进行说明。

1. 专指意义

“囝”专指“儿子”，只用于背称，例如：

（1）囝大爱讨婆囖儿子大了要娶媳妇了。

（2）都是囝博侬惜还是儿子讨人喜欢。

（3）我内啊囝上大学啦我儿子读大学了。

（4）饲囝饲女我总嗜生男生女我都喜欢。

2. 泛指意义

随着语义范围的扩大，“囝”或用于代指年龄小的孩子，或作为“儿女”的统称，后者所指对象不分男女、不论年龄，但同样都只用于背称。见例句：

（1）囝偌细早识帮尼母做工啦孩子这么小就会帮母亲做家务了。

（2）饲囝活儿无容易养孩子不容易。

（3）囝□［ja^{42}］细爱饲奶著孩子还小，要继续喂奶。

（4）啊囝大无讨母子女大了，就由不得母亲了。

（5）囝听话□［$naŋ^{42}$］啊心妃①松囖子女听话，咱们就轻松了。

（6）爱过几年，囝妃总出去啦再过几年，子女就都出去闯了。

从雷州方言“囝”的语法化历程来看，“孩子”义是后起的各项功能义的源头。

（二）“囝”的小称后缀用法

词汇高频使用的同时，往往带来实在意义的损耗。“囝”的高频使

---

① 关联副词，该句中表示顺承的语义关系，相当于普通话的关联副词“就”。音读［bi^{33}］，本字未明，依方言区书写习惯写作方言同音字“妃”。

用，使得“去语义化”自然地发生，在使用过程中逐渐损失了“孩子”这一实实在在的词汇意义。但要看到的是，“语法化”的同时，也是“语义获得”或“功能获得”的新开端：“囝”在失去“孩子”义的同时也获得了“小称”词义和黏附功能，并且，新的功能、意义的衍生并不影响旧义的使用。

雷州方言的“囝”在名词的基础上，发展出“小称词缀”和“小称语缀”的用法（下文或统一简称为小称后缀），语音形式同样是［kia^{42}］。作为词缀和语缀的“囝”不能单独使用，只能附着于实词或短语，扮演后缀的角色，构成“X+囝”的格式，表示“小称”的语义内涵。其中，“X”主要由单音节、多音节名词、数量词组、指示代词、形容词、“副+形”词组充当。但要注意的是，这些表达下的“囝”仍未完全失去词汇的表述义，还保留着“孩子”义本身所蕴含的“小”的核心义项。

按照“X+囝”格式下“囝”的语义成分的保留情况，小称后缀“囝”的语法化可以细分为下面几个阶段：

1. 第一阶段：“囝”参与构成名词或名词性词组，且保留小称词义。

在该阶段下，“囝”只能参与构成含有“小”的意味的名词或名词性词组，一般意指年龄、体积、容量小，其本身携带的词汇表述义是比较清晰的，为行文方便，记作“$囝_1$”。具体词例如下所示：

侬囝（小孩子）	姼婄囝（小女孩）	青年囝（小年轻）
狗囝（小狗崽）	鸡囝（小雏鸡）	虬囝（小树苗）
盅囝（小杯子）	碗囝（小碗）	鼎囝（小锅鼎）

2. 第二阶段：“囝”作为词缀或语缀，扩大附着范围，仍保留小称词义

到了第二阶段，“囝”不再限于充当名词的后缀，开始黏附于指示代词、数量词组、性质形容词重叠式和“副+形”词组，记作“$囝_2$”。

（1）“囝”作为词缀，附着于指示代词，表示时、空范围小。例如：

□［$jɛ^{42}$］囝（这块儿）	□［hu^{42}］囝（那块儿）
□［ja^{55}］迫囝（这会儿）	□［ha^{55}］迫囝（那会儿）

（2）“团”作为语缀，附着于数量词组、性质形容词重叠式和“副+形”词组，辅助表示所描述的人或物的数量少或某种特性的程度较低。例如：

一碗团（一小碗）	两盅团（两小杯）	两步团（两小步）
红红团（有点红）	妍妍团（有点好看）	雄雄团（有点猛）
悬悬团（有点高）	苗条苗条团（有点瘦）	听话听话团（有点听话）
好大团（有点大）	好远团（有点远）	好甜团（有点甜）

再比较下面两组例句：

盛啊碗糜乞我盛一碗白粥给我。	盛啊碗团糜乞我盛一小碗白粥给我。
汝来□［jɛ42］你来这。	汝来□［jɛ42］团你来这块儿。
啊侬生倒有悬悬人长得挺高的。	啊侬生倒有悬悬团人长得还算高。
结啊果有好大结的果子挺大的。	结啊果有好大团结的果子还算大。

两组例句的区别在于有无小称后缀的加持。可以明显看到，第二组例句由于小称后缀“团”的加缀，数量、范围、程度等内涵均发生了“小量”化，说明这一阶段的“团”仍保留小称词义，只不过与“$团_1$”相较附着的语词范围发生了扩大和转移，并且出现了小称“语缀”。

要注意的是，例子中的“好”在雷州方言里是表程度高的副词，但在“好大团”“好远团”“好甜团”这类表达中，“好”的语义内涵却没有发挥实质性的作用，仅仅因为“团”不常附着于单音节形容词，而用以补充音节的。在雷州方言里，“好大团”和“大大团”在表达效果上是基本相当的，这其中的关键即在于“团”的小称词义的加持。另外，“团”也有附着于单音节形容词的情况，但必须构成ABAB的重叠式，如“甜团甜团（有点甜）”“红团红团（有点红）”，而没有“甜团”“红团”之类的说法。

“$团_2$”作为语缀，还可以附着于状态形容词，修饰动作行为的状态，含有“轻微”的语义内涵，且语缀后一般要接谓语动词。要说明的一点是，只有“轻轻”“定定（缓缓）”“宁宁（一点点）”等含有“小量”概念的状态形容词，才能够后附语缀“团”，暂称为“小量”形容词。而

“猛猛（快快）”“烧烧（热热）”之类的含有“非小量”概念的形容词，其后不能附上“团”。试比较下面两组语料，左侧是“团”充当“小量”形容词后缀的例子，右侧是非“小量”形容词的用例。

“小量”形容词	**非“小量”形容词**
轻轻团放（轻轻地放）	出力放（用力地放）
定定团行（慢慢地走）	猛猛行（快快地走）
宁宁团啜（一点一点地喝）	大喙啜（大口地喝）
□□［luŋ^{11}luŋ^{11}］团食（凉了再吃）	烧烧食（趁热吃）

可以看到，“X+团”结构下，“团”的“小量”核心义素的语义域在持续转移中：相比“数量少”“范围小”和“程度低”，依附于“小量”形容词的“团”意在辅助表示速度、动量等动作、行为状态的“小量”。总之，附着的对象扩大化了，同时也更加抽象了。

3. 第三阶段：“团”失去小称词义，仅作为惯用的语符。

随着“团”表示“小称”词义的使用频率的攀升，词义再度发生了损耗，损耗的结果是小称词义的丢失。到了第三阶段，“团”的附着范围进一步扩大，开始黏附于不含有“小”的概念的一般性名词，记作“团$_3$”。例如：

尼官团（女婿）	尼婆团（老婆婆）	尼公团（老公公）
疯团（疯子）	兵团（当兵的）	鬼团（调皮鬼）
［aŋ^{42}］团（米汤）	楼团（楼房）	簸箕团（簸箕）

第三阶段的“团”主要发挥构形的功用，是完全附缀化的结果。失去小称词义的“团”作为惯用性符号出现，没有实际的词汇意义，起到补足音节的作用。但在感情色彩上，又多了几分或“亲昵”、或“调侃”的意味，甚至个别词含有“轻视、贬低”的话语内涵。比如，“尼官团”比“尼官（女婿）”在感情色彩上更加亲昵，“尼婆团”“尼公团”比“尼婆”“尼公”多了些许调侃的意味，而“兵团”比“兵”则是多了“轻视”的话语色彩。可以说，这些词均带有“主观化”的话语倾向，语法意义上趋向于较少描述客观的情境，而更多地表达主观的感受，属于语

法化程度较高的阶段。

由于主观的感受性较强，失去小称词义的“囝”一般不容易辨别，那么，如何判定“$囝_3$”，区别于“$囝_1$”“$囝_2$”？在此给出三条实操的标准：

a.“$囝_3$”只作为名词或名词性词组的后缀，区别于“$囝_2$”；

b.“$囝_3$”构成的名词或名词性词组不含有“小”的概念，指称的人或物不具备年龄、体积、容量等语义域上可见、可感的“小”貌，区别于“$囝_1$”；

c.“$囝_3$”构成的名词或名词性词组部分含有“亲昵、调侃、轻视、贬低”等主观感情色彩，区别于“$囝_1$”和“$囝_2$”。

（三）“囝”的助词用法

“囝”发展到小称后缀的第一、第二阶段时，仍未完全失去词汇的表述义，保留着“孩子”义本身所蕴含的“小”的核心义项。伴随着语法化的持续进行，“囝”的词汇意义进一步稀释，功能性加强，进而衍生出助词的用法：短时体貌助词，记作“$囝_4$”。助词功能下的“囝”，语音形式发生了弱化，音高、音长均有明显的磨蚀。

雷州方言表示短时体貌的常用手段是动词重叠，且一般是两叠。重叠后加上助词“囝”，则是进一步加强了动作的短时意味。例如：

（1）伊想想囝妃识啦他稍微想想就明白了。

（2）伊但是笑笑囝他只是笑了笑。

（3）行行囝妃遘啦走一走就到了。

（4）弄弄囝妃厌啦玩一玩就腻了。

助词“囝”黏附于动词重叠式，构成“VV+囝”的格式，表示动作或行为的短暂持续。可以看到，该结构下“囝”的语义内涵更虚了：不仅发生了语义成分的骤减，“小量”核心义素的语义域更是由体积、容量、年龄的“小”、数量的“少”、范围的“小”、程度的“低”、状态的“轻微”延伸为动作上的“弱”（隐含时间的“短”），由肉眼可见、可感的实物抽象化为线性的动作时间义。

另外要说明的是，助词“囝”并非短时体貌表达式下的必要条件，换言之，“囝”作为短时体貌助词乃可无成分。上例即便去掉“囝”，也不影响句子的完整性。这一点十分关键，说明“囝”的加缀更多的是起语义强调的作用，也从侧面反映了短时体貌助词“团”仍未完全失去词汇义，距离虚化成为一个完全黏附的、仅发挥功能性作用的语符，还有一段距离。

综上，“团”的所有常见用法中，小称后缀“$团_3$”的语法化程度最高，该阶段下小称语义已消失，揭示着演化历程基本结束。但助词用法下，根据“小”的义项的残留、黏附状态的两可性，基本可以判定语法化仍未完成。按照语法化的“单向性”原则，“X+团”结构的演化过程可概括为图1。图1从结构的角度出发，结合“X+团”格式下的语义域分布情况和“团”的语义层级分析来说明“团”的演化。

名词“团”

↓

语素/词+$团_1$ → 词/短语+$团_2$ → 短语+$团_4$

↓

语素/词+$团_3$

图1 “X+团”结构的演化过程

二 “X+团”结构下的语义域分布和“团”的语义层级分析

下面探讨“X+团”结构的语义域分布，并结合“团”的语义层级情况，概括出“团”的语法化链条，大致构拟出“团”的整个演化流程。

（一）“X+团”结构的语义域

“团”作为词缀或语缀成分，最大的特点就是不能单独使用，因此，对于“团”的语法化的讨论必然脱离不了“团”与实词或短语的配合关系，也就是上述的“X+团”结构。下面尝试从结构的角度抽象出具体的语义域，结合语义域的分布和虚化情况来探讨“团”的演化问题。

“X+团”格式下，“X”主要由名词或名词性短语、数量词组、指示代词、形容词、“副+形”词组、动词重叠式充当，下面根据“团”依附的结构类型，将“X+团”格式下的语义域提炼见表1：

表 1　“X+团”格式下的语义域

语法结构	语义域
名词、名词性词组+$团_1$	个体小量
数量词组、指示代词、形容词、“副+形”词组+$团_2$	数量、范围、程度、状态小量
动词重叠式+$团_4$	动作小量（隐含时间小量）

除了语法化程度最高的“$团_3$”以外，“$团_1$”“$团_2$”“$团_4$”均可与“X”构成“X+团”结构，分别表示个体小量，数量、范围、程度、状态小量和动作小量。其中程度、状态小量下的“X”分别由性质形容词重叠式或“副+形”词组、状态形容词充当，用于指称人、物的某种特性或动作的状态，拟合称为性状小量，表示“性状微弱”。下面就各个语义域作更细致的语义范畴的切分，力图从中总结出部分规律性内容：

1. 个体小量

“$团_1$”附着于名词或名词性短语表达“个体小量”。其中“个体”涵盖了人、动物、植株、自然物（风、雨、沙、石类）、物品（人造、无生命类）等下位语义范畴。“团”的“小量”核心义素指称上述“个体”的年龄、体积、容量等。

2. 数量、范围小量

“$团_2$”依附于数量词组、指示代词表达“数量、范围小量”。这两个语义域共有的特点是“有界性”，即数量、范围可穷尽。“范围”包括时、空范围，“团”的“小量”核心义素指称数量、时间范围、空间范围等。

3. 性状小量

“$团_2$”依附于形容词、“副+形”词组表达“性状小量”，即程度、状态小量。前者指称人或物的某种特性，后者指称具体的动作、行为的状态。“团”的“小量”核心义素指称程度、状态，含有“轻微”的语义内涵。

4. 动作小量

“动词重叠式+$团_4$”结构意在表达“动作小量（隐含时间小量）”，“团”辅助表达“动作弱”。张静芬（2017）指出，在“团”小称语义发展链条上，“团”表动作弱是最高的发展阶段，在此对该观点表示认同。

语法化可以看作一个词的意义由具体到抽象的过程，在这一过程中，隐喻机制起到关键的作用。Bernd、Ulrike 和 Friederike（2018）总结了语法化过程中的三种“抽象化”类型，其中一种被称为“隐喻抽象化”，即通过隐喻的机制在“更抽象”内容和“更具体”内容之间建立跨概念域联系。Bybee 和 Pagliuca 发现通过“语义内容的泛化或弱化”过程，词汇意义发展出语法意义，这一过程中隐喻扩展机制起重要作用。Matisoff 更是将语法化视为隐喻的子类，并将其定义为“趋向抽象的隐喻转移”①。“团”的语法化过程正是一种“隐喻抽象化”，在隐喻机制的积极作用下，“团”的意义围绕核心义素发生了“具体—抽象”的变化，且“团”的词义虚化是围绕词早期的核心意义单线进行的，而非漫无目的的多线式演化。上文直至助词“团$_4$”的出现，“团”的词义延展仍然围绕着核心义素“小”，只不过后期的演化过程中，在该核心内涵的基础上还增加了些外延意义和功能。综上，“X+团”结构的语义域推演，大致如下序列所示（省略号表示未穷尽）：

个体小量>数量、范围小量>性状小量>动作小量……

“X+团”结构的语义域推演序列暗示着团$_1$>团$_2$>团$_4$ 的语法化链条。一直到小称后缀“团$_3$”的出现，“小”的义项才完全磨损，出现了主观化的话语色彩，才可以说语法化的历程接近终点了。经历一系列变化，“团”的词汇、功能意义主要朝两个方向发展：弱化和泛化。

a. 词汇意义的弱化

这里的弱化可以理解为词汇意义内容的磨损和消耗，而且损耗的一般是词的附加内涵。也就是说，伴随着语法化进程的推进，“团”的核心义素指称的对象趋于抽象的同时，也省去了核心意义以外的成分。这个阶段下的词义与早期相较，还存在着隐喻机制下的“类比”关系，但在概念域上已趋于模糊、散漫。

b. 功能意义的泛化

如前所述，语法化在去语义化进行的同时，也产生了新的语法功能。“团”的小称后缀、助词的功能用法就是语法化持续、深入进行的结果。

① Bybee、Pagliuca，Matisoff 的成果转引自《语法化：概念框架》（Bernd Heine、Ulrike Claudi、Friederike Hünnemeyer 著、龙海平等译，2018），详见参考文献。

从中可以观察到，“团”的功能发生了由一到多的泛化，而且，只要语法化还未完全结束，就还有可能诞生新的功能性用法。

（二）“X+团”结构下“团”的语义层级分析

上文团$_1$>团$_2$>团$_4$ 的语法化链条，揭示出小称后缀>短时体貌助词的演化历程。伴随着语法化进程的持续，“团”的意义愈趋抽象。以抽象度作为语义层级分析的唯一变量，现对“X+团”结构下“团”的语义层级作细致分析，其中的“范畴类型”乃“团”的演化过程中辅助指称的对象范围所涉及的上位语义范畴，主要有“人>物>活动”几大范畴（见表2）。

表2　“团”的语义层级分析

层级	功能用法	范畴类型	抽象度
Ⅰ	名词	人	低 ↓ 高
Ⅱ	后缀“团$_1$”	人、物（年龄、体积、容量）	
Ⅲ	后缀“团$_2$”	人、物、活动（数量、范围、程度、状态）	
Ⅳ	助词“团$_4$”	活动（动作时间）	
Ⅴ	后缀“团$_3$”	人、物（主观投射）	

从Ⅰ-Ⅴ，每一层级之下“团”的语法化程度呈递升趋势，意义的抽象度也逐层递增。如第一部分所述，小称后缀“团$_3$”已完全失去原本的词汇义，还附带上主观化的感情色彩，表达客体对某人或物的主观印象投射。因此，“团$_3$”置于第五阶段，也就是抽象度最高的阶段。其余层级中，层级Ⅰ指称具体的人，层级Ⅱ开始有抽象化的趋势，但仍未脱离实体，且很好地保留了Ⅰ的核心内涵。层级Ⅲ的对象是人或物的数量、范围、程度或活动的状态，可以说，层级Ⅲ是一个十分关键的语义分割点，因为Ⅲ以后的范畴类型开始脱离实体，走向完全抽象的活动范畴。层级Ⅳ的对象是纯粹的动作时间，具有线性、概念的范畴特征，比Ⅲ更加抽象的同时，还增加了辅助表达短时意味的功能，黏附性得到强化。

综合以上分析，可以得到“团”语法化的整个流程图，见图2：

图2，“团”—“团$_3$”的语法化沿纵轴方向进行（图中以实线标注），小称后缀“团$_3$”处于语法化链条的末端，该链条下的语法化历程已迫近终点。但中途发展到小称后缀“团$_1$”时，还衍生了横轴的演化分

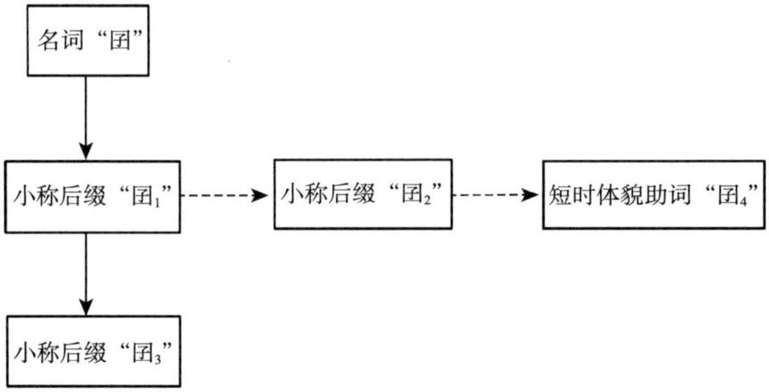

图 2 “团”的语法化流程图

支（如图中以虚线标注），即小称后缀“团$_1$”>小称后缀“团$_2$”>短时体貌助词“团$_4$”的语法化分支，且横轴的演化仍未完成。那么，小称后缀“团$_3$”与小称后缀“团$_2$”的语法化是同时进行、阶段性进行，抑或是间断性进行。该问题涉及语法化过程的具体细节，根据现有的材料仍难以做到充分还原，暂且存疑。再者，根据语法化链条的大致走向，可以预判“团”的助词用法仍有持续演化的趋向，直至语义成分全部损耗，成为一个完全黏附的、仅发挥功能性作用的语符。

最后还需要说明两个问题：一是如何判定小称后缀“团$_3$”是在小称后缀“团$_1$”的基础上演化而来的？二是如何判定短时体貌助词“团$_4$”是在小称后缀“团$_2$”的基础上演化而来的？下面分别阐述理由。

认定小称后缀“团$_3$”是在小称后缀“团$_1$”的基础上演化，理由有二：

1. “团$_3$”直接从“团$_1$”演变而来，从“词缀”到“词缀”的演化符合语法化的规律。

否则，若“团$_3$”从“团$_2$”的基础上演化而来的，“团$_2$”作为一个语缀性质的成分，降级到词缀性质的成分，中间缺乏某些能够重新分析的环节。

2. 以语言色彩的角度观察，从中性的“小称”到含有或褒或贬的“亲昵、调侃、轻视、贬低”等意味的后缀，也是很自然而然的演进过程。

认定短时体貌助词“团$_4$”是在小称后缀“团$_2$”的基础上演化，理由有三：

1. 小称后缀“团$_2$”可附着于表时间、地点范围的指示代词，与短时体貌助词“团”的动作时间义恰好吻合，且二者辅助指称的对象均涉及活动范畴（“团$_2$”指称动作状态、“团$_4$”指称动作时间），说明“团$_2$”和“团$_4$”有过渡性的语义衔接。这从词义延展的视角看，演化过程是十分自然的。

2. “团$_2$”是小称后缀中唯一一个可附着于短语的语缀性成分，短时体貌助词“团$_4$”同样可以看作语缀成分，从“词/短语+团$_2$”到“短语+团$_4$”，句法结构上的演化是自然而然的。

3. 依据语法化的单向性原则，再结合“去语义化”和功能虚化的程度来考察，小称后缀“团$_2$”>短时体貌助词“团$_4$”的演变序列是最为合理的，二者顺序不可倒置。

三　余论

综上，雷州方言的名词“团”在语法化的过程中，产生了小称后缀、短时体貌助词的一系列用法，且作为小称后缀，可依附于名词、数量词组、指示代词、形容词、“副+形”词组等，附着对象十分广泛。李如龙（2005）的研究成果显示，闽南本土的代表方言厦门方言的“团”有四读：[kiã^3][kan^3][a^3][kin^3]（或[gan^3]），在具体用法上，可以充当名词、小称后缀、短时体貌助词。厦门方言的“团”还可以重叠作“团团”，表示“儿子、小孩”，雷州方言没有这样的用法。李如龙将雷州与潮州、海南闽语在“团”尾上的表现归作一类。经仔细考察发现，雷州方言的“团”在语音形式上趋于稳定，确与潮州、海南闽语同型（潮州音[kiã^3]，海口音[kia^3]），但在功能用法上，与闽南本土“团”的语法化程度是基本相当的，也处于语法化比较彻底的阶段。

围绕雷州方言多功能词“团”的语法化，在此还要讨论一个问题：方言接触语境下雷州方言“团”的功能分布，对于当地粤方言的渗透性影响。拟以此为切入点，管窥闽南本土以外的次方言雷州方言与当地粤方言的接触情况。

粤西地区闽、粤、客多方言交杂，方言接触密切，特别是闽、粤方言作为粤西地区的两大主要方言，方言成分之间的借用十分频繁。林华勇、郭必之（2010）指出粤西地区的廉江粤语存在语法变异现象，经研究可认定这些变异的成分应源自同一地区的闽、客语，是当地粤、闽、客方言密切接触而产生的语法变异现象。基于林华勇的研究成果，现将雷州方言“囝”与廉江粤语“仔”的功能分布进行比照（见表3）：

表3　雷州闽语“囝”和廉江粤语“仔”的分布①

方言点分布	名+~	数量词组+~	AA（性质）+~	AA（状态）+~+V	副·形+~	指示代词+~	VV+~
雷州闽语	狗囝、猫囝	两条囝、一杯囝	红红囝、悬悬囝	轻轻囝放、定定囝行	好妍囝、好称囝	□［jɛ^{42}］囝、□［ja^{55}］迫囝	行行囝、望望囝
廉江粤语	狗仔、猫仔	两条仔、一杯仔	红红仔、高高仔	—	好靓仔、好多仔	—	行行仔、望望仔

廉江粤语的“仔”可以充当名词、小称后缀、短时体貌助词。名词“仔”是“儿子”的意思。与雷州方言的“囝”相较，两者名词、小称后缀、短时体貌助词的用法基本一致，作为小称后缀均可附着在名词、数量词组、性质形容词重叠式、“副+形”词组之后。而雷州方言小称后缀“囝”还可以依附于指示代词、状态形容词，用于指称地点、时间范围和动作的状态，这类用法暂未见于廉江粤语。

可以看到，粤西地区闽、粤方言的小称后缀及相关用法具有极大的相似性，反映出粤西地区各方言之间相互影响、彼此渗透的语言事实。这一发现还得到了其他语料的支撑，如当地闽、粤、客方言共有的多功能词“倒”，郭必之、林华勇（2012）认为是复制语法化作用下的结果。综观粤西地区闽、粤方言“囝”“仔”的功能分布，可以看到雷州方言的“囝”的语法化程度仍然是最高的，小称后缀的功能也相对更加丰富。在一定程度上，我们可以判定当地粤语“仔”的功能分布确是受到了周边闽语“囝”的影响，进而产生了早期粤语“仔”本身不具备的功能和用法②。这种具备高度一致性的方言语法趋同现象，与粤西地区的方言地域

① 表3中廉江粤语的语料来自《广东廉江方言的“子”义语素与小称问题》（林华勇、马喆 2008）、《廉江粤语中因方言接触产生的语法变异现象》（林华勇、郭必之 2010），若有引用不当之处，请各家指明。

② 《廉江粤语中因方言接触产生的语法变异现象》（林华勇、郭必之 2010）已针对此现象作了相关考证，此处不作赘论。

分布有直接的联系。而即便是方言接触产生的语法趋同性，也只是相对的一致，非绝对的同一。

参考文献

1. 曹逢甫：《 语法化轮回的研究——以汉语鼻音尾/鼻化小称词为例》，《汉语学报》2006 年第 2 期。

2. 陈传佳：《潮汕方言的“囝”》，《韩山师范学院学报》1997 年第 3 期。

3. 陈鸿迈：《 海南闽语的“囝”》，载丁邦新、张双庆编《闽语研究及其与周边方言的关系》，香港中文大学出版社 2002 年版。

4. 陈丽冰：《宁德市蕉城区方言名词后缀“囝”》，《宁德师专学报》2002 年第 3 期。

5. 陈丽冰：《福建宁德方言小称后缀和小称变调》，《方言》2012 年第 4 期。

6. 陈泽平：《福州话的小称后缀》，《福建师范大学学报》2011 年第 1 期。

7. 陈忠敏：《论闽语的小称》，Contemporary Studies on the Min Dialects（*Journal of Chinese Linguistics*，v，1999，14）。

8. 崔山佳：《奉化方言的名词小称后缀“细”——兼及其他方言的“崽”“仔”“囝”等》，《中国方言学报》2020 年第 1 期。

9. 黄丁华：《闽南方言的虚字眼“阿”和“仔”》，《中国语文》1958 年第 1 期。

10. 郭必之、林华勇：《廉江粤语动词后置成分“倒”的来源和发展：从语言接触的角度为切入点》，《语言暨语言学》2012 年第 2 期。

11. 邵慧君、甘于恩：《闽语小称类型比较》，载丁邦新、张双庆编《闽语研究及其与周边方言的关系》，香港中文大学出版社 2002 年版。

12. 施其生：《汕头方言量词和数量词的小称》，《方言》1997 年第 3 期。

13. 李如龙：《闽语的“囝”及其语法化》，《南开语言学刊》2005 年第 1 期。

14. 梁玉璋：《福州方言的“囝”字》，《方言》1989 年第 3 期。

15. 林华勇、郭必之：《廉江粤语中因方言接触产生的语法变异现象》，载《南方语言学》，暨南大学出版社 2010 年版。

16. 王媛媛：《南方方言“儿”类标记词虚化现象研究》，载《第三届汉语方言语法国际研讨会论文集》，2006 年。

17. 温端政：《浙南闽语里的“仔”“子”和“挚”》，《中国语文》1958 年第 5 期。

18. 吴芳：《揭阳闽语小称后缀研究》，载《2007 年全国博士生学术论坛——中国语言文学论文集》，2007 年。

19. 徐瑞蓉：《闽方言“囝”的词义演变》，《语文研究》2000 年第 2 期。

20. 张惠英：《从吴语“官”表示孩子说起》，载《第二届国际吴方言学术研讨会论文集》，2001 年。

21. 张静芬：《云澳闽南方言“囝”的功能及演变》，《语言学论丛》2017 年第 1 期。

22. 张荣荣：《汉语方言词“娃”“囝”语义对比》，《齐齐哈尔大学学报》2013 年第 1 期。

23. 郑张尚芳：《汉语方言表“孩子”义的七个词根的语源》，《语文研究》2008 年第 1 期。

24. 周丽娜：《雷州方言中的“囝”和“母”》，《现代语文》2017 年第 12 期。

25. 庄初升：《一些边界方言名词后缀“子”“崽”“儿”的来源》，《汉语史学报》2020 年第 2 期。

26. Bernd Heine、Ulrike Claudi、Friederike Hünnemeyer：《语法化：概念框架》，龙海平等译，世界图书出版有限公司北京分公司 2018 年版。

城市蒙古族家庭三代人语言能力分析

王　玲　梁泽宇

（南京大学文学院）

摘　要：家庭视角讨论少数民族语言使用与传承的相关问题，可以从微观层面寻找影响语言传承的因素。以内蒙古呼和浩特城区两类蒙古族家庭为单位，研究着重讨论了蒙古族三代人语言能力以及语言使用状况。结果显示，城区两类蒙古族家庭语言传承状况形势严峻，家庭语言环境、家庭长辈的语言传承态度以及第三代个体的成长环境等因素均会影响少数民族语言的传承。

关键词：蒙古族家庭；语言能力；语言传承

少数民族语言传承研究一直是语言学界关注的热点之一。城市化进程中，大量少数民族人口从农村、牧区来到大中城市，从民族聚居地区来到民族杂居地区。在这种背景下，个人或社会的多言多语模式逐渐成为语言生活的一种常态①。随着普通话的推广与普及，普通话使用空间逐渐扩大，少数民族语言或方言的功能与使用空间越来越小，少数民族语言或方言的传承面临挑战。

关于少数民族语言使用和传承的研究，学界成果丰富。早期研究偏重于对少数民族聚居村落、乡镇、城市社区语言使用状况的调查②；此后，学者们开始聚焦少数民族语言使用与传承中的相关影响因素的讨论③。近

---

① 参见覃业位、徐杰《澳门的语言运用与澳门青年对不同语言的认同差异》，《语言战略研究》2016 年第 1 期。

② 参见宝玉柱《喀喇沁左翼蒙古族自治县蒙古族语言使用情况》，《中央民族大学学报》（哲学社会科学版）2009 年第 6 期。

③ 参见安成山《新疆锡伯族语言态度探析——城市锡伯族语言使用状况》，《满语研究》2009 年第 1 期。

年来，学者们开始从家庭视角入手思考语言传承的相关问题。Tannenbaum 等（2007：103—107）的研究显示，家庭中青少年与家长之间的关系会对青少年语言习得状况产生影响；Leung（2012：133—148）指出，家庭语言环境的差异影响下一代语言能力的发展；后来，King（2016：726—733）探讨了移民家庭、跨国家庭和普通原住民家庭等家庭背景差异对家庭内部语言使用的影响。学者们的这类研究表明，家庭仍是语言传承的重要阵地。从家庭入手来考虑语言传承问题，可以从微观层面发现影响语言传承的因素，而且家庭语言实践也是语言传承状况的重要体现。基于此，本研究以城市社区中的蒙古族家庭为研究对象，分析他们语言使用状况以及相关影响因素。

一 社区状况、研究问题和研究对象

调查在内蒙古呼和浩特市城区开展。选择呼和浩特市城区作为调查地点，原因在于，作为内蒙古自治区的首府，呼和浩特是个典型的多民族杂居地区，语言环境目前主要是“两文三语”，即使用汉字和蒙文两种文字，交流使用汉语普通话、当地汉语方言（一般俗称为“此地话”）和蒙古语三种语言。从民族构成上来看，汉族 249. 86 万人，占总人口的 87. 16%，蒙古族 28. 6 万人，占总人口的 9. 98%，其他民族 8. 2 万人，占总人口的 2. 86%①。截至 2018 年，呼和浩特市常住人口城镇化率已达到 69. 83%②，在全国少数民族区域中也有着比较显著的典型性。因此，以呼和浩特市城区蒙古族家庭为例，可以大致了解城市化进程中少数民族语言使用与传承的整体概况。此次调查以家庭为单位。首先根据夫妻民族身份，将蒙古族家庭分为“蒙古族与蒙古族通婚”和“蒙古族与其他少数民族通婚”两类；其次，家庭成员分为三代，第一代祖父母辈，第二代父母辈，第三代为子孙辈。最终调查 60 个家庭，其中蒙古族+蒙古族通婚的家庭有 20 个。主要通过访谈和问卷相结合的方式完成调查。问卷的

---

① 参见呼和浩特市地方志编修办公室《呼和浩特市志》（上），内蒙古人民出版社 1999 年版。

② 呼和浩特市政府信息公开发布平台网站：http：//www. huhhot. gov. cn/zwgk/zfxxgkzl/zfxxgkmlx/201903/t20190306_419725. html。

内容主要包括三代人背景信息、语言能力、语言习得状况、主要使用场合等；访谈主要询问语言使用习惯、语言能力发展过程中的影响因素、自己语言态度等方面的内容信息见表1。

表1　　蒙古族第一代和第二代基本情况

<table>
<tr><td rowspan="3">民族</td><td>蒙古族127人</td><td rowspan="4">年龄</td><td>35—45岁46人</td></tr>
<tr><td>汉族49人</td><td>46—55岁43人</td></tr>
<tr><td>其他少数民族5人</td><td>56—65岁41人</td></tr>
<tr><td rowspan="2">性别</td><td>男93人</td><td>65岁以上51人</td></tr>
<tr><td>女88人</td><td rowspan="4">18岁前居住地</td><td>农村42人</td></tr>
<tr><td rowspan="5">在呼居住区</td><td>新城区48人</td><td>城镇48人</td></tr>
<tr><td>赛罕区45人</td><td>中小城市47人</td></tr>
<tr><td>玉泉区40人</td><td>大城市44人</td></tr>
<tr><td>回民区35人</td><td rowspan="2">社区环境</td><td>本地人为主97人</td></tr>
<tr><td>其他13人</td><td>外地人为主84人</td></tr>
<tr><td rowspan="4">学历</td><td>初中及以下42人</td><td rowspan="4">在呼居住时间</td><td>10年及以下41人</td></tr>
<tr><td>高中、中专54人</td><td>11—20年47人</td></tr>
<tr><td>大专、本科58人</td><td>21—35年45人</td></tr>
<tr><td>硕士及以上27人</td><td>35年以上48人</td></tr>
</table>

调查的家庭，主要居住在城区四区（新城区、赛罕区、玉泉区、回民区），第一代和第二代在呼和浩特居住时间分为10年以下、11—20年、21—35年、35年以上等四组。第一代和第二代职业多样复杂，包括公务员、企业职员、工人、教师、自由职业者等。

第三代整体的受教育程度高于第一代和第二代，第三代的年龄分为三组：18岁以下、18—25岁、25岁以上；第三代以学生为主，也有少部分人工作，有公务员、教师、企业职员等（见表2）。结合调查数据，本文主要讨论的问题：①不同通婚模式下蒙古族家庭三代人的语言能力状况；②蒙古族第三代语言能力状况；③影响第三代语言能力发展的因素。

表 2　　　　第三代基本情况

民族	蒙古族 80 人	来呼前居住最久地	农村城镇 23 人
	汉族及其他少数民族 0 人		中小城市 26 人
性别	男 44 人		大城市、一直住呼市 31 人
	女 36 人	年龄	18 岁以下 29 人
在呼居住时间	10 年及以下 22 人		18—25 岁 27 人
	11—20 年 27 人		25 岁以上 24 人
	20 年以上 31 人	学历	初中及以下 18 人
在呼居住区	新城区 21 人		高中中专 21 人
	赛罕区 20 人		大专本科 25 人
	玉泉区 18 人		硕士及以上 16 人
	回民区 16 人	社区环境	本地人为主 44 人
	其他 5 人		外地人为主 36 人

二“蒙古族+蒙古族”家庭三代人语言能力

（一）三代人语言能力和语言使用

“蒙古族+蒙古族”家庭指的是第一代祖父母辈至少有一方是蒙古族，第二代父母辈全部是蒙古族的家庭。此次调查的“蒙古族+蒙古族”家庭有 20 个。具体来看，第一代蒙古族 18 人，汉族或者其他少数民族 3 人；第二代总 40 人，第三代 27 人。

如前述，在呼和浩特市城区主要交际语言有蒙古语、汉语普通话、当地汉语方言三种，在此只考察三代人这三种语言能力状况。根据学者的研究，语言能力可以分为基本人际交际能力和学习认知能力。其中基本人际交际能力主要指在社会交际环境中能够使用某种语言进行交际的能力①。我们主要考察受访者是否具备基本人际交际能力，不考察学习认知能力。

结果显示，蒙古族+蒙古族通婚的家庭，三代人蒙古语能力呈急速下

① Cummins, J. Linguistic interdependence and the development of bilingual children. Linguistics. 1979（2）：51－62.

降趋势。第一代蒙古族均会讲蒙古语，到第二代下降为45.0%，到第三代仅11.1%。呼和浩特当地汉语方言和其他语言的能力与蒙古语能力相反，第三代、第二代的当地话明显高于第一代（见表3）。

表3　　蒙古族+蒙古族家庭三代人语言能力

代际及民族		蒙古语	普通话	呼市方言	其他语言
第一代21人	蒙古族18人	18/100%	17/94.4%	6/28.6%	3/16.7%
	汉族及其他民族3人	2/66.7%	2/66.7%	2/66.7%	2/66.7%
第二代40人	蒙古族40人	18/45.0%	31/77.5%	16/40.0%	22/55.0%
第三代27人	蒙古族27人	3/11.1%	27/100%	11/40.7%	21/77.8%

注：其他语言指除蒙古语、汉语普通话、呼市方言外其他汉语方言、外国及少数民族语言，下同。

家庭内部语言使用状况，按照交际对象的差异，具体考察不同代际与配偶、与自己子女（或孙辈）、与自己的父母等之间交流时，语言使用状况（见表4）。

表4　　三代人家庭内部语言使用状况

	交谈对象	蒙古语	普通话	呼市方言	蒙+普	蒙+呼	普+呼	蒙+普+其
第一代蒙古族18人	配偶	15/83.3%	0/0	0/0	3/16.7%	0/0	0/0	0/0
	子女	2/11.1%	7/38.9%	0/0	8/44.4%	0/0	0/0	0/0
	孙辈	0/0	15/83.3%	0/0	3/16.7%	0/0	0/0	0/0
第一代汉、其他族3人	配偶	1/33.3%	0/0	0/0	1/33.3%	1/33.3%	0/0	0/0
	子女	0/0	1/33.3%	0/0	1/33.3%	0/0	1/33.3%	0/0
	孙辈	0/0	2/66.7%	0/0	0/0	0/0	1/33.3%	0/0
第二代40人	父母	2/5.0%	18/45.0%	0/0	15/37.5%	1/2.5%	0/0	0/0
	配偶	2/5.0%	22/55.0%	0/0	10/25.0%	0/0	6/15.0%	0/0
	子女	0/0	35/87.5%	0/0	2/5.0%	0/0	2/5.0%	1/2.5%
第三代27人	祖辈	0/0	22/81.5%	0/0	1/3.7%	0/0	4/14.8%	0/0
	父母	0/0	19/70.3%	0/0	1/3.7%	0/0	6/22.2%	1/3.7%
	同辈	0/0	19/70.3%	0/0	0/0	0/0	8/29.6%	0/0

在蒙古族+蒙古族家庭内部，第一代祖父母辈彼此交流主要说蒙古语，与第二代交流时，45%的人使用蒙古语，还有采用蒙古语+汉语普通话或者

只使用普通话交流。当第一代与第三代孙辈交谈时，说蒙古语的比率为16.7%。第二代与第一代交谈时，会交替使用蒙古语和呼和浩特当地方言；第二代夫妻之间说蒙古语的比率大幅度减少（只有30%），15.0%的人使用普通话和呼和浩特当地汉语方言交流；当第二代与第三代交流，使用蒙古语的仅7.5%。第三代无论与第一代还是与第二代交谈，均主要使用普通话；第三代彼此之间交谈时，没有一人使用蒙古语（见表5）。

表5 三代人外部环境语言使用

	使用情境	蒙古语	普通话	呼市方言	蒙+普	蒙+呼	普+呼	普+其
蒙古族第一代18人	工作中	2/11.1%	7/38.9%	0/0	6/33.3%	2/11.1%	1/5.6%	0/0
	公共场所	0/0	11/61.1%	0/0	5/27.8%	0/0	2/11.1%	0/0
	日常生活	0/0	3/16.7%	0/0	15/83.3%	0/0	0/0	0/0
汉其他族第一代3人	工作中	0/0	1/33.3%	0/0	1/33.3%	0/0	1/33.3%	0/0
	公共场所	0/0	2/66.7%	0/0	0/0	0/0	1/33.3%	0/0
	日常生活	0/0	1/33.3%	0/0	1/33.3%	0/0	1/33.3%	0/0
第二代40人	工作中	0/0	21/52.5%	0/0	4/10.0%	2/5.0%	11/27.5%	2/5.0%
	公共场所	0/0	34/85.0%	0/0	1/2.5%	0/0	5/12.5%	0/0
	日常生活	0/0	18/45.0%	0/0	14/35.0%	0/0	8/20.0%	0/0
第三代27人	工作场所	0/0	21/77.8%	0/0	1/3.7%	0/0	2/7.4%	3/11.1%
	公共场所	0/0	24/88.9%	0/0	0/0	0/0	3/11.1%	0/0
	日常生活	0/0	22/81.5%	0/0	0/0	0/0	5/18.5%	0/0

家庭以外的外部环境包括公共场所、工作场所、日常生活场所等。工作场所主要指在工作场所与同事领导交谈，公众场所主要指在银行、超市等场所与服务人员交谈，日常生活主要指生活中与朋友交谈，学校里主要指在校内上课时与老师同学交谈，已退休的祖辈填写在职时的语言实践情况。

在外部环境中，第一代蒙古族在日常生活中和朋友交谈时均会使用蒙古语，55.5%的第一代在工作中会使用蒙古语，27.8%的人在公共场所说蒙古语；第二代工作中说蒙古语的比率为15.0%，在公共场所说蒙古语的比率只有2.5%；第三代在工作场所和公共场所说蒙古语的情况完全消失。在公共场所，三代人均会使用普通话，甚至在与朋友的日常交谈中，普通话也同样是主流。在工作场所或学校里，除了专门从事需要使用蒙古语工作的人之外，普通话仍然是使用最为广泛的语言。呼和浩特当地汉语方言在工作场所和公共场所中也有一定的使用，第二代使用率最高，使用率最低的是第三代。

总体来看，在呼和浩特市区，蒙古族家庭成员说普通话依然是主导，只有第一代在某些场合中会说蒙古语，这与家庭内部语言使用状况基本一致。但在家庭内部，约有30%的第二代，夫妻之间仍会说蒙古语，可在公共场所说蒙古语的比率更低，只有2.5%的第二代在说蒙古语。结合蒙古族与蒙古族通婚家庭里，第一代至第三代成员的语言能力和语言使用状况可以发现，即使在蒙古族内部婚配家庭中，蒙古语传承也已面临危机。第三代蒙古语能力与使用状况，与第一代、第二代相比明显下降。蒙古语是否能够传承，关键在于第三代的语言能力。为此，我们从本次调查的蒙古族与蒙古族结婚的家庭中，选取了两个家庭作为案例进行对比。两个家庭内的第三代，一个能说蒙语，一个不能说蒙语，比较目的是寻找蒙语传承的影响因素。

（二）两类第三代的语言能力比较

1. 第三代“会说蒙语”的伊家

伊家第一代祖父，蒙古族，79岁，初中毕业，退休医生，主要说蒙语，会说一点普通话；祖母，蒙古族，76岁，小学毕业，主要说蒙语，牧民。第二代父亲54岁，大学本科毕业，主要说蒙语，还会说普通话，公务员；母亲，蒙古族，54岁，高中毕业，公务员，主要讲蒙语，会说普通话；第三代哥哥，蒙古族，29岁，大学毕业，已工作，医生，会讲蒙语和普通话；妹妹，蒙古族，24岁，在读研究生，主要说普通话，会说蒙语。

伊家第一代至第三代，均可以说蒙古语和汉语普通话。蒙语能力方面，三代人略有差异。第一代祖父母和第二代父母亲的第一语言均是蒙语，另外由于工作的关系，他们的蒙古语能力强于汉语普通话。第三代哥哥蒙语能力很好，但妹妹的蒙语略弱，只可以进行日常基本交流，在谈论复杂问题、观看蒙语电视节目时会遇到一些问题，但哥哥与妹妹的普通话均很流利。在家庭内部，伊家第一代至第三代成员之间，首选的交际语言均是蒙语，不过因为第三代妹妹的蒙语在复杂问题的理解和表达上存在问题，所以家人在与她交流时，会辅助使用汉语普通话或者蒙汉夹杂。而第

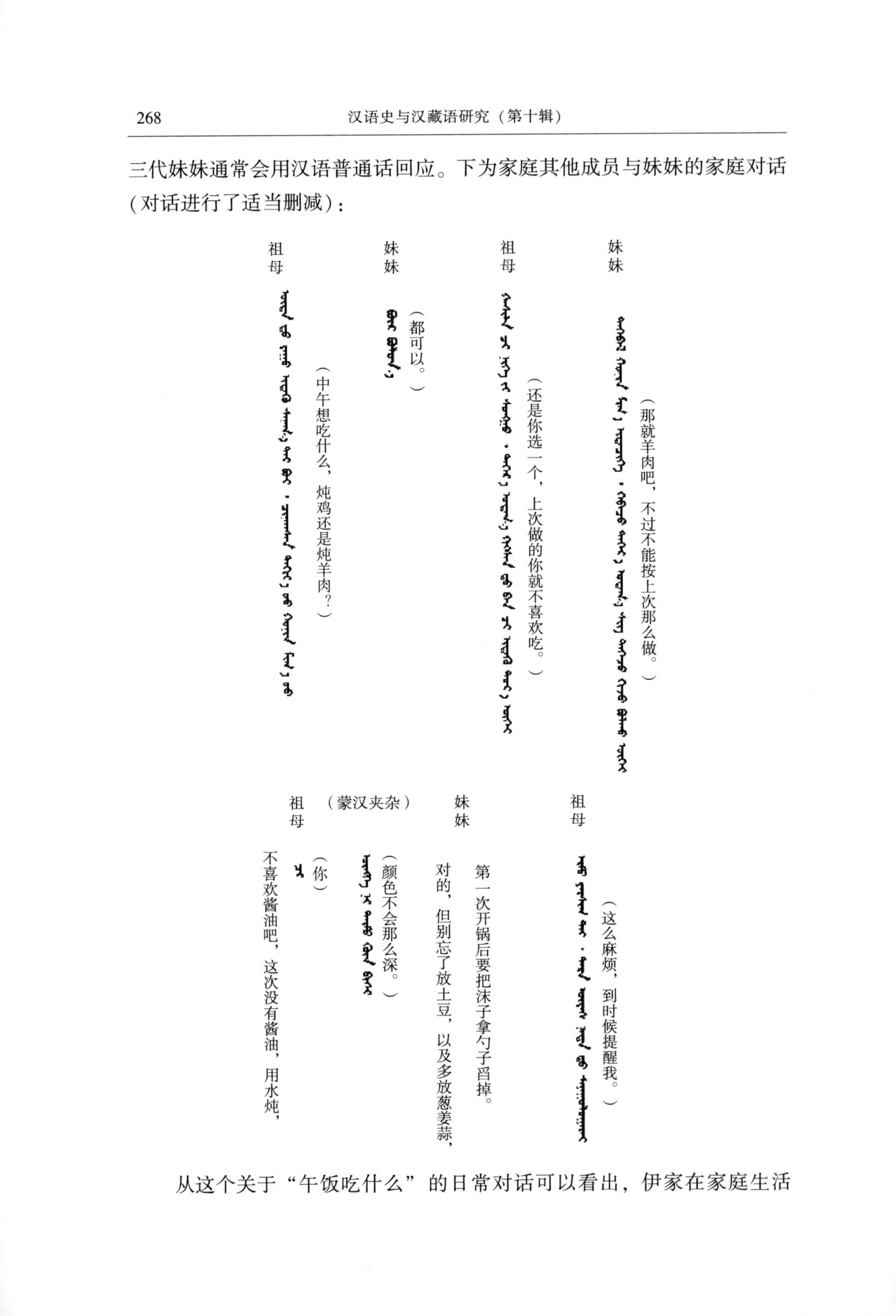

三代妹妹通常会用汉语普通话回应。下为家庭其他成员与妹妹的家庭对话（对话进行了适当删减）：

祖母：[illegible]（中午想吃什么，炖鸡还是炖羊肉？）

妹妹：[illegible]（都可以。）

祖母：[illegible]（还是你选一个，上次做的你就不喜欢吃。）

妹妹：[illegible]（那就羊肉吧，不过不能按上次那么做。）

祖母：[illegible]（你）不喜欢酱油吧，这次没有酱油，用水炖，

妹妹（蒙汉夹杂）：[illegible]（颜色不会那么深。）对的，但别忘了放土豆，以及多放葱姜蒜，第一次开锅后要把沫子拿勺子舀掉。

祖母：[illegible]（这么麻烦，到时候提醒我。）

从这个关于“午饭吃什么”的日常对话可以看出，伊家在家庭生活

中首选语码是蒙古语，祖母在询问妹妹晚上吃什么的时候用蒙古语发问，而妹妹也用蒙古语作答。但是在讲到一些复杂问题的时候，因为受到祖母的汉语水平和妹妹的蒙古语水平的影响，祖母在问话的时候首先出现了蒙汉夹杂的现象。而因为妹妹在告诉祖母要如何做饭，步骤比较烦琐，所以她直接使用汉语进行回答，这是对话中首次出现问答语言不同的情况。祖母再用汉语跟妹妹介绍做菜步骤之后，又转回使用蒙古语，这是对话中第二次语言转换。这样的语码转换现象，在第三代会说蒙语的家庭中较为普遍。Lanza（2007：123—128）将这种在家庭中“双语并行”的现象称为“各说各话”。伊家第三代全部能说蒙语，第二代父亲的访谈显示与第一代、第二代的态度和家庭语言使用存在关联。

> 我的第一语言就是蒙古语，汉语是之后学的。即使到了现在，有些（复杂的汉语）词我也不懂是什么意思。在外面是没办法，（说蒙古语）别人听不懂，家里和孩子说蒙古语我比较顺口，而且他们也听得懂。我是很希望他们会说蒙古语的，这都是自然而然的，你这个（是否有让子女掌握蒙古语的考量）我也想过，所以他们听不懂我也说，大不了再讲解一下，反正他们应该要会说蒙古语。（摘自对伊家父亲的访谈）

在语言态度方面，伊家长辈是希望下一代能够会说蒙古语，这样的态度使得他们会有意选择家庭交际语言。比如，伊家第二代父亲在家里会有意识和孩子用蒙古语讲话，如果遇到孩子听不懂的地方，还会现场教学，这些努力都有助于第三代子女蒙语能力的发展。此外，伊家第三代很认同蒙语，因此学习蒙语的态度很积极主动。

> 我是蒙古族，而且家里面大家都会说，我当然也要会。（摘自对伊家哥哥的访谈）
>
> 我也是很希望能学会的，在家里会让家里人教我，在学校有时候还会视频请教。（摘自对伊家妹妹的访谈）

不过，在同一个家庭环境下，为什么第三代哥哥蒙语能力高于妹妹呢？这主要与兄妹的人生轨迹有关。第三代哥哥小学上的是蒙校，采用蒙汉双语授课，周边同学也均是蒙古族，绝大部分在入学之前就会说一些蒙古语，在学校环境和家庭环境的双重作用下，哥哥从小就具备较好的蒙古语基础。高中毕业后，他考入了呼和浩特市某大学医学专业，主要从事蒙医的学习，在专业学习中也要经常接触蒙古语书籍。毕业后从事蒙医工作，在日常出诊时经常会遇到来自牧区并不会讲汉语的患者，这时他只能使用蒙古语与患者交流，所开药方也会使用蒙古文。从哥哥的成长轨迹来看，蒙语一直是他必须要接触的语言，在这种语言环境下他自然具备较强的蒙古语能力。而妹妹的人生轨迹与哥哥完全不同。妹妹小学入读汉校，上大学前妹妹学习蒙古语的主要途径都是通过家庭，而家庭学习的蒙古语和在学校学习的汉语普通话有时还会发生冲突。长大后，妹妹考入区外大学，大学的主干课程与蒙古语无关。也就是说，妹妹从上小学开始，一直在汉语环境下生活，蒙古语的学习主要通过家庭，因此她具备一定的蒙古语能力，但与哥哥相比尚有较大差距。妹妹的经历说明，少数民族语言能力的发展，除了家庭环境之外，社会外部环境也同样重要。

2. 第三代“不会说蒙语”的特家

特家虽然也是蒙古族与蒙古族通婚的家庭，但特家第三代不会说蒙语。特家第一代祖父 73 岁，蒙古族，大学本科，会说蒙古语和汉语普通话，退休教师；祖母，蒙古族，72 岁，高中毕业，会讲蒙古语和汉语普通话，退休公务员；第二代父亲，蒙古族，48 岁，大学本科，说普通话，会一点儿蒙语，企业经理，母亲，45 岁，蒙古族，大学专科，会说普通话和当地汉语方言，高中教师；第三代，男，20 岁，大学本科在读，只会说普通话。

在特家内部，除了第一代祖父母之间说蒙语外，其余家庭成员主要说汉语普通话。特家第三代的个人经历和伊家第三代妹妹相似，小学开始在汉校学习，高中毕业后考入区外大学，在学校学习的过程中没有机会接触蒙古语。但和伊家第三代妹妹不同的是，在特家的家庭内部，蒙语的学习环境较为缺乏。特家的祖父母彼此之间虽然说蒙古语，虽然也与第二代一家人同住，但祖父母日常工作比较繁忙，在第三代孙辈上学之前，主要是由第二代父母和保姆照顾孙子。第三代孙子从小与祖父祖母接触的时间有限，祖父祖母也没有特意花费时间培养他的蒙语能力。从第二代语言能力看，特家第二代，虽然都是蒙古族，但两人均不会说蒙语，也就是说，蒙语传承状况在第二代已经中断。第三代孙辈缺乏学习蒙古语的环境，最终也未习得蒙语。

第二代父亲不会蒙语的原因，主要与自幼家庭的语言环境有关。第二代父亲年幼时，特家第一代祖父母在家里虽然用蒙古语交谈，但并没有特意教第二代父亲说蒙语，而且由于第一代祖父母平常工作的环境以汉语普通话为主，在家时，也习惯与第二代父亲说汉语普通话。另外，特家第二代父亲自身学习蒙古语的意愿并不强烈，觉得汉语普通话完全可以完成一切交际任务。后来，第二代父亲又进入汉校学习，考入大学后，所学的专业及毕业从事的工作都与蒙古语关联较小。在这些综合因素影响，第二代父亲未学会说蒙语。第二代母亲由于也不会说蒙语，因此到了第三代，家庭交流主要选用汉语普通话；作为父母亲，他们对第三代儿子不会说蒙语并不在意，呈现出一种无所谓的态度，认为蒙语的地位与作用不能与汉语普通话相比。特家第三代孙辈虽然很想学习蒙古语，但因为受到实际条件的限制，自学蒙古语的效果较差。事实上，有不少类似特家的家庭，从第二代开始蒙古语传承就出现问题，甚至“失传”，而这直接导致第三代蒙古语能力缺失。

三　蒙古族+其他少数民族家庭语言能力

（一）三代人语言能力和语言使用

这类家庭共调查 40 户。第一代蒙古族 29 人，汉族或其他少数民族 11 人；第二代共 80 人，第三代 53 人，其中第三代均为蒙古族，第二代蒙古族和汉族或其他少数民族各 40 人。首先来看这类家庭三代人的语言能力状况（见表 6）。

表 6　蒙古族+其他少数民族家庭三代人语言能力

代际及民族		蒙古语	普通话	呼市方言	其他语言
第一代 40 人	蒙古族 29 人	22/75. 9%	25/86. 2%	12/41. 3%	3/10. 3%
	汉族及其他民族 11 人	6/54. 5%	7/63. 6%	6/54. 5%	3/27. 3%
第二代 80 人	蒙古族 40 人	15/37. 5%	31/77. 5%	21/52. 5%	17/42. 5%
	汉族及其他民族 40 人	2/5. 0%	30/75. 0%	24/60. 0%	19/47. 5%
第三代 53 人	蒙古族 53 人	3/5. 7%	51/96. 2%	25/47. 2%	42/79. 2%

调查结果显示，在这类家庭，三代人蒙古语能力，也呈现急速下降趋势，而汉语普通话能力，从第一代至第三代均较高，其中第三代高于第一、第二代，三代人的呼和浩特当地汉语方言能力相差不大。与蒙古族+蒙古族家庭三代人相比，蒙古族+其他民族家庭三代人蒙古语水平整体降低，普通话水平与第一类家庭接近，呼和浩特当地汉语方言水平有一定提升。具体语言使用状况，也从家庭内部和外部环境两方面进行考察（见表7）。

表7　　　　　蒙古族+其他少数民族家庭成员语言使用情况

	交谈对象	蒙古语	普通话	呼市方言	蒙+普	蒙+呼	普+呼	普+其
蒙古族第一代29人	配偶	8/27.6%	10/34.5%	0/0	10/34.5%	0/0	1/3.4%	0/0
	子女	1/3.4%	21/72.4%	0/0	7/24.1%	0/0	0/0	0/0
	孙辈	0/0	27/93.1%	0/0	2/6.9%	0/0	0/0	0/0
汉其他族第一代11人	配偶	1/9.1%	3/27.3%	3/27.3%	2/18.2%	0/0	0/0	0/0
	子女	0/0	5/45.5%	3/27.3%	1/9.1%	0/0	0/0	0/0
	孙辈	0/0	5/45.5%	2/18.2%	1/9.1%	0/0	1/9.1%	0/0
蒙古族第二代40人	父母	1/2.5%	23/57.5%	0/0	10/25.0%	1/2.5%	5/12.5%	0/0
	配偶	0/0	27/67.5%	2/5.0%	1/2.5%	0/0	10/25.0%	0/0
	子女	0/0	32/80.0%	0/0	2/5.0%	0/0	6/15.0%	0/0
汉其他族第二代40人	父母	0/0	8/20.0%	17/42.5%	0/0	0/0	8/20.0%	2/5.0%
	配偶	0/0	20/50.0%	7/17.5%	0/0	0/0	11/27.5%	1/2.5%
	子女	0/0	28/70.0%	3/7.5%	0/0	0/0	7/17.5%	1/2.5%
第三代53人	祖辈	0/0	40/75.5%	0/0	2/3.8%	0/0	11/20.8%	0/0
	父母	0/0	39/73.6%	0/0	3/5.7%	0/0	13/24.5%	0/0
	同辈	0/0	40/75.5%	0/0	2/3.8%	0/0	11/20.8%	0/0

在这类家庭内部，蒙语主要在第一代之间使用，第二代与第一代交流有时也会用蒙古语，但和蒙古族与蒙古族组成的家庭相比，使用率明显减少。第二代配偶之间主要用普通话交流，80%的第二代与第三代交流时，主要使用普通话；第三代只有2人在与第一代交流时会使用蒙古语，其余全部使用普通话，蒙古语传承在这类家庭中面临较大危机。和蒙古族+蒙古族组成的家庭相似，这类家庭中，蒙古语使用也主要集中于第一代。在汉语使用方面，这类家庭中非蒙古族的成员一般会同时使用汉语普通话、

呼和浩特当地汉语方言。

家庭以外的环境中，普通话依然是这类家庭使用最为广泛的语言。在蒙古语使用方面，第一代蒙古族在日常生活中与朋友交谈时蒙古语使用率最高（72.4%），几乎所有具备语言能力的第一代被试（75.9%）均会在该情况下使用蒙古语，这一比率高于在家庭中与配偶交谈的比率（62.1%）。第二代蒙古族有 37.5%的人可以使用蒙古语交谈，在日常生活中与朋友交谈时的蒙古语使用率为 35.0%，而在家庭中只有 2.5%的人与配偶使用蒙古语交谈（见表 8）。

表 8　　蒙古族+其他少数民族家庭外部环境语言使用情况

	使用情境	蒙古语	普通话	呼市方言	蒙+普	蒙+呼	普+呼	普+其
蒙古族第一代29人	工作中	3/10.3%	11/37.9%	0/0	8/27.6%	2/6.9%	5/17.2%	0/0
	公共场所	0/0	16/55.2%	0/0	9/31.3%	1/3.4%	3/10.3%	0/0
	日常生活	0/0	6/20.7%	0/0	21/72.4%	1/3.4%	1/3.4%	0/0
汉其他族第一代11人	工作中	0/0	7/63.6%	0/0	1/9.1%	0/0	3/27.3%	0/0
	公共场所	0/0	9/81.8%	0/0	0/0	0/0	2/18.2%	0/0
	日常生活	0/0	6/54.5%	0/0	0/0	0/0	5/45.5%	0/0
蒙古族第二代40人	工作中	0/0	24/60.0%	0/0	4/10.0%	3/7.5%	9/22.5%	0/0
	公共场所	0/0	34/85.0%	0/0	2/5.0%	0/0	4/10.0%	0/0
	日常生活	0/0	22/55.0%	0/0	13/32.5%	1/2.5%	4/10.0%	0/0
汉其他族第二代40人	工作中	0/0	20/50.0%	5/12.5%	0/0	0/0	11/27.5%	3/7.5%
	公共场所	0/0	27/67.5%	3/7.5%	0/0	0/0	8/20.0%	1/2.5%
	日常生活	0/0	14/35.0%	3/7.5%	0/0	0/0	19/47.5%	3/7.5%
第三代53人	工作场所	0/0	43/81.1%	0/0	2/3.8%	0/0	4/7.5%	4/7.5%
	公共场所	0/0	44/83.0%	0/0	0/0	0/0	9/17.0%	0/0
	日常生活	0/0	39/73.6%	0/0	2/3.8%	0/0	12/22.6%	0/0

第一代蒙古族呼和浩特当地汉语方言在工作场所、公共场所以及日常生活中的使用率分别为 24.1%、13.7%和 6.8%；祖父母为汉族的人，呼和浩特当地汉语方言在工作中使用率为 27.3%，在公共场所使用率为 18.2%，在日常生活中使用率为 45.5%；第二代蒙古族呼和浩特当地汉语方言在工作中的使用率为 30.0%，在公共场所使用率为 10.0%，在日常生活中使用率为 12.5%；汉族身份的第二代，呼和浩特当地汉语方言在

工作中的使用率为40.0%，在公共场所使用率为27.5%，在日常生活中使用率达到55.0%；即使是第三代，呼和浩特当地汉语方言在工作场所和学校里的使用率为7.5%，在公共场所的使用率为17.0%，在日常生活中的使用率为22.6%。呼和浩特当地汉语方言在各代际、各民族均有一定的使用，因为其在呼和浩特城区所具有的相对广泛性，除了在学校等场所主要使用普通话外，在其他工作环境中有较为广泛的使用。即使在学校环境中，也有第三代会在课余使用呼和浩特当地汉语方言与同学交流。

（二）两类第三代的语言能力比较

1. 第三代“会说蒙语”的娜家

娜家第三代均会说蒙古语和普通话，姐姐21岁，大学本科在读，弟弟17岁，高中在读。第一代祖父是蒙古族，77岁，能说蒙古语和普通话，高中毕业，退役军人；祖母为汉族，71岁，高中毕业，能说蒙古语和当地汉语方言，退休工人；第二代父亲，蒙古族，48岁，大学本科，讲蒙古语、普通话，高中教师；母亲是汉族，48岁，大学专科，只会普通话，事业单位工作人员。

在家庭内部，当第二代母亲不在家时，家人之间会使用蒙古语或蒙古语和普通话二者夹杂方式交谈；彼此回应的时候，也会存在“各说各话”的现象，不过在优先使用的语言上存在差异。因为娜家第二代母亲只会讲汉语普通话，所以家庭中有母亲参与的谈话一般都会使用普通话。第一代祖父与会说蒙古语的其他家庭成员交谈，会优先使用蒙古语；第一代祖母、第二代父亲在和第一代祖父说话时也会优先使用蒙古语，在与其他家庭成员说话时会优先使用汉语普通话，第三代姐姐和弟弟在和所有人说话时都会优先使用普通话。在这种家庭环境下，娜家第三代是怎样学会说蒙古语的。对娜家父亲的访谈中，我们发现其中主要推动力是娜家第一代祖父。

> 我和妻子平时工作比较忙，孩子生下来就主要是父母帮我们带，而我爸这个人很重视孩子蒙古语的学习，平时在家就会主动教，后来上小学也一定要送到蒙校去。
>
> 对孩子学蒙古语我是觉得挺好，我和他爷爷都会说，孩子也应该要会，只要不影响汉语水平我都支持。有时候我在家的时候也会有意

无意的和孩子说说蒙古语，虽然中学就转到汉校去了，但蒙古语的底子还是留下来了，而且他们在家的时候我们也会和他们说（蒙古语），他们现在蒙古语水平还保持得挺好。（均摘自对娜家父亲的访谈）

娜家第三代之所以会说蒙古语，一个重要因素是娜家第一代祖父母的参与抚养。李宇明（2018：367—384）曾归纳出中国社会所呈现的三种比较复杂的家庭情形，其一便是中国家庭文化中“祖孙深度接触”的育儿模式对儿童语言发展的重要影响。娜家虽然第一代和第二代均是蒙古族与汉族的通婚家庭，但蒙古语传承情况较为理想，这主要是因为家庭第三代由第一代祖辈带大，而且第一代具有较强的蒙古语传承意识，在日常家庭生活中注重培养第三代的蒙古语能力，这为第三代蒙古语能力发展创造了重要条件。

2. 第三代“不会说蒙语”的张家

张家第三代不会说蒙古语，第三代女儿，26 岁，硕士研究生，只会说普通话，金融行业工作。第一代祖父，73 岁，蒙古族，初中毕业，牧民，只会说蒙古语，祖母 72 岁，小学毕业，汉族，只会说蒙古语，牧民；第二代父亲，蒙古族，54 岁，大学专科，会讲蒙古语和普通话，公务员，第二代母亲，55 岁，会讲普通话和当地汉语方言，艺术工作者。

张家第一代祖父母与他们分开居住，从小是第二代父母独立将第三代抚养长大。在家庭内部，第二代父亲和母亲均采用普通话与第三代女儿交流。第二代父亲与母亲之间主要说普通话或者当地汉语方言。第二代父亲在家庭之外，工作场所或者与朋友、亲戚交往过程中，会根据交际对象的差异，或者说蒙古语，或者说汉语普通话。对于第三代蒙古语的学习，第二代父亲和母亲均采取无所谓的态度。

我在机关工作这么多年，很少遇到必须会蒙古语才能完成的工作，后来来的那些年轻人，也很少有会说（蒙古语）的。我们这里已经是蒙古族自治区了，蒙古语用处都不大，我希望我女儿以后能够到外省去工作，学蒙古语对她来说没什么必要，不如好好学英语。

（关于是否在家里讲蒙古语或者教女儿学习蒙古语）我在家很少讲，因为我妻子也不会。我和谁讲呢，除非朋友来做客，可能会讲一点，但他们也不会经常来。如果我女儿问我，我肯定会教，在家也教过一些日常的。你要说有没有系统教过，那当然没有，她没时间，我也没时间，想系统学好很花时间，有这个工夫可以学点其他用处更大的（语言）。

从访谈中，可以发现第二代父亲实际上是有机会将蒙古语传承给女儿的，由于不认同蒙古语价值，父亲主动放弃了在家庭中传承蒙古语的机会。第二代父亲这种态度直接影响了第三代子女的蒙语能力发展。除外，第二代父母亲特别认同汉语及汉语言文化。比如，在给孩子起名字时，就直接使用汉族姓名，而非蒙古文音译的名字。据第二代父母介绍，第二代母亲是汉族，虽然孩子是蒙古族，但希望孩子能有汉名；他们觉得给孩子起汉名，能让孩子不会因为名字而引起太多关注，能像汉族人一样在外地上学、工作，能够在国内其他城市找到更好的发展机会。我们发现张家的情况并不少见。在38个第三代不会说蒙古语的家庭中，包括张家在内父母至少有一方具备蒙古语能力的家庭有15个，其中有11个家庭中的第二代或主动、或被动放弃了蒙古语的传承。放弃的理由见访谈示例：

孩子平时学校学习就很累了，作业都做不完，不忍心再教他学蒙古语了。（摘自对通样20母亲的访谈）

学蒙古语听起来很好，但如果仔细考虑就会发现象征意义大于实际意义，我们自己教小孩缺乏推动力。（摘自对通样31父亲的访谈）

我每天早出晚归的，孩子主要他妈妈带（妈妈是汉族不会讲蒙古语）。别说教她说蒙古语了，她妈妈说我做爸爸都不称职。（摘自对通样2父亲的访谈）

这些家庭虽然给出的理由不同，但家庭中父母会讲蒙古语的一方均没有把蒙古语传承下去，从而对第三代蒙语能力的发展产生重要影响。而对于其他从父母辈开始就出现蒙古语“传承断档”的家庭，第三代蒙古语能力的发展更为艰难。这类家庭由于是不同民族通婚所组成，传承蒙古语可能不如蒙古族与蒙古族组成的家庭那么顺畅，但通过对张家状况的分析可知，蒙古语无法在第三代传承，并不能完全归咎于家庭的汉族或其他少数民族成员，更多的问题在蒙古族长辈对蒙古语的认同方面。

四　总结

对呼和浩特市两类蒙古族家庭的调查显示，城区少数民族语言传承状况形势严峻。城市蒙古族家庭三代人蒙古语能力，第一代最好，从第二代至第三代逐渐下滑。在家庭内部，蒙古语使用最多的是在第一代人之间或者第一代与部分第二代之间，第一代、第二代与第三代之间主要选用普通话交流。总体来看，家庭环境对于第三代蒙古语能力的发展具有重要影响。第三代会讲蒙古语的家庭，除了第一代、第二代均具备蒙古语能力，而且他们也都会在家庭内部首选蒙古语进行交流。另外，家庭中第一代和第二代是否重视蒙古语的传承，也是影响第三代蒙古语能力发展的重要影响因素。此外，第三代个体的成长环境、家庭育儿模式等也会对第三代蒙语能力产生影响。

参考文献

1. 李宇明：《李宇明语言传播与规划文集》，北京语言大学出版社2018年版。

2. King，Kendall. A. Language Policy，Multilingual Encounters，and Transnational Families. *Journal of Multilingual and Multicultural Development.* 2016，37（7）.

3. Lanza，Elizabeth. Multilingualism and the Family. In Li Wei and Peter Auer（eds.），*Handbook of Multilingualism and Multilingual Communication.* Berlin/New York：Mouton de Gruyter. 2007.

4. Leung，Alex. Ho – Cheong. Bad Influence? An Investigation into the Purported Negative Influence of Foreign Domestic Helpers on Children's Second Language English Acquisition. *Journal of Multilingual and Multicultural Development.* 2012，33（2）.

5. Tannenbaum，Michal and Pauline Howie. The Association between Language Maintenance and Family Relations：Chinese Immigrant Children in Australia. Journal of Multilingual and Multicultural Development. 2002，23（5）.

李如龙先生对汉语方言分区的贡献*

庄初升

（浙江大学汉语史研究中心）

摘　要：汉语方言的分区工作，历来都是汉语方言研究的重要课题。不同时期汉语方言的分区成果，最能检验该时期汉语方言研究的整体水平。几十年来李如龙先生对于汉语语言学的研究，始于汉语方言的田野调查和理论总结，其中就包含对汉语方言分区实践的不懈努力。李如龙先生对汉语方言分区的贡献，首先是关于闽语及其他方言的分区成果，特别是对于宏观上认识闽语内部的一致性和差异性具有重要的学术意义；其次是关于过渡地区方言分区问题的有益探索，在理论层面上具有显著的学术创新，在实践层面上增强了方言分区的可操作性；再次是关于方言分区的原则、标准和文化类型问题的理论总结，对于新时期进一步开展方言的分区工作具有重要的参考价值。

关键词：方言分区；闽语；过渡地区方言；方言文化类型

零　引言

汉语方言的分区工作，历来都是汉语方言研究的重要课题。不同时期汉语方言的分区成果，最能检验该时期汉语方言研究的整体水平。“章炳麟《检论》卷五《方言》作于公元1900年至1901年间，分汉语方言为九种。”（李荣1989：241）这是中国学者为汉语方言分区之始，不过因为缺乏实地调查的基础，整体限于“印象式”划分，如“认为福建、广东，各为一种。……福建之汀附属于江西而从赣”，实际上还不是一次科学的

* 本文是国家社科基金重大项目“海内外客家方言的语料库建设和综合比较研究”（14ZDB103）的阶段性成果。谨以此文敬祝恩师李如龙先生85寿诞。

分区实践。20世纪20年代末一直到40年代中期，“中研院”历史语言研究所在全国分省区开展汉语方言调查，其重要成果之一就是分别在1934年、1939年和1948年绘制不同版本的《语言区域图》，作为《中华民国新地图》（1939年以后是《中国分省新图》）的一个图幅。1934年的《语言区域图》分为“华北官话区、华南官话区、吴方言、闽方言、客方言、粤方言、海南方言”七区，首次提出“闽方言”的概念，“图里海南岛方言的颜色和线条跟粤方言相同。台湾西部和广东东部都画到闽方言。”（李荣1989：243）1939年的《语言区域图》分为“北方官话区、上江官话区、下江官话区、吴方言、皖方言、闽方言、潮汕方言、客家方言、粤方言”九区，“把‘闽方言’的南部分出来成为‘潮汕方言’，图中海南岛（中部为黎语）的颜色和线条跟‘潮汕方言’相同。”（李荣1989：243）1948年的《语言区域图》分为“北方官话、西南官话、下江官话、吴语、湘语、赣语、客家话、粤语、闽南语、闽北语、徽州方言”十一区，把闽南和闽北分开，“‘闽南语’包括①福建省厦门及厦门以南地区，②广东省潮汕地区和海南岛（中部为黎语），③台湾省大部分地区（西北角一小片为客家话，中部为高山语）。”（李荣1989：243）

20世纪50年代随着全国性方言普查活动的开展，汉语方言的分区问题自然成为一个重点和热点问题。丁声树、李荣（1956）把汉语方言分为“官话区、吴语区、湘语区、赣语区、客家话区、闽北话区、闽南话区、粤语区”，袁家骅等（1960）分为“北方话、吴方言、湘方言、赣方言、客家方言、粤方言、闽南方言、闽北方言”八区，长期以来在学界和民间具有较大的影响。袁家骅等（1983年第二版）改分为“北方方言、吴方言、湘方言、赣方言、客家方言、粤方言、闽方言”七区。“八区说”和“七区说”的根本区别，就是闽北、闽南的分合问题。罗杰瑞（1980：114）指出：“按照普通的说法，闽语分为闽北、闽南两系。这说法其实是不正确的。”

李如龙先生50年代末大学毕业后便开始从事汉语语言学的研究，当时恰逢全国汉语方言普查活动蓬勃开展，于是参与调查福建省汉语方言并编写《福建省汉语方言概况》，以及讨论福建省汉语方言分区的问题，自然成为李先生学术生涯的起点。几十年来，李如龙先生对汉语方言的田野调查和理论总结，其中就包含对汉语方言分区实践的不懈努力和不断超越。笔者认为，李如龙先生对汉语方言分区的贡献，首先是关于闽语及其他方言的分区成果，特别是对于宏观上认识闽语内部的一致性和差异性具有重要的学术意义；其次是关于过渡地区方言分区问题的有益探索，在理论层面上具有显著的学术创新，在实践层面上增强了方言分区的可操作性；再次是关于方言分区的原则、标准和文化类型问题的理论总结，对于新时期进一步开展方言的分区工作具有重要的参考价值。

一 关于闽语及其他方言的分区问题

早在 1954 年，黄典诚先生首次将福建汉语方言划分出以福州话为代表的闽东方言，以厦门话为代表的闽南方言，以长汀话为代表的闽西方言，以建瓯话为代表的闽北方言和以永安话为代表的闽中方言 5 种（黄典诚 1954），除了闽西方言属于客家方言，其他 4 种均为福建闽方言。在黄典诚先生的指导下，1962 年福建省汉语方言调查指导组、福建省汉语方言概况编写组编印的《福建省汉语方言概况》上、下两册（讨论稿）和 1963 年潘茂鼎、李如龙、梁玉璋、张盛裕、陈章太合作的《福建汉语方言分区略说》一文首先把福建省境内的闽方言分为闽东、闽南、莆仙、闽北和闽中五个次方言区，李如龙先生是这个研究成果的重要成员。在当时及此后一段时间，闽语分为五个次方言区的观点并没有引起足够的重视。一直到 80 年代初，陈章太、李如龙（1983）认为过往不少谈论汉语方言的著作和文章普遍把汉语方言分为八个区，其中闽南方言和闽北方言占了两大区是不合适的，他们进一步认为在闽方言大区之下分为五个次方言区比较合适。李如龙、陈章太（1985）根据 18 个点的材料，从语音、词汇、语法进一步讨论了闽方言五个区之间的差异，并指出像福鼎话、大田话这类边界点的定性，显然还要作更细的调查，而尤溪话与几个区都有关系，把它归入哪个区都是不合适的。张振兴（1985）在五个次方言区的基础上增加了琼文区（包括海南岛 14 个县市），并把福建省西北部的邵武、光泽、泰宁、建宁、将乐、顺昌称为邵宁区，作为闽语与客家话的过渡地带（同时和赣语也有密切关系）。1987 年《中国语言地图集》出版时，B12 图"闽语"把泰宁、建宁划归赣语，邵武、光泽、将乐、顺昌（富屯溪以西）划归邵将区，文字说明指出邵将区是"闽语与客家话、赣语之间的过渡地带""现在把邵将区与前六区合并为闽语大区"。

《中国语言地图集》（1987）B12 图的文字说明还指出："在闽语六区中，闽南、莆仙、闽东三区之间的一致性很大，可以叫做闽语东三区，闽北、闽中两区的共同点也较多，可以叫做闽语西二区。海南岛的琼文方言和闽语东三区比较接近。"李荣（1989：252—253）进一步指出："1957年开始的汉语方言普查，查明了福建省方言的差别，主要是东西之别，并非南北之别。拿本图集的分区说，闽东区（福建省东北部十九个市县）、莆仙区（莆田市及所辖莆田、仙游两县，相当于旧兴化府，因为现在江苏省有兴化市，所以莆仙区不宜叫兴化区）、闽南区（福建省南部二十三个市县）——福建沿海三区的一致性较大，闽东区与闽北区（建溪流域八个市县）、闽中区（沙溪流域三个市县）——福建北部三区的一致性较小。"

李如龙（1995）在广泛比较和深入分析闽语文白异读的基础上，提出闽北、闽中具有较多的一致性，放宽尺度可以把它们列为同一个区；莆仙方言独有的特点较少，可以作为闽东和闽南的过渡区；闽南本土、台湾省、潮汕地区和浙南闽语划在同一个区，海南省和雷州半岛的闽语划在同一个区。而后，李如龙先生进一步结合《中国语言地图集》（1987）和李荣先生 1989 年的观点，明确指出："为闽方言分区首先应该分为沿海闽语和沿山闽语两片。沿海闽语是较为典型的闽语，包括福建、广东、海南和台湾四省沿海的四个小片：闽东区、莆仙区、闽南区（含粤东）和琼雷区。沿山闽语是福建中北部的山区，包括闽北、闽中两区。这一带方言与典型的闽语相比较，既有共同闽语的特征，又有些特点是受了客赣系方言的影响。"（见侯精一 2002 主编：216）上述"沿山闽语"后来改称为"内陆闽语"。李如龙（2004）认为人称代词是方言中的基本词，以第二人称代词而论，沿海闽语是"汝"，而内陆闽语是"你"，"这不是偶然的个别现象，而是反映闽语东西分片的重要事实，福建闽语的东西之分大于南北之分，这是不容置疑的"（2004：4）。至此，关于闽语东西之别的论述，已经非常到位。可是，李如龙先生后来还有一个补充意见，认为"闽语可能先分三片为宜：福建境内西片（闽北、闽中）受客赣方言影响大与沿海的东片分立，雷琼闽语受壮侗语影响深可以并列为一片"。（2006：63）我们认为雷琼闽语显然是福建沿海闽语移植而来的，尽管有壮侗语的成分和特点，但是并没有从根本上改变沿海闽语的特质，还是不要"另立门户"为好。何况，"划分类型时必须尽量采用二分法，找到对

立的两极，往往才能揭示事物的本质，因为任何事物都是‘相反相成’的。”（李如龙 1996a：94）

关于其他方言区的划分，李如龙先生也有一些论述。特别是闽西客家方言，李如龙先生早在 50 年代末 60 年代初便进行调查，80 年代又作了补充和核对。通过对闽西七个县第一手方言材料的内外比较，李如龙（1998：100）提出对闽西客家方言的划分意见，他说：“七个县的闽西客话大体可以分为南北中三片，南片的上杭、永定、武平和粤东地区的客家话比较接近，可以和各地客话相通；北片是清流、宁化两县，彼此也较为接近，杂有一些闽语的成分。中片的连城话和长汀话则游移于两片之间，其中的连城话特殊成分较多，县内差异也大，五六种小方言之间通话还有困难。”这段话可谓字字珠玑，对今天闽西客家方言的调查研究仍然具有重要的指导意义。有关吴语，李如龙（2006）认为应该先区分北片吴语和南片吴语，这是采用了游汝杰《汉语方言学教程》（2004）中“北吴”“南吴”的划分；有关粤语，李如龙（2006：63）说：“粤语的东片（珠江三角洲）特点鲜明内部较为一致，西片从四邑到广西内部差异大，应先分东片和西片。”

李如龙先生对罗杰瑞先生有关北方方言、南方方言和中部方言的“三区说”评价极高，并主张把罗先生的观点再向前推进一步，先把汉语方言分为两大类：官话方言（含与官话比较接近的晋方言）和非官话方言，然后再把后者分为“近江方言”，包括长江中下游的湘、赣、吴（北部吴语）和“远江方言”，包括南部吴语和闽、客、粤诸方言（李如龙 2010）。事实上，关于汉语方言“两分法”，以及非官话方言的“两分法”，李如龙（2005、2006）已有相关的论述。他说：“这种分区法和罗杰瑞用 10 条标准把汉语方言分为南、北、中三大区是大体一致的。这不是偶合，而是用两种不同原则考察的结果的重合。正好可以相互论证。”（2006：60）项梦冰（2007、2010）把汉语分为北方方言（官话方言）和南方方言（东南诸方言），把南方方言分为北部型方言（湘、赣）和南部型方言（吴、闽、客、粤），具有异曲同工之妙。

二　关于过渡地区方言的分区问题

20 世纪 60 年代以前，汉语方言的分区方案都是一分到底，穷尽性地对汉语方言进行划分（因为条件所限，许多方案都没有涉及海外的汉语方言）。这种分区方案给人的印象，好像汉语方言之间的界限总是泾渭分明的，就如同行政区域的界限一般清晰。实际上，在很多方言区之间，或者同一个方言区的不同方言片之间，存在着许多似是而非的过渡性地区，因为限于人力和物力，早期的汉语方言调查较少涉及这些地区，因此对其在汉语方言分区实践上的特殊性认识不足。潘茂鼎、李如龙、梁玉璋、张盛裕、陈章太合作的《福建汉语方言分区略说》（1963：476）一文，还把邵武、光泽、泰宁、建宁、将乐、顺昌等划入客方言区，同时指出："闽中、闽北两区和客方言区共同点较多，可以说这两区是闽方言和客方言的过渡地带。客方言中，邵武、将乐等靠北的七点和闽方言共同点较多。"经过进一步的深入调查，李如龙、陈章太（1991：220）指出："从魏晋到唐五代的100多年间，这里和闽北方言分布的地域同属于'建安郡—建州'，这就是闽西北七县方言和闽北方言存在着不少共同特点的历史基础。后来，分立邵武军—邵武府和南剑州—延平府之后，近1000年的社会生活又决定了邵武、光泽、建宁、泰宁的西北片和顺昌、将乐、明溪的东南片之间造成明显的差异，前者有更多的赣方言特点，后者有更多的闽方言特点。……在原邵武府属四县，至今还有相当数量的居民记得本家族从江西迁来几代人了。先后的移民和现实生活中的频繁交往使得赣方言对这一带方言发生了极其深刻的影响，邵武、光泽、建宁、泰宁四县市的话已经质变为客赣方言。"结合历史上政区的变迁和移民的运动，深刻地阐释了闽西北地区方言接触、融合和更替的历时过程，为处理方言过渡地区方言的分区问题提供了一个很好的范例。

李如龙（2006：63—64）专门谈到汉语方言分区的标准，第三条是"要如实地对汉语方言作多层级和非穷尽的划分"，认为不宜归入区片也不宜独立成区片的方言主要有两种类型，"第一种类型是方言区的边界地带常有的两种方言之间的渐变过渡区。……例如闽西北的闽方言与赣方言之间，沙县是典型的闽语，光泽、建宁是典型的赣语，从顺昌、将乐至泰宁、邵武是二者之间的过渡区。顺昌的赣语特点和邵武的闽语特点最少，将乐、泰宁则是二者兼有，逐渐增减"。"第二种类型可以称为混合型方言。这种方言有的是处于两种方言区的交界处的集镇，由于两种方言区的人的混居，两种方言混杂，形成了一种新的系统，归入哪一区都不合适，例如建阳与邵武交界处的黄坑镇，兼有建阳闽语和邵武赣语的特点，主次难辨（李如龙，1991）。有的混合型方言是因为在历史上经过长期迁移，混杂不同方言区的人，后来形成了兼有几种方言特点的新系统。”李如龙（2006）还特别强调游离于方言区之间的方言是不同方言区之间的“中介”，两种事物之间存在着中介现象，这是许多事物常见的，大可不必穷尽划分，言下之意是汉语方言分区可以“留有余地”。李如龙（1992：81）指出福建的五个闽方言有一个小过渡区，“包括大田城关话（又称前路话）、尤溪城关话及大田、尤溪、永安、沙县交界地带的‘后路话’，以及其他一些乡镇的话，是一个兼有闽方言各区特点、且差异较大的土语群”。李如龙（2009：478）进一步通过福建地名用字的分布，论证了“方言交界地带或历史上方言有过变迁的地区往往在地名用字的分布上出现兼有附近两个大区的两种情形”。

其实，关于混合型方言，李如龙先生曾先后发表过多篇论文，用各种实例阐明混合型方言的类型、形成和特点等，如《海南岛的“迈话”——一种混合型的方言》（与黄谷甘合作，1987）、《汉语方言的接触与融合》（2008）、《论混合型方言——兼谈湘粤桂土语群的性质》（2012）等。

《中国语言地图集》（1987）留下了几类“系属有待研究”的土话没有归到某类方言中，如韶州土话（粤北土话）、湘南土话。笔者通过实地调查的 24 个点的材料，把粤北土话分为三片：雄州片包括乌迳等 4 个方言点，明显具有客家方言的性质，是赣南“老客家话”在地缘上的延伸；韶州片包括白沙等 11 个方言点，连州片包括黄圃等 9 个方言点，这两片关系比较密切，是以两宋以来江西中、北部的方言为主要来源，逐渐融入了明、清以来粤北的客家方言、粤方言以及西南官话的一些成分和特点而形成的一类混合型方言。（庄初升 2004）笔者没有把韶州片、连州片土话归入某个方言区，而是把它们视为混合型方言，正是在李如龙先生有关学术思想的影响下所进行的一次实践活动。

三 关于方言分区的原则、标准和文化类型问题

最近的几十年间，特别是《中国语言地图集》（1987）出版以来，有关汉语方言分区原则、标准问题的讨论不绝如缕，李如龙先生于 2006 年发表了《关于汉语方言的分区》一文，在强调汉语方言分区是汉语方言

学的重要课题的同时，对汉语方言分区的原则、标准问题也进行深入的阐述，具有很高的理论意义和实践价值。

李如龙（2006：58）强调说："为汉语方言分区，自然不只是为了回答'汉语有多少种方言'的问题，换言之，并非为分区而分区。方言之间有语音、词汇和语法的差异，方言的分区是就方言差异进行比较和归类，这正是方言学研究的基础工作和基本任务。"笔者以为，汉语方言差异悬殊是我国的基本国情之一，以方言作为主要的交际工具还是大部分人的一种基本的生活方式，许多普通老百姓其实都很关心汉语有多少种方言的问题，所以汉语方言的分区工作首先要客观地回答这个问题，同时又不失通俗易懂。半个多世纪以来先后提出的"八区说""七区说"或者"十区说"，都在一定程度上很好地完成了上述的使命。与此同时，汉语方言的分区工作，还要回归汉语方言学乃至汉语语言学的学科本身，真正基于科学分类的目标、原则和方法，就方言差异进行全面比较和科学分类。最近二十几年来，越来越多的方言学者主张用"两分法"为汉语方言分区、分片，李如龙先生把汉语方言分为官话方言和非官话方言两大类，然后再把后者分为"近江方言"和"远江方言"，笔者认为是一种高瞻远瞩的科学分类，不论从历史和现实来看都非常符合汉语及其汉民族文化内部最为基本的异同关系。

关于汉语方言分区的原则，李如龙（2006）提出了4条：①要注重考察方言与通语的不同关系；②要兼顾纵向演变和横向作用，对方言差异作整体的、系统的分析；③要如实地对汉语方言作多层级和非穷尽的划分；④要适当运用历史文化背景资料进行参考性的论证。关于第1条，李如龙先生认为方言和通语是个相对的概念，没有通语也就无所谓方言，方言的整体（或者称为群体）和通语又组成了一个更大的整体，因此要从整体的本质特征来考察方言差异和方言分区，"显然应该把汉语的方言首先分成官话方言（作为通语的基础方言）和非官话方言两大类"。"五十年代之前把几种官话方言和其他非官话方言并列起来分区显然是不妥的。"（2006：60）关于第2条，李如龙先生认为所有的汉语方言都是人口来源复杂、语言源流叠加的"多来源，多层次"的状况，而不是纯之又纯的从古代到现代的一对一的蜕变，所以我们一定要充分估计横向影响对形成方言差异和方言特征的作用，而"已有的研究由于只注重纵向演变而忽略横向作用，因而所提取的方言差异和特征，往往是片面的、局部的”（2006：62）关于第 3 条，李如龙先生认为方言间的差异和关系是分层级的，不可能都是一个平面上的并列关系，认为方言分区必须反映出这种层级关系。至于“非穷尽的划分”，前面已有评述，此处不赘。关于第 4 条，李如龙先生认为参考历史文化背景的材料来为方言分区主要可以从三个方面入手：首先，要注意收集移民史的材料；其次，是行政区划和经济交通的历史状况；最后，还要适当参考方言区的通话情况和人们的语感及认同感。李如龙先生研究汉语方言的分区问题，很早就特别关注相关的文化类型问题。

关于汉语方言分区的标准，李如龙（2006）也提出了 4 条：①宜采取综合性标准；②反映历史和现状的统一；③合理处理普遍性和局部性的标准；④正确理解分区标准的特征性。关于第 1 条，李如龙先生认为综合性标准应该包括以下几点：“①不以语音标准为限或为主，而应该包括词汇和语法。②不论是语音或是词汇语法都不能用一条或少数几条标准，而应该精选一批条目作标准。③必须充分注意字音的文白异读和多音词连音变读的差异，包括连读变调、轻声、儿化、小称、变韵、合音等。”（2006：66）其实，有关语音的变化是区分汉语方言的重要标准问题，李如龙（1996b）就专门发表过论文。关于第 2 条，李如龙先生首先肯定了丁邦新先生 1982 年提出的名言：“以汉语语音史为根据，用早期历史性的条件区别大方言；用晚期历史性的条件区别次方言；用现在平面性的条件区别小方言。”接着认为似乎可以做一点“微调”，一是提法问题，认为还是说“区分方言的标准应该反映历史和现状的统一”较为概括；此外，关于历史性的语音标准及其历史层次的认定也还有些条目值得进一步讨论。关于第 3 条，李如龙先生从理论上加以概括，“普遍性标准是涵盖面广的，不同的方言多有不同的表现；独特性标准是只反映个别区的特点的。前者用来作为分区的主要依据，后者则是对个别区所作的补充条件。从理论上说，这种区分反映了方言差异中的共性和个性是合理的”。（2006：69）。关于第 4 条，李如龙（2006：71）认为：“为方言分区，从汉语整体说是要对现代汉语的方言差异进行科学的分类，并且把这些类型和方言的地域分布联系起来；从方言个体来说是要展示该方言的特征。因此，提取区分方言的标准时都必须密切注意并充分体现方言差异的特征性。”李如龙先生还从三个方面对“特征性”进行深入的论述。

李如龙先生研究汉语方言的分区问题，很早就特别关注相关的文化类型问题。结合1963年对福建方言分区的成果，李如龙（1992）把福建方言分为七类，并分别归纳其文化类型区，如闽东的江营文化、闽南的海播文化、闽北的山耕文化、闽西的移垦文化等。在《福建方言》（1997）一书中，李如龙先生对上述文化类型区说进行完善，提出闽东方言区的江城文化，闽南、莆仙方言区的海洋文化，闽北诸方言区的青山文化，闽西客家方言区的移垦文化。而后，在《关于方言与地域文化的研究》（2005）一文中，李如龙先生对方言与地方历史、方言与地理环境、方言与地方习俗、方言与文化心态等进行综合考察，还联系方言状况从宏观上考察地域文化的类型区，如关于官话方言区，“借助着全民族共同的文字和书面语的传播和规范，其内部有相当高的一致性，在诸多方言之中则具有最大的权威性。官话方言成为现代汉语的代表，和中原文化的成为中华文化的主体正是一种表里一致的关系，因果必然的关系”（2005：54）。关于非官话方言区，“‘近江方言’所分布的地区也有一些共同的文化特征：经济发达、交通便易，千百年来，浩瀚的长江中下游及其湘江、赣江等大支流沟通各地，近代以来又从长江口走向世界，文化的涌动也十分激烈，并直接参与了中原大地主流文化的激荡和变革”（2005：54—55）。“远江的东南方言包括南部吴语、闽语、客家话和粤语。这一带的东南沿海早有走向世界的传统，海上交通、向外移民和对外贸易这三种海洋文化的基因，为这一地区带来了经济的持久繁荣和文化的新潮。不仅如此，还为传统的中原文化带来了新的活力，并因此给中华文明古国带来了阵阵革命波涛。”（2005：55）这些恢宏的叙述都切中肯綮、精彩绝妙。特别是有关“近江方言”和“远江方言”的划分及阐释，极富洞察力和说服力，其学术高度非一般的研究者所能及。我们知道关于“远江方言”，南部吴语、闽语、客家话和粤语的大本营连成一体，除了赣南客家话的大部分区域属于长江流域之外，其他地区都是独立入海的“短而粗”的河流，如台州的椒江、温州的瓯江、福州的闽江、莆田的木兰溪、泉州的晋江、漳州的九龙江、潮汕的韩江、广州的珠江等，也都是闻名遐迩的传统侨乡。

总之，李如龙先生关于方言分区的原则、标准和文化类型问题的深入思考和理论总结，对于新时期进一步开展方言的分区工作具有重要的参考价值。

参考文献

1. 陈章太、李如龙：《论闽方言的一致性》，载《中国语言学报》第一期，商务印书馆1983年版。

2. 丁声树、李荣：《汉语方言调查》，载《现代汉语规范问题学术会议文件汇编》，科学出版社1956年版。

3. 侯精一主编：《现代汉语方言概况》，上海教育出版社2002年版。

4. 黄典诚：《闽南方言和汉民族语的比较（上）》，《厦门大学学报》1954年第5期。

5. 李荣：《汉语方言的分区》，《方言》1989年第4期。

6. 李如龙：《福建方言的文化类型区》，《福建师范大学学报》1992年第2期。

7. 李如龙：《论闽方言的文白异读》，《中国语文研究》1995年总第11期。

8. 李如龙：《论汉语方言的类型学研究》，《暨南学报》1996年第2期（1996a）。

9. 李如龙：《语音的变化是区分汉语方言的重要标准》，《龙岩师专学报》1996年第2期（1996b）。

10. 李如龙：《福建方言》，福建人民出版社1997年版。

11. 李如龙：《闽西七县客家方言语音的异同》，载《客家方言研究——第二届客方言研讨会论文集》，暨南大学出版社1998年版。

12. 李如龙：《从闽语的“汝”和“你”说开去》，《方言》2004年第1期。

13. 李如龙：《关于方言与地域文化的研究》，《泉州师院学报》2005年第1期。

14. 李如龙：《关于汉语方言的分区》，载《山高水长：丁邦新先生七秩寿庆论文集》，“中研院”语言学研究所2006年版。

15. 李如龙：《从地名用字的分布看福建方言的分区》，载《汉语方言研究文集》，商务印书馆2009年版。

16. 李如龙：《罗杰瑞先生对汉语方言分区的贡献》，载余霭芹、柯蔚南主编《罗杰瑞先生七秩晋三寿庆论文集》，香港中文大学中国文化研究所吴多泰中国语文研究中心 2010 年版。

17. 李如龙：《论混合型方言——兼谈湘粤桂土语群的性质》，《云南师大学报》2012 年第 5 期。

18. 李如龙、陈章太：《论闽方言内部的主要差异》，载《中国语言学报》第二期，商务印书馆 1985 年版。

19. 李如龙、陈章太：《闽西北七县市的方言》，载《闽语研究》，语文出版社 1991 年版。

20. 罗杰瑞：《永安方言》，《书目季刊》（台北）1980 年第 14 卷第 2 期。

21. 潘茂鼎、李如龙、梁玉璋、张盛裕、陈章太：《福建汉语方言分区略说》，《中国语文》1963 年第 6 期。

22. 项梦冰：《汉语方言的分组和官话方言的界定》，载《语言学论丛》第 35 辑，商务印书馆 2007 年版。

23. 项梦冰：《评罗杰瑞教授的汉语方言分区方案》，载余霭芹、柯蔚南主编《罗杰瑞先生七秩晋三寿庆论文集》，香港中文大学中国文化研究所吴多泰中国语文研究中心 2010 年版。

24. 袁家骅等：《汉语方言概要》，文字改革出版社 1960 年版。

25. 袁家骅等：《汉语方言概要》（第二版），文字改革出版社 1983 年版。

26. 张振兴：《闽语的分区（稿）》，《方言》1985 年第 3 期。

27. 庄初升：《粤北土话音韵研究》，中国社会科学出版社 2004 年版。

词汇史视角下的汉语量词历时演变研究

——评王彤伟《汉语常用量词演变研究》

张美兰

（香港浸会大学文学院）

摘　要： 近代以来，尤其《马氏文通》问世至今一百二十余年来，汉语量词研究逐渐引起国内外学术界的重视，王彤伟的《汉语常用量词演变研究》在全面梳理汉语量词研究的历史、总结已有的成就和不足、归纳出汉语量词史重点和难点的基础上，以在现代汉语中使用频率的高低为标准筛选出了 17 个常用量词，用词汇史研究的方法探求其源流演变。作者全面贯彻词汇史视角下历时演变研究的方法，将量词演变史研究与疑难字词训诂相结合，展开建立在训诂基础上的个案词汇历时研究，材料排比详细，归纳分析合理，结论客观可信，对汉语词汇史的进一步深入研究有重要参考价值。

关键词：《汉语常用量词演变研究》；常用词；量词；演变

量范畴是世界各语言的共有范畴，不同类型的语言对量范畴的表达手段各有不同。站在类型学的角度看，“量词”作为表示事物或动作之数量单位的语言单位，也是划分语言类型的重要标志。基于这一标记，世界语言大致可以分为量词型语言和非量词型语言。

汉语作为量词语言的典型代表具有丰富的量词类型，明清西方人来中国习得汉语时感到最特殊的词类也是量词。在《马氏文通》（1899）之前，意大利传教士卫匡国（Martino Martini，1614—1661）在《中国文法》（*Grammatica Sinica*，1652/2011）中记载了 30 多个常用量词，并说明了每个量词的适用范围，列举了最常见的搭配形式。万济国（Francisco Varo，汉语学界也译作“瓦罗”）在《华语官话语法》（*Arte De La Lengua Mandarina*，1703/2003）第十二章“De los Numerales”中介绍“量词”，记载了56个量词。之后很多著作都有涉及，如威妥玛《语言自迩集》（1867）专列一节“The Chinese Numerative Noun”（汉语数名词），以Numeratives来指称这一类词，并记载了65个量词的词义和用法。在西方汉学家眼中，汉语量词有的表示量，有的表示类，初步揭示了汉语量词的类型特征。

从《马氏文通》至今120余年来，汉语量词研究也逐渐引起国内学术界的重视。目前汉语量词的历史研究主要集中在断代和专书研究方面。断代研究如：陈颖（2003）《苏轼作品量词研究》、叶桂郴（2008）《明代汉语量词研究》、游黎（2018）《唐五代量词研究》，邓帮云（2005）《元代量词研究》，王向毅（2007）《名量词在唐代的新发展》，李建平（2010）《先秦两汉量词研究》，曹芳宇（2010）《唐五代量词研究》、刘月艳（2013）《宋代名量词研究》，李建平（2016）《隋唐五代量词研究》，张显成、李建平（2017）《简帛量词研究》，王绍新（2018）《隋唐五代量词研究》等。专书研究如：崔尔胜（2003）对《水浒全传》量词、王远明（2006）对《五灯会元》量词、刘文正（2006）对《朱子语类》量词、蓝文思（2009）对《张协状元》量词、刘双（2009）对《夷坚志》量词、杜靖华（2013）对《全宋词》量词的研究等。这些研究为了解量词在某个时代的系统性、构建量词的断代发展史提供了很好的基础。

然而每个量词都有自己的发展演变历史，断代情况之外，其历史发展的轨迹又是怎样的呢？这还需要更加系统的个案历时演变的专题研究。王彤伟深深认识到这一问题的重要性，他在《汉语常用量词演变研究》中提出，对量词的历史研究一定要涉及整体的系统研究。在该书的绪论部分他还提出了量词系统性研究的五大方面：①汉语量词研究的简明历史；②20世纪50年代后量词研究的新发展；③近四十年量词研究的七大特点；④目前汉语量词研究的成就和不足；⑤建立汉语量词史的重点和难点。王彤伟提出的这些系统性问题，对汉语量词乃至汉语史的进一步深入研究都极为重要，也是我们多年来深入思考的问题。二十多年前，量词研究也曾引起过我极大的兴趣，我在《近代汉语语言研究》（2001）中就专门有一章涉及“近代汉语量词研究”。因此，今天看见王彤伟教授的《汉语常用量词演变研究》非常高兴，结合我自己二十多年来的思考，谈谈初读这部新著的几个印象：

首先，以词汇史的研究方法去研究个体量词的发展历史，值得肯定和提倡。

汉语量词研究的成果丰富多彩，但是从另一个角度来说，又是一个研究的“老话题”，很容易陈陈相因，如何在老枝上开出新花并不是一件容易的事。王彤伟在长期思考的基础上提出：“从汉语量词史的角度看，规范的现代汉语普通话中量词的使用是其历史发展的结果。但目前关于汉语量词的历时研究还处在起步和探索的阶段，研究的广度和深度都还远远不够，有关量词的理论性、规律性认识大多建立在对现代汉语量词的共时研究之上。对于现代汉语中常用的一批量词，因为历时发展探索不够，我们至今还说不清楚它的历史面貌，导致许多实际问题没法解决。比如，某个具体量词的产生情况怎样，产生的背景和原因是什么？在使用规模、称量对象、形态重叠以及语义等方面发生过什么样的变化，为什么会发生这种变化？诸如此类的问题不解决，相关的研究和教学就不可避免地带有任意性，更别说建立科学的汉语量词史了。因此个案的历时变化研究亟须展开。”（7 页）王彤伟通过详细的历时演变研究勾勒出了每一个研究个案的生命历程，清楚地展示了该量词的产生时代、产生的背景和原因，在使用规模、称量对象、形态重叠、语义等方面发生过什么样的变化，以及为什么会发生这种变化。这不但对了解该量词个案的词义系统有帮助，也是建立系统的汉语量词史乃至词汇史的基础材料。

关于量词“条”的产生时代和称量对象。例如王力先生在《汉语史稿》（2004：278）中说：“‘条’在最初也是普通名词。后来发展为单位词，也可能先用于树木方面。”刘世儒先生《魏晋南北朝量词研究》（1965：101）“条”下第一句话中就说：“‘条’的本义是‘树枝’，但它作为量词早已不以称量‘树枝’为限了。”因为“条”的本义是“小树枝”，认为它首先称量“树枝”是完全符合认知情理的。然而，通过历史文献用例的排比才发现，这样的想法并不符合语言事实。王彤伟通过对用例的历时调查，发现量词“条”首先称量的是较为抽象的“法律条文”和较为具体的“道路”，随后发展出了称量更为抽象的“事项”之类，而称量树木枝条的例子要晚至南北朝时的宋代才出现。

又如：对于“百亩之田，勿夺其时，八口之家可以无饥矣”（《孟子·梁惠王上》）中的“口”是否为量词、“口”的量词用法出现于何时等疑问，学界有不同的说法。王彤伟通过历时演变研究发现，西汉以前的传统文献中都没有发现“口”作量词的例子，出土文献最早也只能追溯到战国晚期的睡虎地秦简。从语言的历史性和社会性角度看,《孟子》“八口之家”的“口”相当于“食口、人口”,是名词而非量词。

有一些语言现象错综复杂,不通过历时演变研究的方法进行考察很难梳理清楚其发展线索。例如:对于量词的重叠,有学者认为是先有“一×一×”式,随后才逐步省略为“一××”及“××”式。王彤伟在历时演变研究中发现,量词重叠是先有“××”,再有“一××”、“一×一×”。比如,量词“根”的重叠,先是南北朝时出现“根根”,明清时代才出现了“一根根”及“一根一根”。再如,量词“位”是宋末元初由“位置、爵位”之义虚化而来的,宋末元初正是“数+量+名”流行的时代,所以量词“位”在产生时期就采用了“数+量+名”的组合形式。然而在随后的发展中,其组合形式回补出了“名+数+量”的形式。如果不是对“位”进行了历时演变的考察,这种“回补”情况就很难发现。

王彤伟曾长期致力于汉语常用词替换性演变研究,积累了丰富的研究经验,这次将其轻车熟路地运用到常用量词个案的演变研究中,最终呈现了对于17个常用量词历时演变过程细密扎实的梳理和严谨合理的分析。可以说,以词汇史的研究方法去研究个体量词的发展历史,是这本新著最明显的特点。

其次,研究结论对丰富汉语词汇史成果、进一步推动相关研究有重要价值。

汉语量词随着汉语的发展不断发生着称量对象、组合能力以及形态重叠等的演变。单个量词的历时演变现象虽然纷繁复杂,但其比较明显的变化往往与汉语史的整体变化相合,所以量词的变化反过来也可作为汉语史发展变化的重要参考和标志。

在梳理量词“下”的历史变化后,王彤伟总结说:“‘下’最晚在汉代发展出了动量词的用法,汉末三国以后,‘下’作量词用例渐多。早期动量词‘下’称量的动作往往有上下升降的内涵,直到唐末五代以前主要都是用于‘计量’,而非‘计时’。五代时期开始有了‘计时’的功能。”(156页)笔者在《近代汉语语言研究》中提到量词“次”作状语是其在近代汉语中的一大进步,这种用法是南北朝动量词“次”所不具备的。王彤伟在进一步研究后指出:“宋代以后,‘次’作量词的例子渐多,格式上既有前代的‘动+数+次’,又新出现了‘数+次+动’。”(55页)“下、次”这些例子说明,汉语量词的出现、使用频率以及组合方式、称量内涵的变化往往发生在汉末魏晋、唐末五代，与汉语从文言到白话、从中古到近代的变化具有很高的一致性，既是汉语历史发展变化的重要标志，也可看作汉语发生历史演变的重要推动因素。

再次，将量词演变史研究与疑难字词训诂相结合，展开建立在训诂基础上的汉语史研究。

汪维辉先生在《语文学的功底，语言学的眼光》中说："研究汉语词汇史需要有语文学的功底，因为研究所依据的是古代的文献语言材料，科学的汉语词汇史研究首先应该在材料的运用上做到正确、充分、有效。如果缺乏传统语文学（包括文字学、音韵学、训诂学、文献学等）的基本训练，就难以驾驭复杂的文献材料（有时甚至连文意都无法读懂），不能准确地描写词汇演变的史实，想要进行高水平的词汇史研究当然无从谈起。"汉语量词的演变研究也是一样，首先需要正确解读材料，否则容易游谈无根或出现错讹。王彤伟在进行常用量词的历史演变研究时非常重视对材料的正确解读，将词汇史研究建立在文献考察和字词训诂基础之上。

王引之在《经义述闻》"通说"第三十一"个"条中，根据版本异文认为"个、介"本一字，"个"为"介"隶书之省："介音古拜反，又音古贺反。后人于古拜反者则作介，于古贺反者则作个，而不知个即介字隶书之省，非两字也。"后世不少学者认为"王引之说精确不可易"。王彤伟在研究中发现"一介"之"介"原本并非量词。他检索了先秦至南北朝 28 部文献发现了 44 个"一介"用例，把这些例子从外在形式上分为"一介、一介之某、一介某"三种类型，逐一对这些用例详细考察，结果全都不是量词。在此基础上又检索了大约 2000 万字的现代汉语语料，共检得 210 个"一介"用例，其中明确用为数量词者只有 11 例，其余诸例都是"微贱"之义。在对共时和历时材料调查之后，作者认为"即使在现代汉语中，'一介'在使用中也多含'微贱'义（或用在有'微贱'义的语境中），而其数量词的身份其实是因为常处于'数+量+名'格式的相应位置，经重新分析得来的"（40 页）。

例如，"舍其七条袈裟，助费开顶"（《高僧传》）中的"七条袈裟"到底是不是数量名结构，彤伟在排比材料后指出，这里的"七条袈裟"是定中结构，"七条"是修饰袈裟性质的，"七条袈裟"即"七条之袈裟"，与此时佛教用语中的"七条衣"类似，并举丁福保《佛学大辞典》等词典为证。《佛学大辞典》："七条衣，郁多罗僧衣以有横割截之条数七，故云七条衣。”《英汉、汉英、英英佛学辞典》解释说：“A jacket that is made out of a patchwork of seven pieces of cloth.”对于“韩非之书，一条无异，篇以十第，文以万数”（《论衡·自纪》）中的“条”，《汉语大词典》认为是“条”作量词的首例。彤伟驳证其误：“首先，从量词‘条’之称量对象的发展规律看，是从称量法律到称量一般的文书，再到称量事项。其次，《论衡》中仅此一个孤例，没有旁证。最后，将此‘一条’看作‘一贯’，全句的意思更为通顺，即‘韩非的书，其中心一贯(所表达的中心没有什么变化)，篇数却要以十来排列，文字却要以万来计算’。王充通过这样的对比来驳斥那些认为其著作篇长字多的说法。”(69页）又如，关于“张”的本义，今人多上溯并遵从《说文·弓部》：“张，施弓弦也。”王彤伟首先训释“张弓”在这里指“安装弓弦”，而非“拉开弓”。

与普通训诂不同的是，汉语常用词演变研究面对的是从各种数据库中广泛检索出的海量例句，遇见的往往是“字面普通而义别”的训诂难题，很容易疏漏致误，必须坐定冷板凳，排除一切杂念，聚精会神地阅读揣摩，先用训诂的方法解决了问题，才能挑出合适的例句。书中类似的字词训诂例子不少，限于该书的主题和体例，这些考释或长或短，有的在正文，有的在注释，但是作为相关量词演变研究的基础，作者都没有轻易放过，从而保证了历时演变探讨的质量。

最后，材料排比详细，归纳分析合理，结论客观可信。

材料排比、分析归纳是常用词演变研究的两大重要步骤。很大程度上，语料梳理的详细程度会引发归纳分析是否合理到位，从而决定汉语常用词演变研究的质量。细读本书会发现，作者的每条用例都按照时代先后排列。即使从唐宋诗词中检索出的用例也都没有笼统对待，而是先考察诗人的年代再按先后排列，所以阅读本书最直观的感受就是材料梳理非常详细，归纳分析较为合理，结论客观可信。

在讨论量词“个”的历时演变时，王彤伟首先借鉴洪诚先生《略论量词“个”的语源及其在唐以前的发展情况》中区分“个、箇、個”三种不同字形的思路，花费大力气重新动手对如山似海的语料和前人注疏详加梳理。作者在梳理二十余种辞典与注疏材料后总结道：“综合上述字典的解释，可归纳为两条：其一，此三字可分为两组：‘箇、个’关系紧密，为一组，本义即‘竹枚’，‘个’是‘箇’的或体；‘個’为另一组，本义为‘偏’。其二，‘個’与‘箇、个’音近，故可借用来表‘竹枚’之义。”（19 页）这些梳理不但是对已有研究的有益补正，而且廓清了三个字形的层次关系，便于读者抓住问题的本质。对于突破前人的结论，如“‘一介’之‘介’非量词”（19 页）等，因为有大量详细用例的支持，读来觉得合乎事实，不显突兀。对于缺少材料支撑的地方，王彤伟则实事求是，于其所不知，付诸阙如。例如，量词“次”的来源至今尚无定论，作者首先尝试从历时考察的角度去自己解决。在分析了“次”的形义系统后认为“次”分次$_1$ 和次$_2$。次$_1$ 本义为羡慕，于六书属会意，次$_2$ 本义为帷帐，于六书属象形。这是对已有研究的推进。但是关于量词“次”到底源于这两个词义系统中的哪一个，即使按历时顺序排比归纳了大量文献材料还是没能找到明显的材料和证据，王彤伟于是客观诚实地说：“量词‘次’的来源还不是非常清楚。”这是“有一分材料说一分话”的良好学风的体现。

其实，在上述比较明显的特点之外这本著作还有不少亮点。比如，关于研究对象的选取和切入，通常方法是按“名量词、动量词”等性质来分类研究，王彤伟一反常法，按现代汉语中使用频率的高低为标准来筛选研究对象，以影响广泛而深远的吕叔湘先生《现代汉语八百词》为研究的坐标原点，去探求这些高频量词意义和用法的历史来源。有的量词在《现代汉语八百词》中并未收录，如量词“声”等，缺乏意义和用法的参考，作者就自己一方面进行现代汉语共时层面的调查，另一方面再溯源探流（136 页）。这样，该研究就不单单是对高频量词个案的历时考察，也可认为是对《现代汉语八百词》的重要补充。所以结合本书又可以很清楚地了解到吕叔湘先生所归纳出的相关量词各项意义和用法的先后、主次及源流。例如，《现代汉语八百词》仅把量词“头”的称量情况总结为：“1. 用于某些牲畜。2. 用于大蒜。3. 用于亲事。”王彤伟在探源溯流后进一步总结到：“‘头’用为量词的时代至迟不晚于《史记》。其称量范围从汉至今多有变化，它由表‘脑袋’义的名词转化而来，由此引申为表示‘有头之物’的量词，人、马、驴、驼、羊、牦牛、犬、豚、兔、虎、鹿、熊、狼、象、蛇以及禽畜、水产、昆虫等都属有头之物，所以都可用其称量；草木亦有头，也可用其称量。随着专职量词的出现，‘头’的称量对象不断变化。如马匹有了专职量词‘匹’之后，就退出了‘头’称量的范围；到了现代，‘老鼠’等又增入其称量范围。”作者同时进一步揭示了其量词化的机制："因为'头'是圆的，基于形状的相似性，故可作为圆形事物的量词。如魏晋时代称量'蚕茧、酒食（盛酒食的箩筐为圆形的）'，清代开始用于称量'大蒜'，老舍作品中用于称量'银元'等。又因为'头'和'首'本义相同，当'首'引申称量'诗文'时，由于类推机制，'头'便同步引申出了称量文章类的功能。'头'作为事情的量词（相当于件、桩），同样也是一种相约关系。"（194页）这样我们至少可以知道，如果按照历时顺序，吕先生总结的三种称量情况，从先后顺序看，先是称量动物，其次是称量事件，最后才是称量大蒜。此外，本书关于用例文献的重视和考证、对字典辞书的补证等常常出现在脚注中，虽然只有寥寥数语，却常能令人耳目一新，限于篇幅这里就不赘举了。

汉语常用词的历史演变研究是一个很大的课题，学界对常用词中名词、动词、形容词、副词等的个案演变研究已经比较深入，量词作为常用词家庭的重要组成部分，这种研究涉及尚少。本书用常用词演变研究的方法展开量词史的个案综合研究是开了一个好头，我们期待更多的其他动量词和名量词个案发展的历史研究。另外，我们期待作者在研究常用量词个案演变的过程时，能关联到同义量词或同一称量范围内的量词之间的新旧兴替或相互之间的竞争，以及由之导致的使用范围的宽窄变化，进而探索它们之间的制约机制等。如书中在探索量词"口"的历史演变时，曾对"口"和"腔"进行了介绍和区别："称量家畜时，'口'多称量'猪'。主要原因恐怕在于突出的猪口是猪比较明显的代表性特征。称量'羊'时，如果是活的，量词有时候可用'口'，如果是死的，就用'腔'不用'口'。"（129页）这就非常清晰地说明了同义量词使用的特点。这样的描写，不仅要在17个常用量词范围内进行，更应该扩展到本书尚未专题论述的量词。再如，在论述量词"个"时，我们知道，"个（箇、個）"的发展是占领了"枚"的空间范围，所以应该进一步探讨"个"是如何对"枚"展开替代的；其他如动量词"次"对"过"的替换；曾经几乎拥有泛指量词身份的"头"其称量功能的分化与衰减等，这些属于更进一步的历时兴替的比较研究。这样的交互比较研究能更清楚地探究量词共存、竞争、淘汰、合并的历史发展规律和特点，我们期待王彤伟在本书的基础上在这些方面能有更进一步的后续研究。

参考文献

1. 曹芳宇：《唐五代量词研究》，博士学位论文，南开大学，2010年。

2. 陈颖：《苏轼作品量词研究》，巴蜀书社2003年版。

3. 陈跃：《〈红楼梦〉量词研究》，硕士学位论文，贵州大学，2006年。

4. 崔尔胜：《〈水浒全传〉量词研究》，硕士学位论文，广西大学，2003年。

5. 邓帮云：《元代量词研究》，硕士学位论文，四川大学，2005年。

6. 杜靖华：《〈全宋词〉量词》，硕士学位论文，郑州大学，2013年。

7. 蓝文思：《〈张协状元〉量词研究》，硕士学位论文，贵州师范大学，2009年。

8. 李建平：《先秦两汉量词研究》，博士学位论文，西南大学，2010年。

9. 李建平：《隋唐五代量词研究》，山东人民出版社2016年版。

10. 刘世儒：《魏晋南北朝量词研究》，中华书局1965年版。

11. 刘双：《〈夷坚志〉量词研究》，硕士学位论文，河北师范大学，2009年。

12. 刘文正：《〈朱子语类〉量词研究》，硕士学位论文，贵州大学，2006年。

13. 刘月艳：《宋代名量词研究》，硕士学位论文，南京师范大学，2013年。

14. 彭文芳：《元代量词研究》，硕士学位论文，广西师范大学，2001年。

15. 瓦罗（万济国）：《华语官话语法》（*Arte De La Lengua Mandarina*），姚小平、马又清译，外语教学与研究出版社2003年版。

16. 汪维辉：《语文学的功底，语言学的眼光》，《文献语言学》2015年第1辑。

17. 王力：《汉语史稿》，中华书局2004年版。

18. 王绍新：《隋唐五代量词研究》，商务印书馆2018年版。

19. 王彤伟：《汉语常用量词演变研究》，四川大学出版社 2020 年版。

20. 王向毅：《名量词在唐代的新发展》，硕士学位论文，西北大学，2007 年。

21. 王远明：《〈五灯会元〉量词研究》，硕士学位论文，贵州大学，2006 年。

22. 威妥玛：《语言自迩集》，张卫东译，北京大学出版社 2002 年版。

23. 卫匡国：《中国文法》（*Grammatica Sinica*），白桦译，华东师范大学出版社 2011 年版。

24. 叶桂郴：《明代汉语量词研究》，岳麓书社 2008 年版。

25. 游黎：《唐五代量词研究》，四川大学出版社 2018 年版。

26. 张美兰：《近代汉语语言研究》，天津教育出版社 2001 年版。

27. 张显成、李建平：《简帛量词研究》，中华书局 2017 年版。

稿约及文稿体例

本刊由南京大学汉语史研究所主办。

本刊由中国社会科学出版社出版发行，每年暂定 2 辑，16 开本，每辑约 30 万字。

本刊以历史语言学的理论、方法为指导，以汉藏系语言比较为学术背景，立足汉语本体，注重跨语言比较，努力探寻汉语及东亚语言间的关系，特别关注汉语的形成、发展及演变规律的探索。

本刊主要栏目有：历史语言学的理论与方法、汉语史、汉藏语及东亚语言比较、历史文献语言研究、传统小学及语言学史研究等，特别欢迎理论与史实相结合的反映学术前沿问题的佳作。

本刊适量发表有学术价值的书评、人物评介及争鸣文章。

本刊提倡学术自由、百家争鸣；本刊版面公开，稿件不拘长短，崇尚实事求是。

来稿请勿一稿多投。

来稿应齐、清、定，请提供电子文本（Word 格式及 PDF 格式两种）；电子文本请以电子邮件附件形式发送至本刊邮箱。本刊不接受纸质文本。

本刊审稿时间一般为三个月。如未采用，不另行通知。限于人力，来稿恕不退还。

本刊对来稿有修改权，不愿意修改的稿件请在来稿时声明。

本刊采用双向匿名审稿制。

本刊文稿撰写格式另见《文稿体例》。

来稿一经采用，即致薄酬（含光盘版、网络版等稿酬），另赠送当期样刊两册。

已采用的稿件的著作版权（包括光盘版版权、网络版版权等）属本刊所有，如不同意，请在投稿时注明。文章正式发表时另签署授权书。

作者姓名、简历、电子邮箱、电话、通信地址及邮编等，请另页

(电子) 给出。发表时，署名由作者决定。

来稿、来信请寄：江苏省南京市栖霞区仙林大道 163 号南京大学文学院《汉语史与汉藏语研究》编辑部。邮政编码：210023。

投稿邮箱：ndlsyyx@163. com。

文稿体例

一、题目，二号宋体，居中，采五倍行距。

二、基金项目及致谢信息等，用脚注形式，标注符号 * 于题目右上，* 号上标，脚注文字用小五号宋体。

三、副题，前加破折号，小二号仿宋，居中，采二倍行距。

四、作者，四号楷体，居中。多位作者时，人名之间空一字，右上标 1 或 2……。二字姓名中间空一字。与题目之间采二倍行距。

五、作者单位，五号仿宋，居中，外加括号。如有多个单位，则前加序号，例：(1. 大单位 具体单位……)。与作者姓名之间采二倍行距。作者单位行下空一行，与摘要分开。

六、摘要及其后之冒号用黑体小五号，并后缩两字，“摘要”之间空一字。摘要内容用小五号楷体。摘要正文采一倍行距。

七、关键词及其后冒号用黑体小五号并后缩两个字。关键词限 3—5 个，小五号楷体，关键词之间用分号隔开。关键词行下空一行，与正文分开。

八、正文标题，各标题序号用一、二、三、……，下位标题依次为（一)、(二) ……/1. 、2. ……/ (1) / (2) ……/①、②……；不得采用其他标题形式。不带括号或圆圈的阿拉伯数字以及西文为序时右下用点号，非顿号，如 21. 、56. 、A. 、a. 等。

第一级标题用四号黑体，居中，采二倍行距。

第二级标题用小四号黑体，首行缩进两字。采二倍行距。

三级及以下标题同正文文字。采单倍行距。

九、正文字体，除特别情况可用繁体外（如古籍引文、例句内有可能引起异议的部分等)，一律用国家法定的规范简体字，用五号宋体，正文行距采单倍行距。各段落首行缩进两个字符。国际音标一律用 IPAPAN-NEW。引文内的国际音标同原文。电脑不能显示的古文字字形、图画等，用插入式图片，图片大小要注意行距，但不得改变图片的比例。所有阿拉伯数字和外文字母用 Times New Roman 字体。标点符号形体与其前的相应字体同，如英文用英文标点，日文用日文标点。电脑内码外的汉字用方正大字符集字体，同时抹紫色作为标志。

十、例句及出处，上下各空一行，首行缩进四个字符，其他缩进两个字符。汉字用五号仿宋，阿拉伯数字用 Times New Roman 字体。数字序号加括号。出处等标注性文字加括号置后，五号宋体。例：

（1）他轻轻摇着扇子，眯着眼，扯起他三十多年教书生涯中的往事，一阵阵唉叹，一阵阵动情……（陈忠实《蓝袍先生》第150页）

十一、各类时间表示法一般用阿拉伯数字，如：20 世纪 30 年代；上午 8 点。

十二、文内引文同正文，加引号。大段引文可另段，格式同例句，不加引号。例：

参考文献与注释是不同的，有人指出：

参考文献是作者写作论著时所参考的文献书目，一般集中列表于文末；注释是对论著正文中某一特定内容的进一步解释或补充说明。参考文献序号用阿拉伯数字标注，而注释用数字加方括号标注。（陈大虎《关于参考文献》第 20 页）

十三、正文注释采脚注式。脚注正文用小五号宋体。脚注序号用带圈数字，如①②③……采页内编序，不得全文编序。带圈数字采右上标，如①、②、③……。页下脚注表序号的带圈数字采非上标形式，前空两字。

十四、文内括号注释，五号宋体。作用有二：1. 引用文献出处，括号内先写年份，加冒号，后写页码。例：周祖谟（1966：434—473）指出，《切韵》音的基础是公元六世纪南北通用的雅言，分韵辨音是取以前南北诸家韵书之长，而不是以一方方言为准。2. 说明事项。括号内的文字是对括号前的词语作出说明或提示。例：（1）张衡（78—139）《西京赋》的韵脚字有 n 个。（2）厌（影咸琰开三去）。3. 转述性引文后括号内的作者及文献出现的时间不加逗号。如：《切韵》音的基础是公元六世纪南北通用的雅言，分韵辨音是取以前南北诸家韵书之长，而不是以一方方言为准（周祖谟 1966）。括号内作者与年份之间不加标号，有多个出处时，前一个年份后加逗号，如（周祖谟 1966，严学宭 1980）。括号注释在相应的词语或句子后，有标点时，在标点前。

十五、表序及表名置表上方，首行缩进两个字符。表序数字用 Times New Roman 字体，表名用小五号黑体。表内文字用小五号宋体，阿拉伯数字和外文字母用 Times New Roman 字体。表内内容注释，用表下注，六号宋体。表序和表名（如果有）之间空四格。例：

表 1　　　　(可加表名)

	文字	数字	小数	百分数
记录	对齐[1]	1[2]	1.1[3]	1%[4]
记录 1	对齐	2	22.22	12%
记录 2	左对齐	1234	333.333	99%

注：1. 文字左对齐。2. 数字对齐个位数。3. 小数对齐小数点。4. 百分数对齐百分号。

十六、图序及图名放图下，居中。图序数字用 Times New Roman 字体，图序用小五号黑体，不得加括号。

十七、图、表及各种标志性线条、符号不得用彩色标志，皆采黑白色并应清晰可辨。

十八、参考文献，四号黑体，居中，采上下三倍行距。文献按著者音序排列，前加数字序号。古籍、现代著作与外文著作分开排列。汉字表示的古籍、朝代、国籍等外加括号，置著者名字前。汉字音序以著者的汉语拼音为准，首行缩进两字。参考文献汉文部分用五号宋体，阿拉伯数字和外文字母用 Times New Roman 字体。外文文献的音序、书名、篇名与该文字惯例同。例：

1. 陈寅恪：《从史实论切韵》，广州岭南大学《岭南学报》第 9 卷，1949 年。

2. 陈应时：《论证中国古代纯律理论》，《中央音乐学院学报》1983 年第 1 期。

3. （汉）许慎：《说文解字》，中华书局 1985 年版。

4. 杨耐思：《中原音韵音系》，中国社会科学出版社 1981 年版。

5. 周祖谟：《切韵的性质和它的音系基础》，载《问学集》上册，中华书局 1966 年版。

同一作者的文献则以时间先后为序，同一时间的在姓名后加 A、B（C、D……），以示区别。

十九、文末附文，首缩二字符，与其上参考文献空一行，小五号楷体。

1. 可附文章背景、特别事件的阐明等。例：本文为纪念邢公畹先生诞辰百年而作。

2. 文末最后可附作者简介、通信地址及电子邮箱等，加括号表示。不愿公开的，可不附。例：（张函邻，男，教授，博士，从事汉语史研究。通信地址：北京市海淀区西三环 198 号京都大学院外文系。邮编：100321。电子邮箱：rdlsyyxx@163. com。）